Finances publiques/Public finance

Les finances publiques connaissent un développement important et se diversifient. Cette discipline couvre notamment les finances de l'État, le droit public financier, le droit fiscal, les finances communautaires, les finances locales, les finances sociales, les finances internationales et comparées, les procédures fiscales ainsi que le droit douanier. Ces questions peuvent être envisagées dans un cadre national, communautaire ou mondial.

La présente collection a pour vocation de publier des travaux originaux (thèses, essais, colloques...) ou de facture plus classique (manuels, commentaires de textes, recueils de documents...).

Elle a aussi pour ambition de rééditer des ouvrages aujourd'hui introuvables, mais fort utiles, dès lors qu'ils s'imposent comme référence et qu'ils sont agrémentés d'une préface substantielle.

Public finance steadily developing and diversifying. This discipline more particulary covers state finance, public finance law, tax law, EU finance, local finance, social finance, international and comparative finance, tax procedures and customs law. Those questions can be considered within a national community or global framework.

The aim of this collection is to publish original works (theses, essays, symposiums...) or more traditional ones (textbooks text analyses, collections of documents ...).

In addition, it is meant to re-publish books which are currently untraceable no matter how useful provided they stand as genuine references and contain substantial prefaces.

Dernières parutions

Mounir AOMARI, *La bonne gouvernance des finances publiques au Maroc à la lumière de la loi organique relative à la loi de finances*, 2025.
Alexandre NICOLIER, *Le risque professionnel et le droit fiscal*, 2024.
Jean GIARD, *Le système fiscal international : une construction conceptuelle et pragmatique*, 2024.
François Marie DJOA BOYAM, *Finances publiques et décentralisation au Cameroun*, 2024.
Simon RIO, *Les dispositifs anti-abus en droit fiscal international, Contribution à l'étude de la théorie de l'abus de droit appliquée au droit fiscal internationa*l, 2024.
Yoan ANTONIO, *L'intégration de l'égalité femmes-hommes dans le budget de l'Etat*, 2024.
Marie-Caroline LEFEBVRE, *La proportionnalité en droit fiscal, Une action modératrice, par l'adaptation, dans l'application de la norme fiscale*, 2023.
Jennyfer PILOTIN, *Le secret en matière fiscale*, 2022.

Faut-il avoir peur de la dette publique ?

Une question politique

5-7, rue de l'École-Polytechnique ; 75005 Paris

http://www.editions-harmattan.fr/

ISBN : 978-2-336-52452-8
EAN : 9782336524528

Jean-Noël Vieille

Faut-il avoir peur de la dette publique ?

Une question politique

Préface de Roland Pérez

L'Harmattan

Du même auteur :

Valorisation des entreprises en temps de crise
Economica

Réindustrialisation, j'écris ton nom, ouvrage collectif,
Fondation Jean-Jaurès

Finance contrôle au quotidien 100 fiches, ouvrage collectif
Dunod

Remerciements

Ce livre est le fruit d'une réflexion engagée depuis plus de 5 ans sur les questions de la dette des États et des déficits publics. Je tiens à remercier mon épouse pour sa patience et son indéfectible soutien durant toute cette période. Je le dédie à mes enfants et à mes petits-enfants actuels et à venir et leur envoie ce message. Non, la dette n'est pas forcément un fardeau que nous leur léguons. La dette peut avoir des vertus, celle de corriger par le biais des recettes la justice fiscale et les inégalités. Elle peut aussi servir à les faire vivre dans un monde plus inclusif et plus respectueux de l'environnement par le biais d'investissements ciblés.

Merci également à Roland Pérez pour sa préface. Roland a été mon directeur de thèse et il m'a surtout transmis un devoir de rigueur dans l'analyse des problématiques économiques et financières. Enfin, je remercie aussi Stéphane Bugat d'avoir permis à ce livre d'être certainement moins universitaire et accessible à un plus grand public.

Préface de Roland Pérez, Université de Montpellier

L'époque que nous vivons actuellement est confrontée à des défis multiples (crises climatiques, conflits régionaux, inégalités sociales...) dont les effets et leurs interactions potentielles pourraient provoquer une catastrophe à l'échelle mondiale. Parmi ces facteurs d'instabilité, celui de l'endettement – plus précisément du surendettement – est très souvent cité, mais est en général traité d'une manière univoque, voire simpliste. Pour la plupart des commentateurs, la dette est un pis-aller, tant pour les personnes privées que pour les institutions publiques et il convient de la cantonner dans des limites raisonnables, lesquelles représentent des indicateurs du surendettement. Ainsi, pour les dettes publiques des États membres de l'UE, ces limites ont été fixées par les autorités européennes (60 % du PIB pour le total de la dette publique et 3 % du PIB pour le déficit budgétaire qui alimente cette dette). Ces normes étant actuellement franchies par nombre de pays, notamment la France, la question de la dette devient un problème considéré comme majeur dans tout débat sociétal contemporain.

C'est dans ce débat sociétal que se situe le présent ouvrage intitulé *Faut-il avoir peur de la dette publique : une question politique*. Son auteur n'est pas un doux rêveur, ni un dangereux agitateur ; au contraire Jean-Noël Vieille est un analyste financier confirmé, titulaire d'un doctorat et d'une qualification professionnelle reconnue dans le monde économique au sein duquel il exerce depuis plusieurs décennies. Il est par ailleurs un partenaire écouté de plusieurs institutions d'enseignements et de recherche auxquelles il apporte périodiquement son concours et, plus généralement, des cercles sociopolitiques auxquels il participe. Par là même les arguments présentés dans le présent essai sont à considérer avec attention.

Comme l'indique le sous-titre de l'essai « Critiques et préconisations sur le cas français », l'auteur vise explicitement à se focaliser sur la situation actuelle de son pays pour laquelle il souhaite apporter une critique constructive, i. e. une démarche qui ne se contente pas seulement d'analyser la situation actuelle du problème posé et d'en critiquer les mesures prises ou envisagées pour le résoudre, mais qui souhaite enrichir le débat en montrant d'autres voies susceptibles d'être mises en œuvre.

Le plan de l'ouvrage illustre bien la démarche souhaitée par l'auteur : il comprend deux parties consacrées respectivement à une analyse générale du thème (1re partie) et à l'endettement actuel de la France (2e partie). S'il est clair que cette seconde partie correspond bien à la finalité recherchée de cet essai, la partie précédente était nécessaire pour permettre à l'auteur de présenter la problématique générale concernant les dettes publiques et leur situation très diversifiée dans le monde.

La structure interne de chaque partie – chacune d'entre elles comprenant deux chapitres – illustre cette volonté didactique permettant au lecteur de bien suivre la démarche proposée.

Le premier chapitre, intitulé « Les facteurs explicatifs de l'endettement » présente ce que l'on pourrait appeler « l'état de l'art », i. e. la présentation par l'auteur du thème concerné, thème qu'il analyse sous ses différents aspects. Ainsi, il rappelle la spécificité de la dette publique, les effets de la croissance économique et inversement de la désindustrialisation sur l'endettement, le rôle des banques centrales, les enseignements à tirer de l'Histoire ancienne – les « 5 000 ans de dettes » selon David Graeber – ou de l'Histoire récente avec la crise des subprimes, l'apport de la théorie économique, le rôle des marchés financiers et, *last but not least*, les limites de l'endettement et les contraintes de remboursement. Comme le lecteur pourra l'apprécier, ce premier chapitre constitue, à lui seul, un petit traité sur la dette en général et plus spécifiquement sur la dette publique.

Le second chapitre, présentant une « Analyse de la dette par pays », complète cet exposé général en le diversifiant selon les zones géopolitiques concernées. Ce panorama est précédé d'une note méthodologique dans laquelle l'auteur exprime une « critique des instruments de mesure », critique bienvenue qui incite à être prudent dans les appréciations parfois hâtives des situations d'endettement. Pour le professionnel de la finance qu'il est, « la dette publique ne peut s'analyser comme une dette privée ». Après un rappel de l'évolution au niveau mondial des différentes catégories de dettes (publiques, entreprises, ménages), l'auteur présente la situation des différents pays étudiés : en premier lieu les USA et l'UE, mais également la Chine, le

Japon et la Russie. La diversité des situations l'amène à constater que « une dette publique est d'autant plus tolérée : (i) si elle est détenue par les résidents, (ii) si la position externe nette est positive, (iii) si la banque centrale peut intervenir en soutien » ; ce qui est le cas du Japon, malgré un taux d'endettement très élevé…

Le troisième chapitre est centré sur une « Analyse de la situation française » dont l'auteur explore les différents aspects : la spirale des déficits budgétaires, la fragilisation du commerce extérieur liée à la désindustrialisation, les politiques foncières, la gestion des systèmes de retraite et de la santé, les dépenses de fonctionnement de l'État… Là également, ce chapitre synthétique permet de disposer d'une base d'observations des problèmes du pays pour pouvoir cadrer les politiques publiques susceptibles de leur apporter des solutions pertinentes.

Le quatrième et dernier chapitre est justement consacré à des « propositions » que formule l'auteur pour faire face à la situation actuelle. Critiquant le « plan de stabilité » qui avait été formulé en 2024 par le gouvernement français de l'époque, l'auteur, s'appuyant sur les analyses précédemment exposées, plaide pour une autre approche de l'endettement et considère que la question des recettes constitue le « véritable levier » pour faire face aux besoins du pays sans prendre des risques majeurs. Il est clair que ces propositions, qui vont à l'encontre du discours dominant, susciteront maints commentaires, mais, comme cela a été noté, elles ont le mérite d'exister et de reposer sur une analyse argumentée.

In fine, cet essai nous est apparu comme une contribution de qualité au débat en cours sur ce thème d'actualité. Tout citoyen devrait être invité à le lire, notamment les responsables politiques.

Introduction
Ce spectre qu'ils brandissent

La dette publique devient préoccupante. Doit-on accepter le discours actuel alarmiste entourant la dette ? Le calcul est-il le bon ? Les discours politiques sont ambigus, notamment ceux des dirigeants qui, après avoir contribué à l'accroissement de la dette, adoptent soudainement un discours rigide sur la nécessité de la réduire. Cette posture sert surtout à justifier la réduction du rôle de l'État et à favoriser la mise en place d'un libéralisme économique sans contraintes.

L'évolution des dettes publiques mondiales est analysée en mettant en avant les différences entre les principaux pays et l'impact des dernières crises.

C'est la grande peur du moment. Le réchauffement climatique peut attendre, le chômage et l'insécurité se sont installés dans le décor. En revanche, ce qu'il faudrait redouter, plus que tout, c'est la dette. Celle de l'État, en l'occurrence, celle qui est censée peser, à cause de notre fatale inconséquence, sur les fragiles épaules des générations futures. C'est d'ailleurs une première contrevérité factuelle. Les titres des dettes que nous contractons sont remboursables, en moyenne, sur 8 à 10 ans. C'est donc sur la génération actuelle que pèse la dette consentie en son nom. Il faut aussi noter que le ratio retenu pour évaluer l'endettement des États, dettes publiques sur PIB (Produit intérieur brut), est critiquable. À la différence de ce qui est fait pour le calcul de l'endettement des entreprises, ce ratio ne prend en compte que le passif, donc l'endettement proprement dit, pas les actifs, à commencer par la valeur du patrimoine de l'État, ce qui change significativement l'analyse.

Il en faut davantage pour troubler la musique alarmiste, reprise en boucle par les médias et dont quelques Cassandre font leurs choux gras, à l'instar d'un Jacques Attali ou d'un François Fillon qui n'ont cessé d'annoncer la faillite du pays. Plus récemment encore, c'est le président de la Cour des comptes, Pierre Moscovici qui instruit une forme de procès de la dette et du déficit public. Plus récemment encore, l'aggravation des chiffres de l'endettement public français et surtout la hausse du déficit public ont dramatisé ce débat en France, mais aussi en Allemagne. Il s'agit de préparer l'opinion publique à des décisions budgétaires consistant à remettre en cause les orientations stratégiques inspirées, au sortir de la Seconde Guerre mondiale, par les travaux du Conseil national de la résistance (CNR). Pourtant, ces travaux avaient servi d'appui à la prospérité du pays, pendant les Trente Glorieuses.

C'est ce qu'a donc entrepris le gouvernement, fin 2023, à l'occasion du débat parlementaire portant sur la loi des finances 2024. Sachant, par avance, qu'il lui faudrait pour l'imposer, en passer, une fois de plus, par le fameux article 49.3. On le sait, s'il est formellement conforme à la Constitution, il concourt à une conception pour le moins spécieuse de la démocratie. Fin 2024, on se retrouve dans la même situation avec une grande difficulté pour un gouvernement sans majorité à présenter un budget 2025.

Le déficit public de la France a ainsi atteint le seuil record de 9 % du PIB en 2020. Après la sortie de la crise sanitaire, le déficit de la France, qui a atteint 5,5 % du PIB en 2023, va encore s'aggraver et atteindra 6,1 % en 2024. Mais, à en croire les fermes déclarations gouvernementales, passer au-dessous des 3 % du PIB, ainsi que l'exigera bientôt à nouveau Bruxelles, reste une perspective assumée.

Curieusement, les responsables politiques qui se posent en plus ardents pourfendeurs de cette dette, au premier rang desquels Emmanuel Macron, sont ceux qui, au cours des années passées, ont le plus contribué à la creuser. Comme si ce brutal changement de discours était une manière de glisser sous le tapis la poussière de leurs précédents agissements. Comme pour faire oublier que leur seule parade aux crises successives, à défaut d'avoir su y préparer le pays, fut la politique du carnet de chèques, le temps du fameux « quoi qu'il en coûte ».

En fait, leur soudain intégrisme budgétaire a un double objectif. D'abord, masquer leurs responsabilités sur la situation actuelle du pays et sur l'idée que s'en fait l'opinion publique. Ensuite, justifier qu'ils avancent à grands pas dans leur vaste projet : réduire inéluctablement le rôle et les moyens de l'État, afin de laisser la part belle au marché. Le vieil affrontement du privé contre le public. Après tout, l'Europe a montré la voie d'un libéralisme hégémonique sous l'étendard de la libre concurrence. Rien ne doit désormais faire obstacle à la mondialisation capitaliste.

« *Moi, j'aurai duré quatorze ans et je n'ai pas été chassé par la rue. Je suis le dernier des grands présidents [...] Après moi, il n'y en aura pas d'autres [...] À cause de l'Europe, à cause de la mondialisation, rien ne sera plus pareil [...] Il n'y aura plus que des financiers et des comptables* ». François Mitterrand, en s'exprimant de la sorte, lors du dernier Conseil des ministres qu'il a présidé, s'il ne faisait preuve ni de modestie ni d'optimisme, n'en proposait pas moins un tableau qui se révèle aujourd'hui assez visionnaire.

À cet égard, la dette publique est le révélateur de processus beaucoup plus globaux. C'est en cela qu'elle doit être prise très au sérieux. D'abord en éclairant ses rouages.

Cette dette, tout le monde ne la redoute certes pas. En fait, l'économie moderne telle qu'elle s'articule autour de quelques oligopoles – et, de ce point de vue, la France ne fait évidemment pas exception – repose sur un double levier : la spéculation, sans laquelle ni la bourse ni l'immobilier n'existeraient, et l'endettement. Comment quelques-uns des principaux groupes français, ceux constitués par Bernard Arnault, François Pinault, Vincent Bolloré, Patrick Drahi et quelques autres, ont-ils pu croître aussi spectaculairement ? C'est la bienveillance de banques, notamment publiques, parmi d'autres généreux prêteurs, qui leur fut indispensable pour se développer, donc par recours à la dette.

Pour un État, dans une économie mondialisée, la logique financière est voisine. Emprunter se justifie d'abord pour investir. Et à condition que le poids de la dette cumulée ne pèse pas trop lourd sur les comptes publics, afin de ne pas contribuer à un déficit chronique. On est alors plus ou moins contraint à privilégier des choix de court terme. Reste que nous allons montrer que la principale cause du déficit ce n'est pas la hausse des dépenses, mais c'est surtout et très récemment la réduction des recettes, et en particulier des impôts. En outre, en fin de période, les aides aux entreprises ont été nombreuses, sans prendre la peine d'en attendre des compensations, notamment en termes de créations d'emplois, ni d'en évaluer les effets.

Dans le cas de la France, en faisant le choix de la désindustrialisation et en sacrifiant l'outil de production, ce qui est à l'origine du vertigineux déficit de notre balance commerciale, on s'est privé de ressources qui nous font maintenant cruellement défaut.

L'endettement est ainsi davantage la conséquence d'un processus que sa cause. Et il pourrait devenir un prétexte, à la manière d'un rideau de fumée. C'est pour cela qu'on s'applique à nous l'imposer comme la grande peur du moment, celle qu'il faut apaiser toutes affaires cessantes. Qu'importent les moyens mis en œuvre ! Qu'importe si les sacrifices ne sont pas équitablement répartis !

En matière d'endettement, les données brutes sont pourtant perçues bien différemment, selon les pays.

Les dettes publiques gouvernementales s'élèvent à 85 180 Md$, soit 89 % du PIB au premier trimestre 2024, en valeur de marché, selon les statistiques de la BIS (Bank for International Settlements). Les économies développées sont en moyenne à un niveau de 101,5 % du PIB et les marchés émergents sont à 69,9 %.

En 15 ans, l'économie mondiale connaît son troisième choc. Après celui de la crise des « subprimes », en 2008, celui des dettes souveraines, en 2012, et en 2020, les conséquences de la pandémie. Ces crises ont modifié le comportement des États et des banques centrales. Entre 2019 et 2020, le poids des dettes publiques mondiales dans le PIB est ainsi passé de 83 % à 102 %. Les mesures de relance monétaire et budgétaire ont conduit ensuite à un niveau record de la dette mondiale en 2024, en valeur absolue. Les États-Unis, le Japon et la Chine sont les principaux contributeurs de cette dette. Entre 2019 et le point haut du début 2024, la dette publique mondiale a augmenté de + 34,1 %, puisqu'elle s'élevait à 65 459 Md$ en 2019.

L'augmentation de cette dette a été généralisée pour la plupart des pays. Les mesures de restriction ont obligé les États à compenser le manque de croissance et à éviter le chômage et les faillites des entreprises. Début 2022, la guerre en Ukraine déclenchée par la Russie a aussi perturbé certaines économies européennes et en particulier l'Allemagne. Malgré l'augmentation sans précédent des dettes, les charges liées au service de la dette sont restées contenues. En effet, en 2021, le taux d'intérêt effectif de la dette publique mondiale n'était que de 1,6 %, contre 1,8 % en 2020, ce coût tombant à 1 010 Md$ contre 1 070 Md$ en 2020.

La robustesse de la reprise mondiale a aussi permis au ratio dette publique/PIB mondial de s'améliorer, passant de 101,8 % en 2020 à 92,7 % en 2021 et à 89 % au premier trimestre 2024, le rebond de l'activité économique ayant été supérieur à la progression de la dette. Ceci devrait nuancer le discours alarmiste actuel en resituant l'évolution de ce ratio de dettes dans un contexte historique.

Petite surprise : le Japon est l'État développé le plus endetté du monde. Un chiffre bien supérieur à celui de la dette grecque qui a fait vaciller l'Europe monétaire et politique, il y a quelques années. Or, la situation japonaise ne suscite aucun mouvement de panique, ni parmi les financiers, ni parmi les dirigeants du pays. L'État japonais peut même encore se financer sur 10 ans à + 1,09 %, alors que l'État français le fait à 3,01 %, l'Allemagne à 2,25 % et les États-Unis à 4,37 % (chiffres au 17 décembre 2024). Explication : cette dette nipponne est détenue en interne, la banque centrale en portant directement 40 %. Seuls 7 % sont aux mains d'investisseurs étrangers.

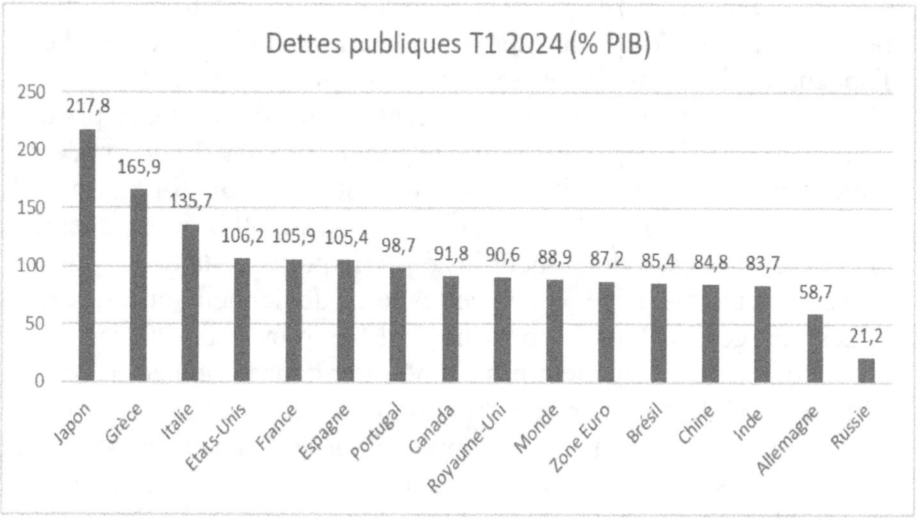

Source Bis et auteur

Autre cas de figure mais constat similaire pour les États-Unis. Leur dette publique était de 106,2 % du PIB début 2024. La hausse des dépenses d'investissements conformes aux programmes économiques lancés par Trump puis par Biden, la baisse de la fiscalité et les effets de la crise sanitaire expliquent ces montants. Mais élément différenciant : la posture de leader de l'économie mondiale, pas encore tout à fait descendu de son piédestal, et l'hégémonie du dollar, lui autorisent bien des commodités budgétaires.

A contrario, les chiffres de la Chine, par exemple, ne doivent pas être surinterprétés. Son ratio d'endettement n'est que de 84,8 % de son PIB. Toutefois, le cumul dette publique et dette privée y dépasse 290 %, avec des interactions fortes entre les deux segments, en raison du poids élevé de la dette des entreprises, 143 % du PIB début 2024 et ces dettes d'entreprises sont souvent garanties par l'État.

Et que dire de la faible dette russe (21,2 %) ! Elle s'explique par le poids du pétrole et du gaz dans son économie. Ce chiffre démontre aussi le faible impact des sanctions infligées par les Occidentaux à la Russie.

La situation de l'Europe se distingue en ce que le poids des dettes des États membres est, dans une certaine mesure, supporté solidairement, mais avec des difficultés et des désaccords élevés entre les principaux membres. Avec une moyenne de la zone euro à 87,2 % du PIB, début 2024 (on a atteint un pic à 97,8 % en 2020), elle dépasse les objectifs contraignants, à 60 %, du Traité de Maastricht. Surtout, les situations varient sensiblement selon les pays. Si l'Allemagne est à 59 % et les Pays-Bas à 42 %, la Grèce est toujours à 166 %. Quant à la France, avec 106 %, elle se situe derrière l'Italie (136 %) et proche de l'Espagne (105 %), mais désormais devant le Portugal (99 %). Mais c'est aussi la pente que suivent ces endettements qui doit être prise en considération. Elle dépend du déficit public, reporté d'une année sur l'autre. En France, il serait en 2024 de 180 Md€ soit 6,1 % du PIB, contre 4,4 % prévu initialement, soit un écart de 50 Md€ en quelques mois. Ce déficit est évidemment lesté par le poids de la dette, puisque les frais financiers payés pour cette dette deviennent une des plus lourdes charges du budget (près de 55 Md€ prévus en 2025). Et les choses ne vont probablement pas s'améliorer dans les années à venir.

En cessant de racheter les obligations d'État, la Banque centrale européenne ne facilite pas les choses. Pour la France, le poids des intérêts payés sur sa dette publique, s'il était passé de 3 à 1,2 % de PIB entre 2002 et 2020, est déjà remonté à 1,8 % de PIB en 2023.

C'est aussi en cela que l'imprévoyance de nos dirigeants nous place dans une situation périlleuse. D'autant que la rigueur comptable que l'on voudrait maintenant nous imposer comme remède miracle, risque d'aggraver les choses, en pesant sur l'économie et en pénalisant les services publics. Elle consiste surtout, derrière un paravent de sérieux budgétaire, à préserver quelques intérêts particuliers, au premier rang desquels les plus hauts contribuables qu'il faut laisser à l'écart du sort commun.

La question de l'endettement et du déficit public, liée aux questions économiques, va bien au-delà. Elle renvoie au modèle de société que nous souhaitons bâtir. Devons-nous conforter un modèle social protecteur, ou nous résoudre à un libéralisme total dont les adeptes prétendent qu'il est seul capable de s'autoréguler ? Entre les deux approches, quelles peuvent être la place et les caractéristiques de notre État-providence ?

C'est aussi de ce sujet qu'il fut question, fût-ce en filigrane, lors de la récente controverse sur la réforme des retraites. Ainsi que du cadre démocratique dans lequel doivent être arbitrées des orientations aussi majeures.

Il est nécessaire de mettre en cohérence nos choix budgétaires et fiscaux avec notre politique économique afin de préparer l'avenir du pays. Cela implique que l'on ait une idée juste et précise des données et des enjeux, d'où l'exploration et l'analyse approfondie de l'ensemble de ces questions.

Première partie
Approche théorique et endettement mondial

Chapitre 1
Les facteurs explicatifs de l'endettement

I/ Comprendre notre dette publique

Quelles sont la nature et les implications de la dette publique ? Elle résulte de la gestion budgétaire de l'État. Elle est également significative des choix politiques qui l'influencent et son évolution va diverger entre les approches libérales et sociales-démocrates. En cela, la dette publique a des conséquences sur l'économie, la société et sur les services publics.

De quoi la dette est-elle le nom ? En l'occurrence, il s'agit essentiellement des dettes de l'État. Elle correspond aux déficits cumulés au fil des années. Lorsque le solde public est positif, on parle de capacité de financement, et s'il est négatif de besoin de financement ou de déficit. Depuis 1975 et en dépit d'une croissance économique souvent élevée, l'État français a toujours enregistré des déficits budgétaires d'où une hausse tendancielle du niveau d'endettement.

Pour équilibrer son budget, l'État dispose de quatre possibilités : 1/ Diminuer les dépenses, 2/ Augmenter les recettes, 3/ Emprunter sur les marchés financiers (entreprises et ménages nationaux ou étrangers) ou à d'autres États, 4/ Créer de la monnaie (« monétiser » le déficit). Les dépenses de l'État sont de trois types : dépenses de consommation (dans le cas de l'État : salaires des fonctionnaires, allocations sociales...), dépenses d'investissement (routes, écoles, hôpitaux, équipements militaires, etc.) et les intérêts sur la dette publique. Ces charges sont donc de nature très diverse. Contrairement aux dépenses de consommation, les dépenses d'investissement ont un caractère « durable ». Elles augmentent les actifs non financiers du patrimoine national. C'est un problème de fonds car on mélange dans cette notion des dépenses courantes et des dépenses d'investissement, dont on est en droit d'attendre plus tard un retour sur investissement. Les dépenses de l'État se divisent ainsi en deux catégories très différentes l'une de l'autre. Celles assurant la production non marchande de notre économie : les dépenses de fonctionnement et d'investissement. Les autres dépenses correspondent à des transferts de ressources entre les acteurs économiques, sous forme de prestations sociales ou de revenus sociaux.

Les premières servent à produire les biens et les services publics nécessaires à notre activité économique et les secondes servent à garantir notre protection sociale et notre qualité de vie. On a trop tendance à assimiler dépenses publiques et charges pour l'économie alors qu'une partie des dépenses est bien de l'investissement, donc une richesse pour la nation. Plusieurs réflexions d'économistes proposent d'ailleurs de déduire de la dette et du déficit public l'ensemble des coûts liés aux investissements. Il peut ainsi être non justifié économiquement de vouloir diminuer les dépenses publiques pour relancer l'économie car des diminutions de certaines charges vont entraîner une moindre croissance du PIB. La production de biens publics non marchands, comme l'éducation, la santé, la recherche, la défense et les infrastructures de transports… participe à la richesse nationale. Une partie des dépenses publiques sont, avec la consommation, la formation brute de capital fixe et les exportations, une des composantes utiles du PIB.

La dette publique se répartit également en 4 sous-ensembles. La partie la plus importante (environ 80 % de la dette publique globale), c'est la dette de l'État, proprement dite. Il faut ensuite y ajouter celle de la Sécurité sociale, la dette des collectivités locales et des administrations centrales, y compris des organismes comme le CNRS ou le Commissariat à l'énergie atomique.

La comparaison de la France avec les autres pays occidentaux montre qu'au-delà du niveau relativement important des dépenses, la hausse du déficit public est surtout la conséquence historique d'une diminution des recettes. Ce qui correspond à un choix politique, assumé récemment par François Hollande, puis amplifié par Emmanuel Macron. À cette diminution des recettes, principalement pour cause de baisse de la fiscalité, s'ajoute une mauvaise répartition de la nature des prélèvements obligatoires, somme des recettes fiscales (impôts, cotisations fiscales et taxes). Depuis 2012, les ménages sont davantage ponctionnés que les entreprises. Ce qui est une des causes de la forte érosion du pouvoir d'achat. Depuis 2017, la contribution des entreprises diminue en proportion des prélèvements obligatoires. Là où on espérait des recrutements et des investissements en contrepartie, les entreprises ont d'abord augmenté leurs marges. Cela n'a fait qu'accentuer aussi la financiarisation de notre économie. Elle se mesure par la hausse des dividendes, des rachats d'actions propres des entreprises, ainsi que par l'accentuation des opérations de fusions-acquisitions.

L'État n'est ni étranger ni indifférent à cette stratégie financière, puisque la part des actions cotées et des OPC (Organisme de placement collectif), qui sont constitués par des fonds d'investissement s'élève, pour lui, à 763 Md€ en 2023 contre 575 Md€ fin 2017. Cela participe à une augmentation de l'actif financier, donc du patrimoine des administrations publiques. Cette stratégie financière peut être contestée dans un contexte de crise.

À ce déséquilibre structurel des emplois et des ressources, s'ajoutent des éléments plus conjoncturels. Les pays occidentaux sont confrontés depuis 2020 à la crise du Covid-19, puis à la hausse de l'inflation liée en partie à la guerre en Ukraine. Cela a augmenté les dettes et les déficits publics. L'urgence économique et sociale contraint l'ensemble des gouvernements à laisser filer les déficits afin de sauvegarder le pouvoir d'achat des ménages et la solvabilité des entreprises. Ce « quoi qu'il en coûte » est maintenant remis en cause, surtout par les libéraux irréductibles. Depuis le milieu des années 2022, décideurs politiques et différentes organisations économiques exigent le retour à une orthodoxie budgétaire et brandissent cette peur de la dette, jusqu'alors négligée. Dans son rapport économique de juin 2023, l'OCDE recommande aux gouvernements de mener des politiques d'austérité, afin de réduire les dettes et les déficits publics. Le FMI dit la même chose.

La soutenabilité de la dette s'impose comme un élément essentiel dans la mise en œuvre des politiques économiques des États, question exacerbée par la récente et spectaculaire hausse de l'inflation. Cela interroge. On oppose régulièrement la contrainte financière, donc le poids de l'endettement public, à la mise en place de politiques de relance économique. Sans que l'on sache où se trouve le point d'équilibre entre croissance et endettement et sans se poser la question de savoir si ce n'est pas plutôt l'absence de volontarisme en matière de développement économique qui est responsable de l'accumulation des dettes et de la difficulté à les rembourser.

Cette question de l'endettement renvoie bien à des choix politiques et à des choix de société.

D'une façon générale, les dépenses des États s'avèrent assez stables, après leurs augmentations lors de la crise financière de 2008. Les dépenses publiques sont aussi impactées par les transferts de compétence de l'État vers les collectivités locales. C'est le cas de la France. Pour comprendre pourquoi le déficit se creuse, il ne faut donc pas seulement regarder vers les dépenses, mais aussi vers les recettes fiscales qui ont été réduites par des choix politiques. Conséquence directe des cadeaux fiscaux, mais aussi de l'évasion fiscale, plus ou moins tolérée. C'est dans ce contexte que s'installent les clivages politiques. Les libéraux mettent en avant la discipline budgétaire pour asseoir une crédibilité financière qui passerait par la maîtrise des coûts salariaux, la diminution du poids de la sphère publique dans l'économie, l'accentuation de la libre concurrence et la déréglementation. L'État, acteur et régulateur de l'activité économique est alors accusé de freiner l'initiative privée, considérée comme la seule source de croissance économique. L'idée qui sous-tend cette théorie est que la libéralisation et la moindre contrainte confortent l'appareil productif et sont source de création d'emplois et de richesses à partager.

L'approche sociale-démocrate est différente. Elle considère que l'État doit s'impliquer dans la sphère économique. D'abord en assurant une juste redistribution, à partir des recettes fiscales. Puis en jouant un rôle économique, par le biais de politiques de relance, sur la consommation et sur l'investissement. Ce qui n'interdit nullement la maîtrise des taux d'endettement. Le bon équilibre est en effet nécessaire. Pour autant, le recours à l'endettement doit permettre d'amorcer des politiques industrielles d'envergure, de soutenir le pouvoir d'achat et l'investissement humain comme matériel. La social-démocratie associe au rôle d'État-providence, celui d'un fort interventionnisme étatique, ce qui fut le moteur efficace des Trente Glorieuses, avec une gestion relativement équilibrée des comptes publics.

Cela comporte des risques d'exécution, car le bilan des investissements étatiques réalisés est rarement connu, faute d'évaluations objectives des politiques publiques. Le risque étant alors que les investissements réalisés aient un coût (endettement compris) supérieur à la rentabilité dégagée. Le cercle vertueux devient alors un cercle vicieux. L'effet de levier recherché se transforme en effet de massue.

Ainsi, l'enjeu de l'endettement public n'est ni une question comptable ni budgétaire. Il est politique. Car réduire la dépense publique, cela ne consiste pas exclusivement à réduire les dépenses couvertes par l'État et les collectivités locales et territoriales, cela ne signifie pas forcément être plus économe. Ce faisant, on se contente de diminuer le degré de solidarité et la prise en compte des besoins sociaux. Ce qui revient à transférer l'intégralité du financement aux individus, à accroître encore les inégalités. Faut-il que l'État participe au financement de la santé et de la retraite de ses membres (au moins partiellement) ? N'est-il pas plus logique que chacun décide de ses prestations et de leur coût ? Cette interrogation revient périodiquement dans le débat public, à plus forte raison en France. Une interrogation dont on ne doit pas douter de son caractère éminemment politique, à certains égards philosophiques, avant d'être strictement budgétaire et financier.

Toujours est-il que le débat sur le niveau de la dépense publique renvoie inévitablement à la nature même de cette dépense. Assurée par la collectivité, elle s'inscrit, en principe, en dehors d'une logique marchande. Elle a un caractère démocratique, puisque son affectation est une décision du pouvoir politique, votée par les Assemblées constituées. D'un point de vue théorique, cette dépense publique a bien une capacité redistributive, à l'instar des dépenses de solidarité (les minimas sociaux), en permettant la gratuité d'accès à l'éducation et à la santé. Cette dépense est également nécessaire au financement des biens « publics », qui profitent à tous et pour lesquels on ne peut fixer un prix d'accès individuel (la défense, la sécurité, etc.).

Le principe d'un financement public modifie aussi la logique des biens produits grâce à elle. La logique d'usage l'emporte sur celle de la propriété. Ce qui la distingue de la logique capitaliste. Toutes les dépenses publiques ne peuvent être analysées sous le seul axe de la rentabilité et de la valorisation financière.

Lorsque les tenants de l'insoutenabilité de la dette publique s'expriment, c'est le plus souvent pour justifier et légitimer des politiques d'austérité et de coupes budgétaires. Au risque de conduire à l'abandon de services publics (poste, ligne de chemins de fer…), à la désertification des territoires, et de nier que la diminution des dépenses publiques, en réduisant la capacité redistributive de l'État, peut être aussi préjudiciable à la croissance économique.

Certes, à plusieurs époques, l'endettement public a été présenté comme une transgression de la bonne gestion, comme le résultat d'une politique laxiste et comme un manque de courage des gouvernants. Les risques liés à la faillite ont même été souvent mis en avant par les oppositions politiques qui, à l'approche des alternances, oubliaient soudain leurs anciennes pratiques. On peut cependant proposer une autre grille de lecture. Les coupes dans les recettes fiscales, la financiarisation de l'économie et la montée des inégalités représentent les ferments libéraux de la hausse et du niveau actuel de la dette publique française ; la désindustrialisation en étant une circonstance aggravante.

II/ La désindustrialisation accélère l'endettement

L'impact de la politique industrielle sur la dette publique est négligé. Son évolution est liée à celle de la capacité productive d'un pays. L'analyse à l'échelle mondiale met en contraste les poids industriels de pays comme la Chine, l'Allemagne et le Japon, soulignant le lien entre désindustrialisation, commerce extérieur et croissance. Au plan européen, l'homogénéisation des critères de dette imposée à des économies disparates, favorise l'émergence de mouvements populistes. L'endettement doit être un levier pour relancer des politiques industrielles, surtout dans le contexte actuel où l'argent est abondant mais pas suffisamment dirigé vers l'économie réelle, là où des investissements massifs sont nécessaires dans des domaines tels que l'économie verte, l'énergie et la digitalisation.

Le niveau de la dette publique est en lien direct avec **l'efficacité et l'importance de la politique industrielle**. Cet enjeu est pourtant passé au second plan du débat public, derrière des questions plus sociétales (laïcité, immigration, identité…), jusqu'à oublier que les problèmes sociaux trouvent leurs racines dans l'essoufflement de notre développement économique, conséquence directe de l'affaiblissement de notre capacité de production, donc de la fragilisation de notre outil industriel. Ceci n'est ni le fait du hasard, ni une fatalité.

En 2023, la France affiche un déficit commercial qui s'est réduit à 100 Md€ après un record de - 163,6 Md€ en 2022, le double de celui de 2021. Déficit commercial signifie moins de recettes et dépendance vis-à-vis de l'extérieur. On en a vu les effets négatifs avec les pénuries de médicaments, lors de la crise sanitaire. Une logique implacable : ce que l'on ne produit pas, ou ce que l'on ne produit plus, il faut l'acheter ailleurs, puisque nos besoins, eux, n'ont aucune raison de disparaître. Cette vérité est très largement partagée. On peut ainsi faire coïncider, pays par pays, une carte du poids de l'endettement avec celle du niveau d'industrialisation. Pour l'Europe, cela dessine un paysage marqué de l'industrie manufacturière. L'Allemagne en est le cœur, ce qui ne surprendra pas. Les PECO (Pays d'Europe centrale et orientale) sont en satellite. Les économies proches géographiquement, comme l'Autriche ou la France, vont également bénéficier de la dynamique de ce pays cœur. À l'intérieur de chaque pays, on constate les mêmes caractéristiques d'inégalités régionales. Pour ce qui nous concerne, c'est la zone géographique la plus industrielle, l'Île-de-France qui se distingue encore des autres territoires ayant des bases productives moins fortes. Dans ces conditions, ces pays ou régions moins industriels, donc moins performants, auront un endettement plus élevé. Raison principale : une moindre rentrée de recettes fiscales. Ces données sont calculées sur les données de 2022.

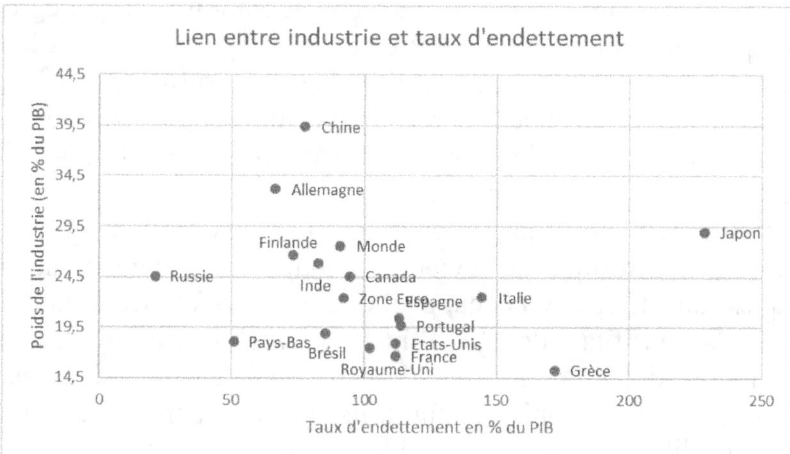

Le pays dont le poids industriel est le plus élevé, c'est la Chine. Elle est suivie par l'Allemagne et le Japon. À l'opposé, le pays industriellement le plus faible est la Grèce, le deuxième pays le plus endetté. Le graphique ci-dessus confirme aussi le caractère très singulier du Japon. Il affiche un endettement très élevé malgré une forte base industrielle. Cette exception ne contredit pas le constat selon lequel la désindustrialisation pèse directement sur le commerce extérieur et sur la croissance.

En revanche, la mondialisation complexifie la question de l'endettement surtout en raison de la recherche de convergence au sein des économies d'une même zone. L'Europe illustre cette question. La mise en œuvre d'une forme de convergence économique et budgétaire y reste délicate. Elle contraint tous les pays membres de l'Union à aller vers le même objectif de poids de la dette publique, alors que les situations économiques sont disparates. Les pays n'ont pas le même stade de développement industriel, ni le même degré de spécialisation.

Cette exigence européenne en matière d'orthodoxie financière fait ainsi abstraction de la spécificité de chaque pays. Elle renforce les tenants d'un retour à la souveraineté nationale, sans permettre à tel ou tel pays de sortir de ses fragilités structurelles, productives et financières. Ces modalités, posées en dogme par les institutions européennes, sont devenues un facteur préoccupant d'instabilité politique. Elles se traduisent par la montée en puissance d'un populisme multiforme qui s'accorde à refuser cette transition imposée, vite associée aux effets négatifs de la mondialisation.

Il est plus que temps d'accepter, au sein de l'Europe, une différenciation entre les pays, les critères imposés ne pouvant plus être identiques. Il faut prendre en considération leur degré de développement industriel, d'autant que ce n'est nullement contradictoire avec l'affichage d'un objectif de convergence, à terme. Cela nécessite aussi une augmentation du budget européen, une meilleure coordination des politiques économiques et fiscales et des transferts financiers mieux pondérés.

Contrairement aux idées reçues, les États pourraient alors saisir l'opportunité historique du levier de l'endettement pour relancer des politiques industrielles en échappant quelque peu à l'étroite tutelle des marchés et en profitant de taux d'intérêt réels (hors inflation), toujours relativement faibles, même après la hausse récente. L'endettement ne doit pas être un levier uniquement utilisé par la sphère privée, en dépit du discours libéral prompt à considérer que l'État est, par nature, un mauvais investisseur. La situation économique, politique et sociale actuelle exige un changement fondamental de logiciel d'analyse. On sait maintenant que la planète nécessite de nouveaux investissements massifs autour de l'économie verte, de l'accès pour tous à l'énergie et à la digitalisation. Ils devront se faire, à la fois, avec des investissements publics et privés.

Ajoutons d'autres paradoxes au tableau. Les liquidités monétaires sont surabondantes et si l'épargne est élevée, elle ne se dirige pas assez vers l'économie réelle. Les liquidités vont plutôt gonfler des actifs qui commencent à être survalorisés, comme l'immobilier (d'où la crise post-Covid-19 dans ce secteur) ou alimentent les mouvements de fusions-acquisitions ou encore sont utilisées pour favoriser les rachats d'actions propres (montant très élevé aux États-Unis). Ces rachats représentent 1 112,3 Md$ en 2023 dans le monde, en baisse de 14 % par rapport aux 1 300 Md$ de 2022. L'opportunité de cette pratique doit être vivement contestée, au moment où les entreprises doivent s'engager dans des investissements massifs, pour faire face aux enjeux planétaires.

Ces investissements spéculatifs, très éloignés de l'économie réelle, sont lourdement préjudiciables car ils ne participent pas à la croissance future. C'est pourtant lorsque l'argent est gratuit (ou presque) que les efforts d'investissement conciliant l'utilité générale et l'intérêt même des entreprises à moyen-long terme, devraient redoubler. Raison de plus pour que les États retrouvent pleinement leur rôle de stratèges industriels. C'est la meilleure manière, pour eux, de contribuer à drainer l'épargne vers les infrastructures et les besoins d'avenir. Cette faiblesse de l'investissement est d'autant plus anormale que le progrès technique, lui aussi, appelle des dépenses en capital (robotisation, digitalisation, automatisation) et ces dernières apportent des rentabilités économiques élevées.

On peut aisément juger du bien-fondé des politiques de soutien, menées au moment des crises. Il est beaucoup trop tôt et dangereux de préconiser le retour à des politiques d'austérité. Même l'Allemagne, pays pourtant ardent défenseur d'un endettement et de déficits restrictifs, modifie actuellement son comportement sur cette question après la fin de la coalition au pouvoir en novembre 2024. La règle inscrite dans la Constitution de ne pas avoir de déficit supérieur à 0,35 % du PIB pourrait être modifiée par le nouveau chancelier qui sortira des nouvelles élections de 2025. Il est vrai que la situation allemande se caractérise en 2024 par une faible croissance, la récession se poursuit. Les barrières douanières promises par le nouveau gouvernement Trump pourraient réduire encore les objectifs de croissance en 2025, d'où la nécessité pour le gouvernement allemand de changer d'axe en matière de dettes et de déficits et de politique économique.

III/ Croissance, taux d'intérêt et endettement

L'évolution de la croissance économique impacte le déficit public. Les mesures de soutien en 2020 ont évité le chômage et les faillites, mais ont accru les dettes publiques. Malgré l'endettement, les taux d'intérêt restent modérés, reflétant un déséquilibre entre épargne et investissement, amplifié par le vieillissement démographique. Le FMI soulignait en 2020 que la réduction du déficit ne devait pas être envisagée durant la crise, mais il adopte un discours moins complaisant depuis 2023. Des appels récents exhortent les grandes économies à maîtriser leurs emprunts pour contrer l'inflation et l'instabilité financière. Beaucoup d'autres institutions, par exemple, la BCE, vont dans le même sens fin 2024.

Faut-il rappeler que l'évolution de la croissance économique a un effet sur le déficit public ? Au contraire, une récession génère inévitablement une augmentation des dépenses de chômage, une baisse des recettes fiscales et entrave les revenus tant des ménages que des entreprises. Le gouvernement français a constaté à ses dépens en 2024, sans d'ailleurs le reconnaître, les effets négatifs sur les comptes publics d'un ralentissement de la croissance.

En 2020, les mesures de soutien mises en place par les gouvernements ont évité la flambée du chômage et les faillites d'entreprises au prix d'une hausse des dettes publiques et des déficits. Inversement, les périodes de croissance seront, en théorie, propices à la réduction de ces déficits. Un déficit public élevé peut alors jouer le rôle de stabilisateur, en permettant une hausse des indemnités de chômage, en soutenant la demande et en atténuant les effets directs de la crise économique.

La succession des crises, depuis 2008, est à l'origine de la hausse de l'endettement public mondial. Il a crû deux fois plus vite que le PIB ; le rythme de la hausse de la dette étant de + 6,2 % par an, pour une évolution du PIB à + 3,3 %. Sur ces bases, la dette publique mondiale par habitant s'établit en 2020 à 9 952 $ contre 4 980 $ en 2009, une hausse annuelle de + 5,4 %. Les deux dernières crises, 2008 et 2020, confirment ainsi cette corrélation négative entre dette et croissance.

Parmi les raisons de la hausse de l'endettement, on trouve aussi la perte des capacités de production, la baisse de la rentabilité industrielle et les difficultés à autofinancer le développement. Les pays occidentaux ont dû répondre, depuis le début des années 80, à un choc d'offre. Dès cette période, la Chine, l'Inde et les pays d'Europe de l'Est sont devenus progressivement des acteurs majeurs de l'économie mondiale, faisant baisser le prix de la main-d'œuvre, par rapport au capital. Il s'ensuit une baisse des investissements et une demande plus faible dans les économies avancées. Ce fut la fin de la période des Trente Glorieuses. Les banques centrales ont alors compensé la faible croissance et le déficit industriel par une politique monétaire expansionniste. Ces injections massives de liquidités ont faussé à la hausse les prix des actifs par rapport aux prix réels des biens. La croissance, le pouvoir d'achat des ménages et la valorisation des entreprises ont été stimulés par la dette. Les politiques menées ont été apparemment un peu plus keynésiennes surtout en Europe, avec un État plus endetté et plus protecteur. C'est ce contexte favorable qui a aussi permis de contenir l'inflation.

De plus, et sur toute la dernière période, les taux d'intérêt très bas, souvent négatifs en taux réels ont encouragé la progression de l'endettement, surtout après la crise financière de 2007/2009. L'effet de levier a joué à plein.

Les banques centrales ont aussi remplacé la dette à long terme par une dette indexée sur le taux d'intérêt, au jour le jour. La Banque des règlements internationaux affirme qu'en conséquence, dans les plus grandes économies avancées, jusqu'à 30 à 50 % de la dette publique, suit l'évolution journalière des taux. Dans le secteur privé, l'impact de la hausse des taux conduit à une baisse des prix des logements et des valeurs mobilières. Certains marchés émergents surendettés sont touchés, eux aussi, par la hausse des taux et par la hausse du dollar, puisque la dette émergente est souvent indexée au dollar.

Sur le lien entre croissance et dette, on doit s'interroger, en particulier en France, sur certains dérapages et incohérences. Même en période de croissance, le pays a connu une hausse modérée des recettes et une progression des dépenses publiques. Une distorsion qui ne fut pas toujours justifiée. Fallait-il, par exemple, soutenir les banques aussi massivement et aussi systématiquement que l'ont fait les États, lors de la crise de 2008 ?

L'autre facteur conjoncturel qui influence l'évolution des dettes publiques, c'est le niveau des taux d'intérêt à long terme, lui-même lié à l'inflation. Historiquement, la plupart des pays occidentaux endettés connaissent des niveaux de taux d'intérêt très bas, ce qui diminue la charge d'intérêt des dépenses publiques. Cette situation se complique depuis mi-2022, avec la hausse des taux dans la plupart des pays occidentaux, destinée à combattre l'inflation.

D'ailleurs, il n'y a pas que l'endettement public qui progresse puisque le BIS estime qu'au premier trimestre 2024, les dettes globales privées et publiques mondiales représentent **232 000 Md$, soit 242 % du PIB mondial, dont environ 85 200 Md$** de dettes publiques, 89 % du PIB. Fin 2017, ces montants respectifs étaient de 178 000 Md$, 243 % du PIB et la dette publique était de 60 000 Md$, 82 % du PIB. La dernière crise économique a donc aussi eu pour conséquence une progression des dettes des entreprises et des ménages.

Face à la montée de l'ensemble des dettes financières et donc du risque, la théorie financière nous enseigne que cela aurait dû générer une crise financière et une remontée générale des taux longs. Leur niveau mesure en effet le degré du risque pris par les États ou plus précisément, le taux d'intérêt requis par les investisseurs institutionnels pour prêter aux États. Ce n'est pas le scénario de ces dernières années. Durant de nombreuses années, la hausse de la dette a été concomitante à la décrue des taux longs, ayant touché en 2020 des minimas historiques.

Ces taux d'intérêt historiquement faibles sont le reflet du profond déséquilibre entre l'épargne mondiale et les besoins d'investissement. C'est aussi la conséquence du vieillissement de la population et du ralentissement démographique. Le Japon, le plus endetté au monde avec un taux d'endettement global de 400 % du PIB au premier trimestre 2024 dont 217 % pour la dette publique, caractérise ce paradoxe. En dépit de cet endettement et avec une croissance économique modérée, le taux des obligations d'État à 10 ans reste toujours très faible (1,20 % en janvier 2025), et négatif en taux réel, c'est-à-dire en retirant l'inflation. La courbe des taux d'intérêt japonais est la plus faible au monde sur toutes les maturités alors que le niveau des dettes est le plus élevé et de très loin.

Évolution de la courbe des taux aux États-Unis, Europe et Japon en janvier 2025, source : Factset.

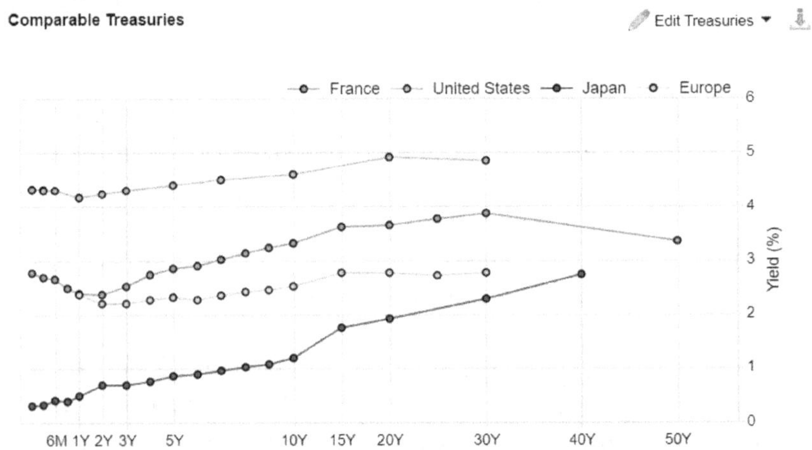

Les principales zones endettées (Japon, Chine, États-Unis et Europe) représentent, début 2024, un peu plus des ¾ de la dette publique mondiale (78 %). Ils connaissent des situations particulières avec pour la plupart des taux longs déflatés de l'inflation inférieurs au taux de croissance économique, ce qui est favorable à l'endettement. Cette situation qui pourrait encore s'inscrire dans la durée en raison d'un niveau élevé de l'inflation, devrait modifier l'approche théorique vis-à-vis de l'endettement et surtout en dédramatiser les effets. Pour le moins, cela signifie que les marchés financiers ne craignent pas la dette.

Que dit le FMI sur cette relation complexe, dette publique, croissance et taux d'intérêt ? « *La réduction du déficit ne doit pas être une source de préoccupation tant que la crise persiste* », assura-t-il, en 2020, au moment de la pandémie de Covid-19. Deux ans plus tard, alors que la guerre en Ukraine freine la reprise, augmente les prix de l'énergie et creuse un peu plus les déficits, le FMI adopte un discours moins complaisant. Un de ses rapports note : « *Des risques de détérioration plus élevés que d'habitude continuent de peser sur les perspectives. Les autorités monétaires pourraient faire fausse route dans leurs stratégies de réduction de l'inflation. Les grands pays pourraient maintenir des orientations de plus en plus divergentes, ce qui alimenterait l'appréciation du dollar et les tensions entre pays. L'inflation pourrait persister plus encore, sous l'effet de nouveaux chocs sur les prix de l'énergie et des denrées alimentaires. Le durcissement des conditions de financement à l'échelle mondiale pourrait être à l'origine d'une vague de surendettement dans les pays émergents.* »

Ce rapport note, en outre, d'autres risques possibles : l'interruption des livraisons de gaz par la Russie et son impact négatif sur la production européenne, une résurgence de la Covid-19 et une aggravation de la crise du secteur immobilier en Chine. On peut y ajouter le regain de tensions internationales, notamment au Moyen-Orient.

En dépit de l'existence de ces risques, le FMI n'en milite pas moins, surtout en 2024, en faveur d'un durcissement des politiques monétaires pour lutter contre l'inflation. Il rappelle que « *la politique budgétaire doit avoir pour priorité la protection des groupes vulnérables au moyen d'aides ciblées à court terme pour atténuer les effets de la crise du coût de la vie, qui se fait sentir à l'échelle mondiale* ». Il plaide pour la diminution de l'endettement des États, par une intensification des réformes structurelles, destinées à améliorer la productivité. Fin 2024, le FMI s'attend à ce que la dette publique mondiale dépasse 100 000 Md$. Un article du *Financial Times* du 15 octobre 2024 rapporte ainsi les principales synthèses du FMI sur la question de la dette publique mondiale.

La dette publique a continué d'augmenter à mesure que les pays adoptent des dépenses plus élevées pour stimuler la croissance économique, les États-Unis et la Chine étant à l'origine de cette poussée, a indiqué le FMI dans ce rapport. La dette devrait approcher 100 % du PIB mondial d'ici la fin de la décennie, a ajouté le FMI, avertissant que les plans des principales économies pour stabiliser les emprunts « sont loin de répondre aux besoins ».

Les résultats de l'étude soulignent l'énorme augmentation de la dette publique au cours des cinq dernières années, le ratio par rapport au PIB étant désormais de 10 % supérieur au niveau observé à la veille de la pandémie. Le phénomène est généralisé, comme le montre l'étude : les pays dont la dette ne devrait pas se stabiliser représentent plus de la moitié de la dette mondiale et environ les deux tiers du PIB mondial. Le Royaume-Uni, le Brésil, la France, l'Italie et l'Afrique du Sud figurent parmi les pays dont la dette devrait continuer à augmenter, a indiqué le FMI dans son rapport. « Les niveaux d'endettement futurs pourraient être encore plus élevés que prévu, et des ajustements budgétaires beaucoup plus importants que ceux actuellement prévus sont nécessaires pour les stabiliser ou les réduire avec une forte probabilité », a estimé le Fonds.

« Les pays doivent faire face aux risques liés à la dette dès maintenant en adoptant des politiques budgétaires soigneusement conçues pour protéger la croissance et les ménages vulnérables, tout en tirant parti du cycle d'assouplissement de la politique monétaire. »

Alors que les pressions inflationnistes s'atténuent et que la Réserve fédérale américaine, la Banque d'Angleterre et la Banque centrale européenne abaissent les coûts d'emprunt, « le moment est opportun » pour que les économies commencent à reconstituer leurs réserves budgétaires, a déclaré le FMI.

« Dans les pays où la dette devrait encore augmenter, tout retard dans l'adoption de mesures rendra l'ajustement nécessaire encore plus important », a-t-il ajouté. Il a appelé à un « ajustement budgétaire cumulé », hausses d'impôts ou réductions de dépenses, de 3 à 4,5 % du PIB pour réduire la dette mondiale.

« Les économies avancées devraient réévaluer leurs priorités en matière de dépenses, faire progresser les réformes des droits sociaux, augmenter leurs recettes par le biais d'impôts indirects lorsque la fiscalité est faible et supprimer les incitations fiscales inefficaces », a-t-il déclaré.

Il a ajouté que les dépenses publiques destinées à financer la transition vers une énergie plus verte, ainsi que le vieillissement de la population et les préoccupations en matière de sécurité, allaient probablement accroître les pressions budgétaires au cours des prochaines années.

Le rapport du FMI intervient alors que la Chine tente de relancer son économie avec un plan de relance budgétaire massif. La BCE a déclaré dans un rapport publié cette année que les défis à long terme étaient « susceptibles d'exercer une pression sur les finances publiques » dans la zone euro.

Pour atteindre un ratio dette publique/PIB de 60 % d'ici 2070, à partir des niveaux d'endettement actuels, les gouvernements devraient augmenter « immédiatement et de manière permanente » leur solde primaire (le solde budgétaire excluant les paiements d'intérêts nets sur la dette publique) de 2 % du PIB en moyenne, a indiqué la BCE.

IV/ Le rôle des banques centrales

Les politiques des banques centrales ont fortement évolué dans le temps et elles n'ont pas les mêmes objectifs, suivant les zones. Comment les banques centrales répondent-elles à l'inflation croissante dans les pays développés ? En modifiant à partir de 2022 leur politique accommodante (taux d'intérêt très bas et injection de liquidités), elles font face à des critiques car la hausse des taux pourrait entraîner une récession dans des économies encore fragiles. Les politiques monétaires expansionnistes des banques centrales ont aussi entraîné une hausse artificielle des prix des actifs et stimulé la croissance par l'endettement. Cependant, ces politiques ont créé des bulles et favorisé l'économie spéculative.

La plupart des banquiers centraux, à l'exception notable du Japon, se sont engagés, fin 2022, à lutter contre une inflation exacerbée au sein des pays développés, en raison de la hausse des matières premières et surtout de l'énergie, après l'entrée en guerre de la Russie en Ukraine. Depuis le pic de 2022 à 8,7 %, l'inflation mondiale a reculé à 6,8 % en 2023 et selon les perspectives économiques de l'OCDE, elle devrait redescendre à 3,5 % en 2024, en raison du resserrement de la politique monétaire, puis à 2,9 % en 2025. L'objectif des banques centrales de ramener ce taux à 2 % s'éloigne quelque peu d'autant que la politique économique annoncée par Trump risque d'alimenter à nouveau l'inflation mondiale en raison de l'impact des hausses tarifaires prévues. La poussée inflationniste s'explique principalement par la hausse de l'énergie, par les difficultés d'approvisionnement des produits chinois, liées à la stratégie de fermeture de l'économie, afin de lutter contre le Covid-19, mais aussi par la progression des salaires et aussi par la volonté des entreprises de sauvegarder leurs marges.

Les banques centrales sont exposées à de rudes critiques. La principale étant qu'une hausse des taux trop rapide peut entraîner une nouvelle récession, à un moment où les entreprises et les ménages sont encore fragiles.

Alors comment les banques centrales peuvent-elles sortir d'une situation économique mondiale caractérisée par une croissance ralentie et des taux réels faibles, voire négatifs ?

Leur rôle a évolué, historiquement, au gré de leur capacité à s'adapter aux situations économiques. L'objectif a aussi été la régulation des marchés financiers sans forcément rechercher un effet sur la croissance. Mais, suivant les pays, les politiques des banques centrales n'ont pas toujours poursuivi les mêmes objectifs. En Europe, le cap est mis sur le contrôle de l'inflation. Aux États-Unis, leurs interventions vont au-delà ; le soutien à la croissance et à l'emploi y est une préoccupation majeure.

C'est à partir de la fin de la Première Guerre mondiale et avec la disparition de l'étalon-or que les banques centrales ont acquis une influence croissante sur l'économie, les monnaies n'évoluant plus par rapport au référentiel de l'or. Leur action, au cours de la crise des années 30, sera très critiquée, ce qui marquera les esprits. Elles ont, en effet, adopté des politiques très conservatrices, en refusant de sauver les établissements financiers en leur mettant à disposition des liquidités. Cela déclenchera de nombreuses faillites bancaires qui vont aggraver et faire durer cette crise, avec des effets négatifs considérables sur les économies. Après cette politique restrictive de la FED qui a conduit à la crise du crédit, faisant suite au krach boursier de 1929, puis provoquant déflation et récession, la doctrine va évoluer. La fonction des banques centrales est recadrée. On attend d'elles qu'elles assurent une meilleure stabilité du système financier et surtout deviennent « *le prêteur en dernier recours* » des établissements bancaires, avec de faibles taux d'intérêt. Milton Friedman fixera même à la politique monétaire un cadre plus approprié : assurer une hausse régulière des prix et une croissance pérenne.

C'est dans ce contexte qu'il faut analyser les décisions des banques centrales pour sortir de la dernière crise, avec la mise en place des politiques non conventionnelles, au travers des achats de titres. À la différence de 1929, dont le président de la FED en 2008, Ben Bernanke, était un des meilleurs analystes, les banques centrales ont alors assumé ce nouveau rôle de « *prêteur de dernier ressort* » et de stabilisateur de l'économie. Les faillites ont été évitées en nombre à la notable exception de la banque Lehman Brothers, beaucoup trop exposée aux « *subprimes* ». Sans doute fallait-il, en la circonstance, désigner un coupable des multiples dérives et abus à l'origine de cette crise.

En somme, si les banques centrales ne créent pas de richesse, elles essaient de la redistribuer. C'est ce que l'on attend d'elles avec des opérations de prêts. Une manière de créer des actifs et des passifs financiers qui se compensent. À partir de 2007/2008, ces banques centrales ont donc augmenté fortement leurs bilans. Les contreparties qui reçoivent leur argent, se retrouvent alors endettées vis-à-vis d'elles.

Aujourd'hui, des critiques s'élèvent sur l'utilisation, dans la durée, de cette création monétaire. Elles mettent l'accent sur son inefficacité face à l'économie réelle. Toutefois, les mesures prises par les banques centrales après 2008 pour atténuer la crise des « subprimes », puis en 2020, pour limiter les effets négatifs de la crise sanitaire, ont indéniablement permis de limiter la récession et d'assurer la solvabilité du système financier. Dès 2009, et également à partir d'avril 2020, nous avons ainsi assisté à une forte reprise économique (courbe en V). Si ces politiques de taux bas et d'achat d'actifs (achats de bons du Trésor sur des durées de plus en plus longues, achats d'obligations publiques et privées…) sont mises en cause, c'est pour leur manque d'efficacité sur la croissance économique de long terme, et surtout, en raison de leurs impacts négatifs sur les allocations d'actifs. Les banques centrales n'ont pas le pouvoir de contraindre les entreprises à investir ou les ménages à consommer, mais cet argent « *facile* » qu'elles distribuent, conduit trop souvent à la création de bulles. Cela financiarise davantage les économies, ce qui conduit au triomphe de l'économie spéculative, dont les conséquences sont ravageuses. La hausse des politiques de rachats d'actions, qui se généralise, en est un des résultats probants. Au niveau des entreprises, les taux de financement très bas font que certaines d'entre elles, même peu rentables, parviennent à se maintenir en activité, ce qui n'est pas forcément sain. Nous avons manifestement oublié l'avertissement de Keynes : des taux d'intérêt trop bas (inférieurs à l'efficacité marginale du capital) favorisent les placements liquides et découragent investissement et confiance.

Avec cette politique, plusieurs États ont pu emprunter, jusqu'en 2022, à 10 ans et à des taux négatifs (Allemagne, France, Japon, Pays-Bas). Le taux US à 10 ans est, lui aussi, resté assez faible, moins de 2 %, par crainte de récession. Les investisseurs ont eu alors une aversion aux investissements dans des actifs risqués et se sont réfugiés dans la « *sécurité* » des obligations souveraines.

Comme évoqué précédemment, la situation a fortement évolué à partir de 2022 et les banques centrales sont entrées dans des politiques plus restrictives, en raison de la progression de l'inflation un peu partout dans le monde. Hausse des taux et réduction de la taille du bilan des banques centrales ont constitué la démarche des banques centrales jusqu'en 2024.

En 2022, le bilan de la FED a approché les 9 000 Md$, soit 36 % du PIB US (contre moins de 7 % en 2008). Celui de la BCE est encore plus élevé en relatif à 7 956 Md€, soit environ 59,6 % de son PIB, mais en baisse par rapport à 2021 (8 564 Md€). Depuis juin 2022, la FED a diminué son bilan de 47,5 Md$, puis de 95 Md$ dès septembre. Au milieu de l'année 2024, la taille est revenue à 7 500 Md$. La crise bancaire de mars 2023, avec la faillite de banques américaines, SVB et Silvergate, a dans un premier temps ralenti sa stratégie d'allégement de son bilan. Afin de faire face au retrait des dépôts de beaucoup de petites banques américaines, la FED a augmenté à nouveau de près de 300 Md$ son bilan pour maintenir la confiance dans le système financier américain. Mais en 2024, la diminution du bilan s'est poursuivie.

En 2021 et 2022, en raison des incertitudes liées à la crise du Covid-19, la Réserve fédérale a pris beaucoup de retard dans le resserrement de la politique monétaire. Il en a résulté une poussée de l'inflation à des niveaux jamais atteints depuis 40 ans. En théorie, l'inflation provient de deux facteurs principaux, la hausse des salaires et/ou celle des matières premières. Dans la période récente et jusqu'au début de 2022, la hausse de l'endettement public et le recours à un financement monétaire des banques centrales n'ont pas eu d'effet sur l'inflation car le plein-emploi n'était pas encore atteint, sauf aux États-Unis, et les prix des matières premières ont été relativement modérés jusqu'à l'invasion de l'Ukraine. L'inflation devient un risque en cas de plein-emploi et lorsque les investissements menés sont inutiles donc avec une faible rentabilité économique. Actuellement, les capacités de production sont loin d'être utilisées pleinement, mais l'inflation est liée au coût de l'énergie en Europe et à la hausse de l'immobilier aux États-Unis. Le point positif de cette inflation est de réduire les charges de la dette, à condition que cette dette ne soit pas variable. Tous les emprunteurs gagnent sur les créanciers en période d'inflation, mais celle-ci doit être contrôlée pour qu'elle ne perturbe pas le développement économique (fuite des capitaux, dévaluation…).

À partir de mars 2022, la FED a opéré un revirement spectaculaire et a relevé son taux directeur à plus de 5 % fin 2023. Cette tentative de la FED de gérer une « désinflation » soulève plusieurs questions. La banque centrale sera-t-elle en mesure de ramener l'inflation à son niveau cible de 2 % dans un avenir proche ? Devra-t-elle resserrer sa politique monétaire beaucoup plus qu'elle ne l'a déjà fait, et pour combien de temps ? Combien cela coûtera-t-il à la FED d'atteindre son objectif d'inflation ? Comment devra-t-elle équilibrer le risque de récession et la réalisation de son objectif ? Malgré ses erreurs antérieures, le resserrement agressif de sa politique monétaire amorcé il y a un an a permis de réancrer les attentes d'inflation à long terme au niveau de 2 % auprès des investisseurs, mais pour 2026. La mauvaise nouvelle est que l'atteinte de la cible d'inflation de la FED pourrait conduire à une récession. En règle générale, un resserrement monétaire de l'ampleur de celui que nous observons aux États-Unis pour faire baisser l'inflation entraîne une hausse du chômage. Dans les circonstances actuelles qui impliquent un resserrement important de la politique monétaire, une désinflation sans effets négatifs serait sans précédent. Le taux des fonds fédéraux devrait encore augmenter pour ramener l'inflation à 2 %, et le taux de chômage va augmenter. Plus important, la FED doit résister à la tentation d'assouplir sa politique monétaire, comme elle l'a parfois fait lorsqu'elle a été confrontée à un ralentissement de l'économie. Une modification prématurée affaiblirait la crédibilité de la FED pour contrôler l'inflation et obligerait la banque centrale à relever les taux d'intérêt à des niveaux encore plus punitifs pour stabiliser l'inflation.

C'est la leçon de la désinflation de 1979 à 1983 sous Paul Volcker. À partir d'octobre 1979, la FED avait relevé le taux des fonds fédéraux à 17 % en mars 1980. En réponse à la récession qui en a résulté, à partir d'avril 1980, il a abaissé le taux de plus de 7 %. La crédibilité de la FED a été affaiblie, les anticipations d'inflation restant élevées. Pour rétablir sa crédibilité, la FED a alors relevé le taux à près de 20 % au début de 1981, et l'a maintenu à des niveaux élevés jusqu'au milieu de 1982. Les anticipations d'inflation ont alors commencé à diminuer pour atteindre environ 3 % en 1983 et le taux de chômage est passé à 10,8 % en 1982. Sur la base de cette analyse, l'incapacité de la FED à agir de manière préventive en 2021 est une erreur importante. C'est la raison pour laquelle cette dernière a pris des mesures plus énergiques en 2023. Les commentaires de Powell, le président actuel de la FED, et d'autres responsables restent prudents. Ils ont souligné que la possibilité d'une récession à la suite d'un resserrement monétaire ne devrait pas dissuader la FED de faire tout ce qui est nécessaire pour maîtriser l'inflation.

Début avril 2023, le FMI avait d'ailleurs mis en garde contre un « *atterrissage brutal* » de l'économie mondiale si l'inflation persistante obligeait les banques centrales à maintenir des taux d'intérêt élevés plus longtemps. L'organisation considérait que cela pouvait amplifier les risques financiers. L'inflation restait vivace et le plus inquiétant est que le resserrement brutal de la politique monétaire en 2023 commence à avoir des effets secondaires sur le secteur financier. Ainsi, le FMI a déclaré que *les turbulences sur le marché des obligations d'État britanniques à l'automne 2022 et les difficultés bancaires américaines de mars 2023 ont montré les vulnérabilités qui existent parmi les banques et les institutions financières non bancaires*. Les risques pesant sur les perspectives économiques sont orientés à la hausse. Même si le système bancaire est plus résistant que lors de la crise financière de 2008, la récente crise financière US a montré que le système reste fragile. Un incident isolé pourrait devenir systémique.

Les nouvelles prévisions du FMI d'octobre 2024 font état d'un peu plus de pessimisme sur la croissance future. Le rapport note que « *La croissance mondiale devrait rester stable mais également décevante. Cette continuité apparente masque des révisions notables apportées depuis avril 2024. Ainsi, le relèvement des prévisions pour les États-Unis a compensé l'abaissement de celles des autres pays avancés, en particulier les plus grands pays européens. De la même manière, dans les pays émergents et les pays en développement, les perturbations de la production et du transport des produits de base (du pétrole, en particulier), les conflits, les troubles sociaux et des phénomènes météorologiques extrêmes ont entraîné des révisions à la baisse des perspectives pour la région du Moyen-Orient et Asie centrale, et pour l'Afrique subsaharienne. Ces abaissements des prévisions ont été compensés par les révisions à la hausse des perspectives pour les pays émergents asiatiques, dont la croissance est stimulée par la forte augmentation de la demande de semi-conducteurs et de composants électroniques, alimentée par d'importants investissements dans l'intelligence artificielle. Cette tendance est épaulée par des investissements publics considérables en Chine et en Inde. D'ici à cinq ans, la croissance mondiale devrait atteindre 3,1 %, un chiffre médiocre si on le compare à la moyenne d'avant la pandémie. »*

Ces nouveaux modes de croissance exigent des investissements massifs d'intérêts publics dans les infrastructures sans que l'on puisse exiger, au moins au départ, des objectifs élevés de rentabilité financière. Pour ces raisons, une politique monétaire seule ne peut soutenir les politiques économiques. Il sera ainsi nécessaire, surtout en Europe, de faire émerger des politiques de relance budgétaire, en réalisant des coopérations internationales et en redéfinissant une nouvelle politique industrielle.

Un objectif alors : se soucier moins de l'inflation et solliciter des programmes de relance.

Mais en dépit de ce ralentissement économique, voire du risque de récession et de crise financière, le FMI a appelé les banques centrales à continuer à faire baisser l'inflation et les gouvernements à supprimer une partie du soutien budgétaire offert ces dernières années pour faire face au Covid-19 et à la crise énergétique. La hausse des taux conduit à une contraction des prêts, ce qui peut être bénéfique en termes de réduction de l'inflation et peut se substituer à de nouvelles hausses des taux d'intérêt. Le débat porte aussi sur la marge de manœuvre en cas de nouvelles récessions. Les moyens semblent désormais bien limités puisque l'euro est déjà déprécié et la taille du bilan de la BCE limite l'ampleur des prochains achats.

Au contraire des recommandations du FMI, nous considérons que les États doivent jouer leur rôle en utilisant une politique budgétaire expansionniste pour stimuler la croissance de la zone euro en finançant de nouveaux projets. La sortie des politiques monétaires non conventionnelles passe par une remontée lente des taux d'intérêt et par des mesures de relance budgétaire pour éviter une récession dont les effets seraient catastrophiques faute de nouveaux moyens à la disposition des banques centrales. L'erreur consiste aussi à faire de l'inflation un indicateur déterminant de l'évolution des taux d'intérêt. Dans les périodes d'expansion même hors inflation, les banques centrales auraient dû faire progresser leurs taux. La FED l'a fait mais un peu trop timidement en remontant ses taux à 2,25 %. Cela aurait permis d'éviter la hausse de certains actifs, un excès d'endettement et surtout cela aurait reconstitué des marges de manœuvre supplémentaires.

Beaucoup d'économistes (Aglietta, Pisani-Ferry, Picketty, Aghion…) s'interrogent sur la probabilité d'une nouvelle instabilité financière. La croissance des marchés dérivés opaques, la montée des banques parallèles sous-réglementées et un environnement réglementaire post-crise qui limite la capacité des banques à inscrire des titres à leur bilan en période de crise fragilisent les marchés financiers mondiaux. La volatilité de l'ensemble du secteur des cryptomonnaies en est aussi une illustration. Désormais, le rôle principal du système financier n'est plus d'accepter des dépôts et d'accorder des prêts, mais de refinancer la dette qui soutient la croissance et la consommation mondiales. Aux États-Unis, la hausse des taux a conduit à de nombreuses faillites bancaires en mars et avril 2023. Le mécanisme est le même pour toutes les faillites : prêts à des sociétés technologiques devenues non solvables, dépôts non assurés et pertes sur le portefeuille de titres de la banque en raison de la hausse des taux.

Dans une tribune au *Monde* en date du 29 avril 2023, Patrick Artus, économiste chez Natixis résumait ainsi la problématique de la gestion des taux en regard de l'inflation. « *Ne pourrait-on pas envisager que les banques centrales maintiennent la stabilité de leur taux d'intérêt, et que la politique fiscale, c'est-à-dire l'ajustement des taux d'imposition – à la hausse en période de forte inflation, à la baisse lorsqu'elle diminue – soit l'arme la plus efficace lorsqu'il s'agit de limiter ou au contraire d'encourager la consommation et l'investissement ?* »

Il faudrait, poursuivait-il « *surtout rompre avec la théorie économique selon laquelle la quantité de monnaie a une influence sur l'inflation. L'observation des faits la dément : depuis les années 1990, il n'y a plus de lien entre création monétaire et inflation, même dans le long terme. Freiner la création monétaire n'a donc aucun effet direct sur la réduction de l'inflation.* »

Concernant l'inflation, l'objectif recherché des banques centrales, une inflation à 2 %, est critiquable. Il est admis que cette zone correspond à un équilibre qui permet la stabilité économique. Des taux inférieurs étant synonymes de déflation et de baisse structurelle des actifs, engendrent une moindre croissance puisque les agents attendent pour consommer ou investir à des prix encore plus bas. Des taux plus élevés créent de l'hyperinflation qui a tendance à défavoriser l'épargne, les rentes et surtout les retraités. À quel niveau se situe le taux d'inflation d'équilibre ? Il obéit à de multiples facteurs conjoncturels (prix des matières premières et en particulier du pétrole) et structurels (faible démographie, potentiel de croissance moins élevé, moindre productivité et épargne plus importante). Par ailleurs, les progrès technologiques, la mondialisation et l'ouverture de l'ensemble des marchés à une concurrence des produits à bas coûts conduisent à une tendance à la baisse de l'ensemble des coûts de production. Mais ce mouvement est désormais derrière nous. En période de quasi-plein-emploi comme aux États-Unis, la hausse des salaires complique la lutte contre l'inflation. Ainsi, une des raisons historiques de la hausse de l'inflation, la progression des salaires redevient d'actualité et encore plus en intégrant une éventuelle lutte contre l'immigration. En conséquence, la cible de l'inflation ne doit probablement plus être de 2 % mais devrait se situer certainement au-delà, et ce, sera d'ailleurs un moyen assez indolore pour rembourser les dettes de l'ensemble des intervenants, États, ménages et entreprises.

La sortie des politiques monétaires accommodantes ne pourra se réaliser que si la confiance en la croissance économique revient au sein de ces intervenants. Par rapport à ce qui a été réalisé au cours des dernières années, la nécessité devrait être que les liquidités octroyées par les banques centrales soient davantage dirigées vers l'économie réelle, le numérique et le climat, et non vers la sphère financière ou les dépenses des États. L'objectif premier sera d'augmenter la productivité et la rentabilité économique des entreprises grâce aux effets de levier.

Une autre proposition tient à l'orientation de l'épargne en direction des entreprises (start-up, innovation technologique...) et pas uniquement au niveau de l'État. Cela nécessite de revoir quelques contraintes édictées par l'Europe sur les calculs de ratio de solvabilité au niveau des banques et des compagnies d'assurances afin de rendre possible une prise de risques supplémentaires. Ceci ne pourra se faire qu'avec des banques assainies pour supporter ce risque supplémentaire, ce qui pose quelques problèmes aux banques italiennes et espagnoles et même à certaines banques régionales allemandes. Cet assainissement servira aussi à améliorer la solvabilité des États. L'idée consiste aussi à lancer des fonds d'investissement européen qui seraient des supports d'épargne. En procédant à une fiscalité intéressante (déduction d'impôt sur le modèle FCPI), cela permettrait à l'Europe et pas seulement à l'Allemagne de relancer l'économie européenne au travers notamment de la transition énergétique, de la digitalisation et plus globalement de l'innovation technologique en plaçant aussi des contraintes fortes en matière de responsabilité économique et sociale.

Enfin, comme le rappelait Patrick Artus, il faut recréer une demande intérieure dynamique en ouvrant les pays à l'immigration. Sans immigration, la population active de la zone euro va reculer de 0,8 %

par an entre 2020 et 2030 et avec une productivité de 1 %, la croissance sera donc à peu près nulle.

En conclusion, la politique monétaire ne peut tout faire. Des réformes structurelles sont nécessaires dans certains pays et une nouvelle politique industrielle innovante doit être portée par les États (progrès techniques, montée en gamme afin de se protéger de la concurrence des pays émergents et financements novateurs qui draineront une épargne un peu plus productive). Les États doivent augmenter leurs investissements et relancer l'activité. L'OCDE chiffre à 2 000 Md$ les besoins annuels d'investissement dans les infrastructures routières d'ici 2030 et à 600 Md$ dans les télécommunications. Enfin, ces nouvelles politiques auront besoin d'une coordination, voire d'une coopération internationale pour éviter des concurrences entre les zones, notamment au travers de l'évolution des taux de change et des politiques fiscales. C'est peut-être là que la difficulté sera la plus grande !

Avant de présenter les données des principaux pays, il faut replacer la problématique de l'endettement public dans le contexte historique afin d'affiner la réflexion et surtout de mettre en exergue quelques propositions.

V/ La dette dans l'histoire : quelques enseignements

Les premiers prêts à intérêt apparaissent en Mésopotamie, associés aux temples, et évoluent vers des formes plus complexes d'endettement avec l'avènement de la monnaie. La dette, initialement sociale, prend une dimension économique avec l'émergence des banques au XIVe siècle. En France, l'endettement royal devenu colossal, explique en partie la Révolution française, marquée par la vente de rentes perpétuelles et la bulle spéculative. La dette publique française atteint un pic en 1780, entraînant des conséquences économiques et sociales. Après des décennies d'abondance de capitaux au XIXe siècle, les cycles économiques et les crises boursières se multiplient, dont la crise de 1873 à Vienne. Avant la Première Guerre mondiale, l'endettement public reste maîtrisé, mais la guerre creuse les finances européennes. La crise de 1929, marquée par une spéculation intense, conduit à des défauts de paiement dans les années 1930.

Les premiers prêts à intérêt apparaissent, d'après les historiens, avant l'écriture. Les traces les plus anciennes se situeraient vers 2400 ans avant J.-C., sous la forme de crédits pour le commerce et de prêts à la consommation. Cette activité s'effectue autour des temples qui assurent les fonctions administratives et religieuses des États de la Mésopotamie. Ces prêts sont garantis par des récoltes, du bétail, des maisons ou des membres de la famille du débiteur. Lorsque le débiteur ne parvient pas à rembourser la dette, ses femmes ou ses enfants deviennent des « esclaves de la dette ». Régulièrement, afin d'éviter des troubles au sein de la société, les dirigeants effacent les tablettes sur lesquelles sont inscrites les dettes ce qui annule la créance. Le lecteur intéressé par cette approche historique pourra se référer à l'excellent livre de David Graeber, *Dette, 5 000 ans d'histoire.*

La dette apparaît ainsi bien avant la monnaie et remplit une fonction plus sociale qu'économique. La dette est en effet d'abord l'expression d'une relation sociale, contrepartie d'un service rendu ou d'une avance effectuée et n'a pas forcément une expression monétaire. C'est une obligation morale : reconnaissance du service rendu et d'une obligation de rendre le change. Forme d'entraide et des interactions avec la sphère spirituelle. Certaines règles religieuses vont s'emparer de cette question. Pour éviter des effets néfastes de l'endettement, des religions vont d'ailleurs interdire l'usure, voire l'intérêt, pensée que l'on retrouve encore actuellement au sein de la finance islamiste. La Bible a pu aussi avancer l'idée d'annulation automatique des dettes au moment du « jubilé ». Tous les 49 ans est déclarée une année sainte qui proclame l'affranchissement de tous les habitants et l'annulation de toutes les dettes. Certains pays en développement demandent aujourd'hui cette annulation, cf. la réunion de Paris du 23/06/2023.

Avec l'apparition de la monnaie au début du VIIe siècle avant Jésus-Christ, de nouvelles formes d'endettement émergent pour satisfaire les besoins des commerçants et des dirigeants. Cette notion de dettes connaît des innovations financières avec les routes commerciales d'Asie centrale durant le second millénaire, développées par les marchands musulmans. À partir du moment où il y a transport et logistique, il faut gérer le différé des transactions par le biais du crédit commercial et des premières lettres de change. Cette activité de crédit se développe le long des routes commerciales qui relient la Méditerranée à la mer du Nord. Au XIVe siècle vont se créer les premières banques à Florence, Rome, Gênes, Naples, Genève, Lyon, Bruges et Londres. C'est aussi à ce moment-là que le concept de dettes publiques apparaît, l'emprunt étant contracté par la puissance publique. En France, le premier emprunt public est lancé par François Ier en 1523.

Plus proche de nous, l'endettement de la France est une des causes de la Révolution française, car celui de la royauté devient insoutenable sous le règne de Louis XVI. Les raisons en sont les guerres (très nombreuses au XVII et XVIIIe siècle), mais aussi des opérations spéculatives menées déjà à l'époque par des banquiers suisses (création de produits financiers sophistiqués). Devant lever des nouveaux impôts pour rembourser cette dette, le roi convoque des États généraux en 1788. Une année plus tard, c'est la Révolution. Les taxes et les impôts se multiplient, différents centres administratifs sont mis en vente. Le roi crée une loterie nationale, mais la principale source de revenus est la vente de rentes perpétuelles (rentes viagères). Les spéculateurs suisses en profitent en faisant acheter cette rente par des personnes jeunes, ayant une forte espérance de vie. Dès lors, le banquier va percevoir pendant 50 à 60 ans un intérêt annuel qui se situe autour de 10 %. L'investissement sera alors remboursé sur une dizaine d'années. Necker, de nationalité suisse est nommé par Louis XVI en charge des finances. Il lance de nouveaux emprunts, avec l'aide d'une banque suisse, basés sur ce système de la rente, mais avec des produits de plus en plus sophistiqués (par exemple, on va répartir le risque sur plusieurs têtes et non sur une seule !). Ces banquiers mettent en place des systèmes de ventes à crédit, de réassurances et de tontines. On en vient même à acheter des rentes par l'intermédiaire de futurs enfants de femmes enceintes. Une bulle financière de crédit est ainsi créée. Dès 1780, la dette française devient très élevée, atteignant un niveau proche des revenus du royaume. Le roi ne peut combler le déficit du budget. Les recettes sont hypothéquées pour les 3 ou 4 années à venir. Le crédit va coûter plus cher, ruinant le peuple et la bourgeoisie. La Révolution française commence et aboutit à la chute de la monarchie. Un audit de la dette publique sera alors mis en place. Les banquiers suisses et les ministres de l'Ancien Régime seront mis en cause dès 1793. Les rentes viagères suisses seront supprimées par le pouvoir révolutionnaire.

La vente de rentes est le moyen privilégié pour financer les charges courantes des cours européennes, en particulier les coûts liés aux guerres.

Le dernier défaut sur la dette publique en France a lieu le 30 septembre 1797. Dominique Ramel, ministre des Finances du Directoire fait voter une loi qui annule les deux tiers de la dette. L'État ne remboursera que le tiers consolidé. « J'efface les conséquences des erreurs du passé pour donner à l'État les moyens de son avenir ».

Avec la révolution industrielle du XIXe siècle, l'Europe connaît une hausse de la productivité, des revenus et de l'épargne et une diminution des dettes publiques. L'époque est à l'abondance de capitaux. De nombreuses banques seront créées pour répondre aux besoins de financement du privé, de l'investissement immobilier, mais vont aussi participer à la spéculation financière. Les marchés financiers vont permettre le développement des infrastructures nationales (chemins de fer, canaux, mines, sidérurgie, textile…).

Cette époque est aussi marquée par une série de crises, de krachs boursiers. On en dénombre environ une par décennie. C'est ce que l'on a appelé le « cycle Juglar » : les innovations technologiques conduisent à une inflation du crédit, une hausse de l'investissement et de l'immobilier. Cette attractivité de l'économie réelle se propage rapidement à la bourse qui cristallise et exagère cette euphorie générale. La crise se matérialise alors par des anticipations élevées des profits attendus qui sont progressivement revues à la baisse, par de moindres possibilités de financement et par un retournement des places boursières. Cela conduit à des faillites d'entreprises, éventuellement de banques, à la récession et à la déflation.

Ce scénario se produit à Vienne avec la grande crise de 1873. Après la victoire allemande de 1871, le crédit augmente et surtout le crédit hypothécaire, alimentant une progression de l'immobilier en Allemagne et en Autriche. Les capitaux deviennent plus rares et le 9 mai 1873, on assiste à un retournement boursier qui se propage à l'ensemble de l'Europe entraînant de multiples faillites bancaires, en raison de l'éclatement de cette bulle spéculative immobilière.

Au début du XXe siècle, l'endettement public reste assez bien maîtrisé après cette première révolution industrielle partout dans le monde. À la veille de la Première Guerre mondiale, il n'est que de 66 % du PIB en France, 28 % au Royaume-Uni et seulement 3 % aux États-Unis. Après la guerre, ces chiffres progressent et en 1920, l'endettement public de la France atteint 170 % du PIB, en Grande-Bretagne 138 % et les États-Unis ne sont qu'à un niveau de dette de 28 %. La guerre est un gouffre financier pour l'Europe et permet aux États-Unis de renforcer sa position financière.

Celle-ci se trouve fragilisée lors de la crise de 1929. La spéculation, une nouvelle fois sur l'immobilier mais aussi sur quelques industries comme le pétrole ou la grande distribution, constitue le point déclencheur de cette crise. Son intensité est plus importante que les précédentes car le crédit explose, ménages et entreprises placent leurs liquidités et s'endettent pour profiter de la progression des cours de Bourse. Vers 1928, l'endettement privé US est autour de 250 % du PIB, niveau très élevé, à nouveau atteint en 2007 à la veille des « subprimes ». 1929 se matérialise par de fortes dettes publiques en Europe et des dettes privées aux États-Unis. Toute une série de défauts de paiement auront lieu à partir de 1930.

Ce rappel historique donne une idée des mécanismes qui aboutissent à des crises majeures, telle celle des « subprimes » en 2008.

VI/ La crise des subprimes, amplificateur de l'endettement mondial

On connait le scénario. Tout commence avec l'emballement de l'immobilier américain et surtout à cause des mécanismes spécifiques aux États-Unis de la dette immobilière. Le contexte est idéal. Les taux d'intérêt bas permettent d'utiliser pleinement le levier du crédit à partir des années 2000. Plus le marché immobilier monte, plus les acheteurs de biens seront à risques. Leurs créances seront alors titrisées et inonderont l'ensemble des marchés financiers mondiaux, d'où la crise systémique des années 2007/2008. Irresponsabilité d'un grand nombre d'acteurs et une nouvelle fois, les États devront secourir la faillite de beaucoup d'acteurs privés et la dette publique va fortement augmenter.

Aux États-Unis, les banques prêtent en privilégiant en garantie la valeur du bien et en s'intéressant moins à la capacité de remboursement des emprunteurs. À partir de 2000, les banques se rassurent car l'indice du prix moyen d'une maison (représentant l'évolution de la valeur du bien) passe de 196,27 à fin 1996 à 380,78 le 30/03/2007, cf. graphe ci-dessous du prix des maisons US. En d'autres termes, la hausse du bien annule potentiellement la dette. Le mécanisme fait que l'emprunteur, en cas de hausse de son bien quelques années après l'achat, peut emprunter une dette supplémentaire correspondant au différentiel entre valeur actuelle et valeur d'achat. Cela crée une bulle immobilière et dynamise la consommation américaine, puisque la plupart des ménages vont utiliser ce nouveau potentiel de dettes pour consommer. Système très favorable mais à hauts risques en cas de retournement du marché immobilier.

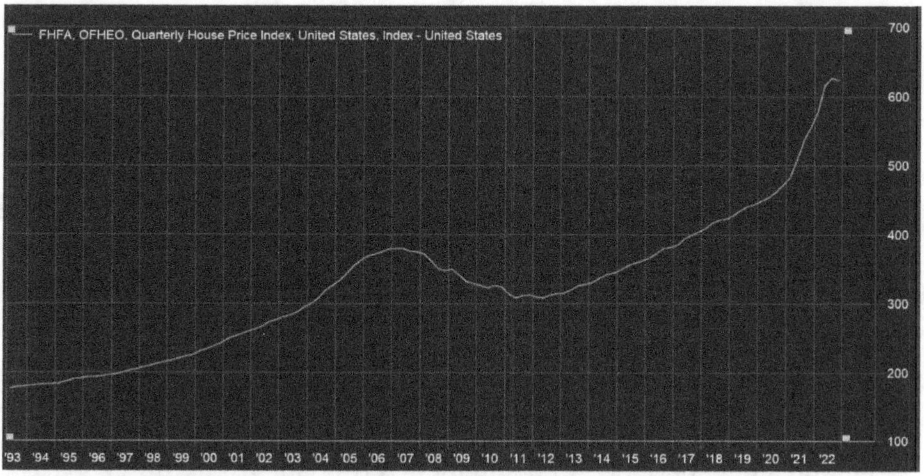

L'accélération de la hausse des prix des maisons est corrélée à la hausse des crédits octroyés et à la baisse des taux.

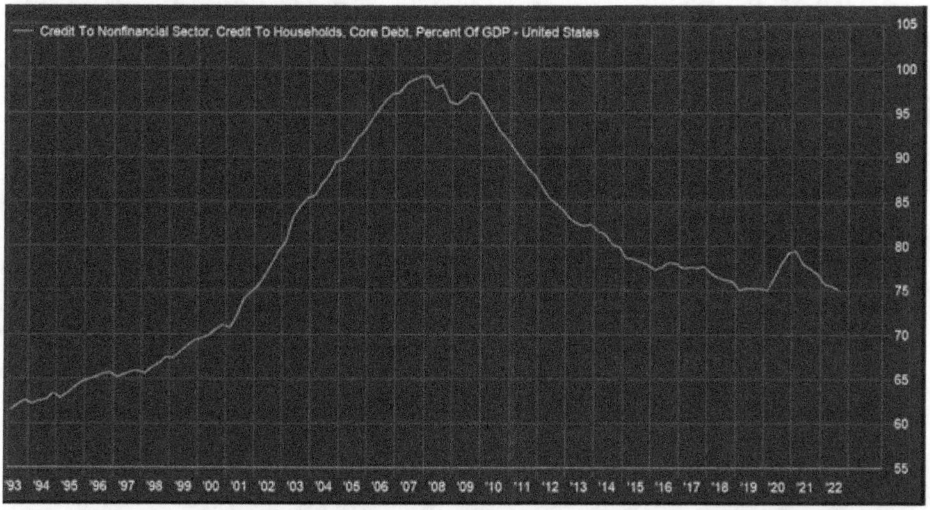

Le taux directeur de la FED va passer de 6,5 % mi-2000 à seulement 1 % en 2003/2004. La FED va essayer de calmer cette surchauffe en remontant les taux entre mi 2004 et 2007, mais en vain. Elle amorcera ensuite une baisse rapide pour colmater la crise financière systémique de 2008, qui a entraîné la faillite de Lehman Brothers. La politique de taux bas va se poursuivre sur la dernière période, la remontée récente à 5 % pour lutter contre l'inflation est rapide mais encore modérée en regard de l'inflation.

Durant cette période, l'endettement croissant est renforcé par la hausse continue de l'immobilier. L'augmentation des prix attire de nouveaux clients de moins en moins solvables, à qui des intermédiaires peu consciencieux promettent un enrichissement rapide, en espérant la poursuite de la hausse immobilière.

Alors d'où vient la crise ? Le cercle vertueux se transforme en effet de massue lorsque la valeur de ce bien ne progresse plus et que les taux d'intérêt augmentent. Plus grave et socialement totalement irresponsable, les banques et surtout les courtiers vont rechercher à partir de 2005, des personnes susceptibles d'acheter, les moins solvables (*les Ninja : No Income, No Job et No Adress*). En effet, le ménage éclairé sait que les prix ne montent pas au ciel et en 2005, le risque de retournement du marché est fort. Les toutes dernières créances, détenues par les ménages les moins solvables et correspondant à une valeur élevée du bien, sont à risques. Intermédiaires et banques le savaient et ces créances douteuses vont être titrisées, transférées à l'extérieur des banques dans des véhicules d'investissement variés mais opaques afin que personne ne puisse facilement déceler le caractère risqué de ces fonds d'investissement. Le risque a ainsi été transféré à de multiples épargnants dans le monde entier, ce qui a conduit à exporter et à mondialiser cette crise très rapidement.

En ignorant les risques, certes bien cachés par des instruments financiers sophistiqués, en s'installant dans une forme d'optimisme irrationnelle et sans aucune transparence, les marchés financiers se sont rendus dépendants de l'évolution de l'immobilier et des taux d'intérêt. Le retournement de ces deux facteurs a fait exploser cette bulle immobilière. Il fallait aussi, pour que cette crise se généralise, un levier politique. Ainsi, George Bush a fait en 2002 plusieurs discours : « *Nous pouvons mettre la lumière quand il y a de la pénombre et de l'espoir où il y a de la désespérance dans ce pays. Et dans ce contexte, nous allons donner les moyens au peuple d'avoir leur propre logement* » (Président Bush, 15/10/2002). Pour appuyer cette stratégie, le gouvernement américain a aussi réduit les mécanismes de contrôle et de régulation et surtout a limité le besoin en fonds propres adossé aux crédits.

Les données ci-dessous donnent une idée du montant de ces titrisations, ici le total des MBS. Ces éléments représentent des prêts immobiliers vendus à des investisseurs, de qualités très différentes mais toujours bien notés par des agences de notation qui auront aussi une forte part de responsabilité dans cette crise.

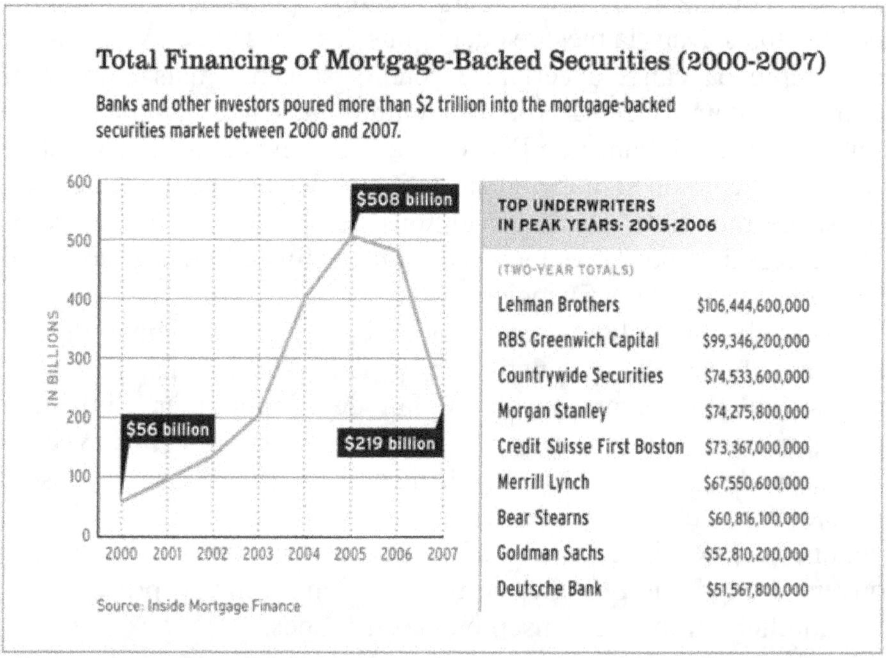

Il n'est pas surprenant de voir que le premier « arrangeur » de ces produits est Lehman Brothers. Cela a causé sa chute en pleine crise en septembre 2008. En 2005, 70 % des ménages américains sont propriétaires et le nombre de défauts de paiement va croître. La valeur des MBS va fortement diminuer dans la mesure où les investisseurs ne vont plus avoir confiance et vont vendre ces produits. 2 % des banques feront faillite, le taux de chômage aux US va s'élever à 10,1 % (6,7 millions d'emplois ont été perdus en 2008 et 2009). La croissance économique est en berne, - 4 % entre le dernier trimestre 2007 et le deuxième trimestre 2009, point bas de l'activité.

L'Europe sera progressivement impactée par cette crise immobilière américaine, surtout par l'exportation des produits titrisés devenus quasiment sans valeur et causant des pertes majeures pour les investisseurs institutionnels et privés européens. La crise immobilière n'aura pas la même ampleur en Europe car le mécanisme financier spécifique décrit précédemment n'existe pas. Quelques pays du Sud seront toutefois touchés (Espagne, Grèce, Portugal) et aussi l'Irlande. Ces pays ont des taux d'intérêt négatifs, entrainant une hausse de l'endettement des ménages et un début de spéculation immobilière dans un contexte aussi de hausse de l'inflation. Ces pays vont creuser leurs déficits commerciaux, et leurs dettes publiques deviendront insoutenables. Dans la mesure où, en plus, les États ont dû venir en aide au système bancaire, à certains secteurs sinistrés mais employeurs comme l'automobile, l'Europe va entrer dans une crise des dettes publiques, avec défiance de l'ensemble des agents et assèchement des liquidités. Le crédit sera fortement rationné dans un contexte de faible croissance mondiale. Des interventions des banques centrales seront alors nécessaires pour injecter des liquidités afin de redonner confiance et soutenir les marchés financiers.

En conclusion, le libéralisme économique trouve systématiquement ses limites lorsque la spéculation prend le dessus sur la sphère réelle, cette spéculation étant souvent le fait de l'immobilier. Si la dette correspond à une contrepartie réelle et solide dans le temps avec une génération de cash-flows futurs, elle ne doit pas être remise en cause et, au contraire, l'effet de levier va permettre de stimuler la croissance économique. À l'inverse, les crises nombreuses dans l'histoire sont souvent l'expression d'une dérive de l'endettement privé, liée à l'immobilier qui touche l'ensemble des ménages.

Les États sont alors pris au piège car on leur demande de « sauver » les errements et la prise de risque inconséquente du secteur privé. La sphère publique remplit alors plusieurs rôles : préteur, actionnaire, client, assumant les risques finaux et investisseur. Comment ensuite leur imputer une responsabilité et leur demander sous couvert de ce même libéralisme de diminuer cet endettement ? Une grande partie de la hausse de l'endettement public est due à ces sauvetages, à ce transfert de dettes privées vers des dettes publiques. La situation actuelle s'apparente partiellement à la situation de 2010 (inflation, crise immobilière, faillite de banques). Le risque de crise liée à la dette publique doit donc être considéré avec sérieux, surtout si les pays s'engagent dans des politiques d'austérité.

VII/ Dette publique et théorie économique

Le débat sur la dette publique a mobilisé de nombreux penseurs à travers l'histoire. Les premières réflexions remontent aux auteurs scolastiques qui questionnaient la légitimité des emprunts d'État. Au XVIIIe siècle, Montesquieu pointe du doigt les conséquences néfastes de la dette publique sur l'économie réelle. Keynes, rompant avec les théories classiques, considère la dette comme un outil de relance économique, permettant de réguler la croissance via une augmentation des dépenses publiques. D'autres économistes tels que Tobin ou Barro ont contesté cette vision, évoquant des effets pervers comme l'anticipation d'une hausse d'impôts. Karl Marx, de son côté, a assimilé la dette publique à une aliénation de l'État, favorisant la concentration du capital entre les mains d'une minorité. Schématiquement, les économistes classiques ou libéraux préconisent une réduction drastique de la dette via une politique d'austérité, tandis que les keynésiens et les marxistes s'y opposent, mettant en garde contre les effets négatifs sur la croissance.

De nombreux théoriciens sont intervenus sur le sujet des dettes publiques. Les réflexions s'adaptent à l'évolution des économies, la mondialisation et la financiarisation. Il existe un paradoxe. Dans le secteur privé, l'endettement est une vertu et un facteur d'optimisation. Il fait partie de la stratégie de gestion en cherchant à améliorer la rentabilité des actifs en utilisant l'écart entre la rentabilité escomptée du projet et le coût du financement (appelé coût du capital). On recherche ce que l'on appelle un effet de levier. A contrario, l'endettement serait à bannir dans le secteur public.

Les premières théories autour de l'endettement public s'attachent à son caractère moral ou non. Ils sont le fait des auteurs scolastiques qui raisonnent sur le caractère licite ou non de l'usure et de la légitimité des emprunts contractés par les États. Ce questionnement se retrouve aujourd'hui dans la finance islamique. C'est durant le siècle des Lumières que d'autres avancées arrivent avec un premier courant de pensée (John Law, 1671/1729). Il attribue à la dette publique un moyen d'augmenter la quantité de monnaie en circulation. Ce courant de pensée est moins favorable au recours à l'endettement public. L'idée est que l'on ne doit pas mobiliser l'épargne pour un financement improductif de l'État (Montesquieu). Ce dernier écrit dans un chapitre de *De l'esprit des lois* en 1748 : « *La dette publique a ce gros défaut qu'elle ôte les revenus véritables de l'État à ceux qui ont de l'activité et de l'industrie, pour les transporter aux gens oisifs ; c'est-à-dire qu'on donne des commodités pour travailler à ceux qui ne travaillent point, et des difficultés pour travailler pour ceux qui travaillent* ». En près de trois siècles, la réflexion n'a guère évolué !

Keynes rompt avec ces théories classiques. Il considère la dette comme un outil permettant de relancer la croissance économique. Il s'écarte, dans *La Théorie générale*, de toute analogie entre endettement public et endettement privé. Selon lui, la dette financière sert à réguler la croissance. Lorsque la demande effective s'affaiblit, soit par la baisse des dépenses d'investissement ou de consommation des ménages, créant du chômage, l'État doit intervenir pour inverser cette tendance. Ce dernier dispose de plusieurs leviers : une hausse de la demande publique qui va améliorer l'activité ou une réduction des impôts pour relancer la demande des agents privés. Cette stratégie engendre une hausse du déficit public financé par un recours à l'endettement. Ainsi, « les dépenses sur emprunts peuvent enrichir la communauté ». Le credo de Keynes est qu'un État doit s'endetter avec pour objectif la réduction du chômage. Le surplus de revenus lié à ce moindre chômage sera supérieur aux charges d'intérêt de la dette supplémentaire, ce qui accroît les revenus du pays. Cela revient à accepter une transposition macroéconomique de ce que l'on appelle l'effet de levier en microéconomie. Le recours à la dette est ainsi validé. C'est sur cette problématique que d'autres théoriciens se sont opposés à Keynes. Tobin, économiste américain, mentionne que l'emprunt public a un coût qui pourrait être plus élevé que la richesse dégagée par l'emprunt. Un autre économiste américain Robert Barro va aussi remettre en cause cette approche keynésienne en plaçant le débat sur un autre terrain, celui de la transmission du patrimoine. Le problème viendrait du fait que lorsqu'une personne souhaite léguer à ses enfants un patrimoine, si le déficit public se creuse, le donateur anticipe une hausse des impôts pour couvrir l'excédent lié aux frais financiers générés par la dette et va épargner davantage pour que le donataire ait, au moment de la donation, le même montant. Cela conduit à l'absence d'effet de relance sur le plan économique puisque l'épargne est privilégiée par rapport à l'investissement. Sous cette hypothèse, l'emprunt n'a alors aucune vertu. On appelle aussi cette théorie « l'équivalence ricardienne » par référence à un texte de David Ricardo de 1820. Ricardo pose une question simple. Par rapport à un besoin à financer, un État a trois possibilités : La première est d'imposer une taxe supplémentaire pour financer ce besoin ; la deuxième est de s'endetter sur une période donnée, ce qui revient à taxer le contribuable sur cette durée ; ou alors dernière hypothèse, effectuer un emprunt perpétuel. Pour Ricardo, les trois solutions sont équivalentes d'un point de vue fiscal sans être forcément neutres d'un point de vue économique. Tout dépend du niveau préalable de l'endettement public et aussi des perspectives de croissance et de rendement de l'objet financé.

La théorie économique analyse aussi la relation entre endettement et croissance. Selon Keynes, l'impact des déficits sur la croissance est jugé positif. En période de sous-activité, la hausse des dépenses financées par des impôts, donc sans effet sur l'endettement public, apportera une hausse équivalente du PIB. Lorsque ces dépenses nouvelles sont financées par de la dette, l'effet sur la croissance doit être plus fort puisqu'il n'y aura pas de charges fiscales supplémentaires. Néanmoins, ces scenarii théoriques optimistes peuvent être contraints par la hausse des taux d'intérêt, ces derniers augmentant naturellement avec la majoration de la dette, donc du risque. Cela aura alors un impact négatif sur la demande en investissements et éventuellement aussi en consommation. C'est ce qui est qualifié d'effet d'éviction. À moyen terme, cette hausse des taux augmente la valeur de la monnaie du pays, les investisseurs étant attirés par ce taux plus élevé. En contrepartie, une parité monétaire plus élevée va faire baisser les exportations et augmenter les importations. Tous ces éléments sont alors de nature à réduire la croissance du PIB.

De façon très empirique et en analysant les crises récentes, on peut énoncer qu'un endettement très élevé, à plus forte raison s'il apparait comme chronique, est un frein à la croissance économique. Ce fut le cas de la Grèce récemment et, dans une moindre mesure, de l'Italie, de l'Espagne, et la France risque aussi de tomber dans cet écueil. Les mécanismes décrits précédemment confirment d'ailleurs que ce ralentissement de croissance provient plus d'une perte de compétitivité que du niveau d'endettement en soi.

Favorable au recours à l'endettement public, Keynes conçoit qu'il faudra profiter des périodes de croissance économique pour réduire cette dette puisque les recettes augmenteront avec la croissance. On retrouve ce concept de dette régulatrice de l'activité économique. Keynes va aussi théoriser le financement monétaire des déficits. L'augmentation de la masse monétaire concomitante à l'émission des titres de dette publique réduit les taux d'intérêt, donc la charge de la dette, et augmente l'effet de relance, donc l'emploi. Il faut toutefois éviter le risque inflationniste lorsque l'on se rapproche du plein-emploi. Autre avantage du financement monétaire : la banque centrale étant contrôlée par l'État, le rachat de titres par la banque crée une dette quasi nulle. Nous avons la démonstration de cette situation avec la politique menée depuis la crise de 2008 par la FED et la BCE, mouvement amplifié en 2020. Les libéraux et néoclassiques contestent généralement cette approche en mettant en avant les risques liés à l'inflation.

Keynes s'intéresse aussi aux anticipations des agents économiques, autrement dit à ce qui forge la confiance. Lorsque les épargnants sont confiants dans l'avenir et dans l'État, la préférence pour la liquidité diminue et le coût de l'emprunt d'État sur les marchés financiers entre dans une dynamique baissière. À l'inverse et on l'a vu encore récemment lorsqu'il y a eu crise au sein de l'Europe sur les dettes souveraines, les épargnants peuvent être soumis à des mouvements de panique. Cela se traduit immédiatement par une hausse des taux d'intérêt et, dans les cas les plus graves, par l'impossibilité de l'État à se financer et le pays entre en récession. Ce fut le cas de la Grèce en 2011. Le rôle des banques centrales est d'assurer les liquidités nécessaires et de maintenir les taux d'intérêt à des niveaux acceptables. Les banques centrales jouent aussi un rôle décisif dans la modification de la psychologie des agents. Il est de leur responsabilité d'orienter les anticipations des investisseurs et des épargnants vers plus de sérénité et de visibilité.

Moins attendu sur cette question, Karl Marx n'est pas indifférent à la dette publique. On ne s'étonnera pas de le voir l'assimiler à « *une aliénation de l'État qui marque de son empreinte l'ère capitaliste* ». Pour lui, c'est la seule partie de la richesse nationale qui est possédée par le peuple, d'où le raccourci : « Plus un peuple s'endette, plus il s'enrichit ». Cette dette publique constitue une partie de l'accumulation primitive de capital en donnant à de l'argent improductif une vertu reproductive en le convertissant en capital. Marx considère que cela crée une classe de rentiers oisifs, des intermédiaires financiers entre le peuple et le gouvernement et les utilisateurs de ce capital « tombé du ciel », marchands, manufacturiers. Cela fait prospérer les sociétés par actions, les jeux de bourse et la « bancocratie moderne ». Ainsi naissent les grandes banques, dépositaires de beaucoup de titres nationaux, qui ne sont au départ que des associations de spéculateurs privés à côté des gouvernements et prêtent à l'État cet argent du public. Marx décrit de la sorte la naissance de la Banque d'Angleterre en 1694. Celle-ci commence par prêter tout son capital au gouvernement à un intérêt de 8 % et en même temps, elle est autorisée à battre monnaie du même capital en le prêtant au public sous forme de billets. « *Elle donnait d'une main, non seulement pour recevoir davantage, mais, tout en recevant, elle restait créancière de la nation à perpétuité* », conclut Marx dans le livre 1 du *Capital*. « Ainsi, poursuit-il, *avec les dettes publiques, naquit un système de crédit international, une des sources de l'accumulation primitive du capital de quelques États.* »

Toujours selon Marx, la diminution de la dette se fait principalement par une hausse de l'impôt. Cette charge a pour conséquence de déposséder progressivement les producteurs de leurs moyens de production, transformant la main-d'œuvre en salariat produisant la plus-value.

La dette publique reste un thème de politique économique toujours clivant. D'un côté, les économistes classiques ou les libéraux préconisent la limitation de la dette publique comme priorité dans le mandat politique en affirmant que l'État vit au-dessus de ses moyens. L'État doit alors réduire son train de vie au travers d'une politique de rigueur drastique. L'évolution des quarante dernières années a vu la montée en puissance de ces discours néolibéraux, en passe de gagner cette bataille idéologique, surtout en 2024. Ces discours imprègnent la remise en cause de la dette publique alors que cette dernière résulte souvent des politiques libérales mises en place et banalisées au cours des dernières décennies : baisse de la fiscalité depuis les années 1980, priorité à la lutte contre l'inflation, renoncement à la création monétaire au profit des emprunts sur les marchés obligataires.

De l'autre, keynésiens et marxistes vont s'opposer à cet objectif de réduction de déficit public en raison des effets pervers sur la croissance d'une politique de rigueur. Une politique d'austérité conduit à une réduction du PIB et donc à une augmentation du poids de la dette, ce qui est contraire aux objectifs recherchés. L'État est alors face à un dilemme. Soit il réduit la dette en augmentant les impôts et/ou en baissant les dépenses publiques ; soit il devra continuer à payer des intérêts qui peuvent devenir excessifs par rapport à ses ressources. Chaque solution a un coût économique, social et donc politique dont il est impossible de s'extraire. À plus forte raison, si l'on considère que l'État a perdu certaines de ses prérogatives. Avec la toute-puissance des marchés financiers qui imposent leurs propres lois.

VIII/ La montée en puissance et la responsabilité des marchés financiers

Savoir qui détient la dette est un enjeu. Cela peut en partie expliquer le différentiel de perception de cette dette au sein des prêteurs. Le Japon en est un exemple. La dette publique est de plus en plus détenue par des investisseurs institutionnels tels que les fonds de pension et les compagnies d'assurances. Cette évolution a marqué un changement majeur dans la gestion de la dette française, passant d'un système où l'État contrôlait largement le financement à une ouverture des marchés financiers dans les années 1980. Cette ouverture aux investisseurs internationaux a eu des implications, notamment la perte progressive de la souveraineté des États au profit des marchés financiers. La crise grecque a été un exemple emblématique des conséquences de cette dépendance aux marchés financiers, où les politiques d'austérité dictées par ces marchés ont mis en lumière les limites de cette croyance en la vertu des marchés financiers.

Les données relatives aux dettes publiques mondiales montrent des poids très différenciés suivant les pays et une perception du risque peu cohérente avec les niveaux d'endettement. Pourquoi ne s'inquiète-t-on pas de la dette très élevée du Japon alors que celle de l'Italie ou de l'Espagne, plus faible, est perçue de façon plus risquée ? Deux réponses sont possibles. Le degré d'interventionnisme de l'État est un premier facteur explicatif. Le deuxième facteur est lié à la nationalité et à la typologie des acheteurs de cette dette publique. La plus ou moins grande ouverture de l'endettement à l'extérieur du pays concerné accroît le risque. Les prêteurs font davantage confiance à un État fort qui peut agir directement sur la monnaie et sur l'encadrement du crédit. Cette approche donne à la dette du Japon un critère moins risqué tout comme celle de la Chine. Dans ces deux pays, la dette est détenue par des institutions ou particuliers locaux qui auront moins de propension à se séparer de cette dette soit par esprit patriotique, le Japon, soit par contrainte, la Chine. À l'opposé, les pays qui ont libéralisé et externalisé leur mode de financement sont contraints par les marchés financiers. On l'a vu avec la Grèce, et plus loin dans le temps en Argentine ou au Brésil.

Qui achète la dette publique ? À la différence des entreprises ou des ménages, l'État ne finance pas sa dette en faisant appel à du crédit bancaire mais en émettant des titres financiers, surtout des obligations, sur les marchés financiers internationaux. Puisque c'est une obligation, l'État paie chaque année des intérêts, que l'on retrouve dans les dépenses annuelles du budget de l'État. Le remboursement du capital se fera en une seule fois à l'échéance. En réalité, il va se refinancer en réémettant de nouvelles dettes publiques à chaque échéance. Les principaux acheteurs de la dette sont des banques et des investisseurs institutionnels. Ces derniers sont des institutions qui regroupent des acteurs diversifiés dont les principaux sont les fonds de pension, les organismes de placement collectifs, les compagnies d'assurance-vie et aussi des fonds plus spéculatifs, comme les « Hegde funds ». Les investisseurs particuliers qui ont, par exemple, de l'assurance-vie sont quasiment tous détenteurs de titres de la dette de leur pays. En France, les fonds appelés « fonds euros », à capital quasiment garanti (vendus comme tels), sont détenteurs des dettes publiques des États.

La France a évolué dans la gestion de sa dette à partir du milieu des années 1980. Jusqu'à cette période, pour financer ses dépenses, l'État émet des titres que les banques sont pratiquement obligées d'acheter à des taux d'intérêt fixés par la puissance publique, c'est ce que l'on appelait le circuit du Trésor. Ce système offre une sécurité de financement et les banques étant à l'époque publiques, l'État peut facilement utiliser l'épargne gérée par ces banques. L'État a la toute-puissance sur l'univers bancaire et financier. Comme beaucoup de pays européens, la France bascule dans les années 1980 dans un système d'inspiration anglo-saxonne où progressivement, la dette n'est plus administrée par l'État mais placée sur les marchés financiers. Le réalisme économique l'emporte lors du tournant de la politique économique de 1983. La dette va être vendue sur les marchés avec une durée de remboursement plus ou moins importante. Elle devient « plus liquide », sa négociation facilitée et elle sera exportée.

Ce recours à des investisseurs internationaux s'explique par le fait que la hausse de l'endettement rend plus difficile le recours aux banques de détail pour le financer, pour des questions de taille et de risques. À cette contrainte économique s'ajoute un choix politique assumé par Pierre Bérégovoy. Ce dernier succède à Jacques Delors aux finances, avec comme homme-orchestre de cette ouverture, Jean-Charles Naouri, qui sera plus tard PDG du groupe de distribution Casino. Cette équipe révolutionne et modernise le système financier français et opte pour le lancement de souscriptions régulières de dettes émises au nom de l'État français. L'État perd alors son rôle de régulateur des marchés financiers puisqu'il en devient un acteur parmi d'autres. Ces mouvements de dérégulation et de développement des marchés financiers ont été poursuivis par tous les gouvernements qui se sont succédé.

Cette ouverture de type anglo-saxon des marchés financiers devient l'alpha et l'oméga des politiques économiques des pays occidentaux. La priorité est la lutte contre l'inflation, le développement de l'épargne et la recherche d'une monnaie forte. Ce ralliement à cette convention répond aussi à des objectifs électoraux afin de s'allier une partie grandissante de la population que sont les retraités. Défense et protection de l'épargne et lutte contre l'inflation sont une exigence de cette catégorie sociale. Les jeunes actifs par construction ont moins d'épargne, plus de dettes, et une inflation forte permet de rembourser partiellement cette dette.

De fait, les Trente Glorieuses, se déroulant avec une inflation forte, démontrent qu'il n'y a pas incompatibilité entre croissance et inflation. Plutôt que de taxer les retraités par des hausses de la CSG, laisser croître l'inflation peut faire partie d'une politique de soutien à l'économie et de réduction de l'endettement. La création de l'euro, monnaie unique de référence, a aussi permis de répondre à un des problèmes créés par l'inflation, à savoir l'instabilité monétaire et ses nombreuses dévaluations.

Pour placer cette dette publique de plus en plus élevée, les États cherchent à convaincre des investisseurs internationaux de la qualité de leurs titres de dette. Cette ouverture conduit à des contraintes. Les investisseurs internationaux ne raisonnent que par arbitrage. Ils comparent les rendements et les risques que les différents débiteurs offrent. Ainsi, au bénéfice de nouvelles liquidités, les États vont passer sous la contrainte des marchés financiers, qui pourront pénaliser ou favoriser un État plus qu'un autre. Au cours des années 1990, la plupart des États européens adoptent des politiques très libérales pour répondre aux exigences des marchés financiers. Les États acceptent des logiques de marché avec dérégulation bancaire et financière, mouvement qui aboutira à la crise financière des années 2008. Cette expansion de la liquidité financière a pour conséquence une remise en cause progressive de la souveraineté des États. Comme le rappelle André Orléan, dans *Le pouvoir de la finance*, « *la liquidité financière met en scène de nouveaux symboles de valeur dont la circulation fonde un nouvel espace social. Elle nous conforte à une logique toute différente de celle des monnaies bancaires en ce qu'elle se veut radicalement autonome de la puissance publique. Ce n'est plus l'État qui est le garant de la valeur, mais le marché en tant qu'expression de la communauté financière. C'est ici le germe d'une souveraineté nouvelle, en gestation, s'émancipant progressivement de la tutelle de l'État national et ayant vocation à la remplacer. C'est un nouveau pacte social que propose la finance : affirmation des droits individuels... et dépérissement des formes traditionnelles de la solidarité citoyenne au profit d'une dépendance aux autres, toujours plus abstraite et anonyme, sous l'égide des marchés.* »

En Europe, cette dérégulation s'accompagne d'une forte contrainte budgétaire. Le traité de Maastricht adopté en 1993 interdit un déficit public annuel supérieur à 3 % du PIB et la dette publique doit rester en dessous de 60 % du PIB. Cette contrainte fait perdre aux États leur souveraineté sans que les politiques économiques soient harmonisées. La Banque centrale européenne est indépendante des États, gère les taux d'intérêt mais s'interdit de prêter directement de l'argent aux États et se trouve sans réelle possibilité d'interventions spécifiques lorsqu'un pays a des difficultés. Cette approche sera quelque peu amendée lors de la crise sanitaire de 2020.

Le cas grec a démontré la difficulté à mettre en place une réponse commune rapide lorsqu'un État entre en crise. Il aura fallu une forte intervention politique française pour permettre des aides spécifiques refusées en premier lieu par l'Allemagne, pourtant pays qui détenait, avec la France, le plus de la dette grecque, au travers de leurs banques.

Cette stratégie néolibérale s'appuie sur une forte conviction, la nature vertueuse des marchés financiers, les conduisant à sanctionner les États sortant de leur épure budgétaire. La situation grecque a montré la limite de cette croyance puisque les marchés n'ont jamais joué ce rôle de régulateur. Ce sont même des grandes banques internationales qui ont une responsabilité dans la quasi-faillite de ce pays. En mars 2012, la Grèce a restructuré sa dette. C'est une des plus importantes opérations avec une réduction nette de 107 Md€, soit 55 % de son PIB. La crise grecque est un exemple instructif des effets des marchés financiers. Rappelons-en le déroulement. En octobre 2009, le nouveau Premier ministre du PASOK, Georges Papandréou, rétablit les données du déficit budgétaire qui serait non pas de 6 %, chiffre affiché par le précédent gouvernement, mais de 12,7 %. En cause, l'entrée dans la zone euro qui aurait déstabilisé l'économie. Ce nouveau chiffre contraint les agences de notation à dégrader la note de la Grèce. Le risque de non-remboursement de la dette grecque augmente et les détenteurs cherchent à vendre à tout prix leurs créances. Les taux d'intérêt exigés par les marchés financiers progressent. La Grèce n'est alors plus en mesure d'emprunter sur les marchés et ne peut rembourser la dette exigible. Selon la Banque des règlements internationaux, les banques françaises détenaient 57 Md€ de dette grecque dans leurs portefeuilles devant les banques allemandes à 34 Md€. Le premier plan d'aide a été mis en place par le FMI et les États de la zone euro, qui ont prêté 110 Md€ à la Grèce. La BCE a aussi acheté des titres de dette pour éviter un effondrement des prix. Une partie de cette dette privée passe donc dans le public. Cela n'a pas suffi et un deuxième plan a été mis en place le 27 octobre 2011, avec une nouvelle aide de 130 Md€, une annulation de 107 Md€ et une recapitalisation des banques grecques. Avec ces mesures, la dette grecque est alors détenue par des entités publiques (FMI, BCE, États...) à hauteur de 75 % contre 0 % avant la crise. Nous assistons donc à une collectivisation de la dette grecque.

En France, la dette publique se compose d'une dette négociable et d'une dette non négociable. La négociable comprend des titres émis sur les marchés obligataires par l'Agence France Trésor. Ils peuvent être revendus sur un marché secondaire, donc accessibles à tous. Leur montant total est de 2 602 Md€ à fin septembre 2024. La durée de vie moyenne est de 8 ans et 161 jours. Fin 2023, le taux moyen pondéré de cette dette est de 3,15 %, contre 1,18 % en 2022, la France ayant bénéficié historiquement de taux négatifs, par exemple, taux de - 0,05 % en 2021. Au 22 novembre 2024, la France emprunte à 10 ans à un taux de 3,07 %.

La dette non négociable, correspondant aux dépôts de certains organismes (collectivités territoriales, établissements publics, etc.) sur le compte du Trésor, constitue, elle aussi, un moyen de financement de l'État.

L'Agence France Trésor vend donc la dette française. Cette structure a été créée en 2000 et elle dépend du ministère de l'Économie et des Finances. Ce sont les SVT, spécialistes en valeurs du trésor, une sorte de « club » de banques, qui achètent cette dette. On y retrouve les principales banques françaises, allemandes ou anglo-saxonnes : BNP Paribas, la Société Générale, Natixis, la Deutsche Bank, Goldman Sachs..., elles seraient au nombre de 17. Elles revendent ces titres de dette pour le compte de leurs clients, qui souhaitent placer leur argent. Entre 10 et 15 Md€ sont ainsi échangés par jour sur ce marché secondaire de la dette. La plupart des banques se doivent d'être présentes dans ce système. L'État a besoin d'avoir de solides contreparties et sera toujours redevable aux banques de leur capacité à placer ce type de papier. Les banques peuvent aussi justifier auprès de leurs clients une proximité avec le Trésor.

Il est important pour les États de connaitre les détenteurs finaux de cette dette car la perception du risque n'est pas la même suivant l'importance des agents nationaux. Au deuxième trimestre 2024, la dette de l'État français est détenue à hauteur de 55 % par des non-résidents. Les résidents se ventilent entre les compagnies d'assurances, 9 %, les banques, 9 %, le reste étant dans le public. Cela en fait un facteur de dépendance vis-à-vis des marchés financiers.

Détention de la dette publique, France, 2022.

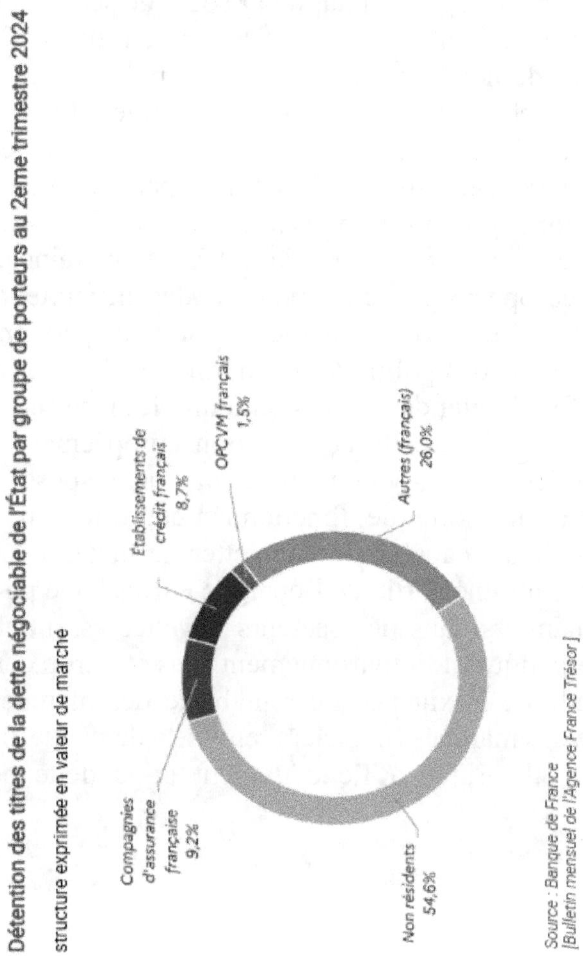

La détention externe est considérée comme problématique. Les investisseurs étrangers, en cas de difficultés et de désaccords avec la politique publique, peuvent décider de vendre la dette publique. La proximité des acteurs locaux avec l'État fait que ces investisseurs sont moins volatils. On peut considérer aussi que les investisseurs étrangers demandent des rémunérations plus élevées que les locaux. Plus la dette est externalisée, plus la souveraineté d'un pays est susceptible d'être réduite. Ce sont les fonds spéculatifs qui peuvent avoir un impact très négatif, mais ces derniers utilisent assez peu ce type d'actifs dans leur gestion. La recherche de transparence renvoie aussi à la difficulté qu'ont certains investisseurs à révéler leurs positions, pour ne pas être victimes à leur tour d'une déstabilisation financière lorsqu'ils détiennent des titres fragiles et aussi par souci de secret des affaires.

La dette est suivie, on l'a vu avec le cas grec, avec un œil très attentif par les agences de notation qui analysent la politique économique du gouvernement, l'équilibre budgétaire, les réformes et leurs impacts sur la dette publique. Une dégradation de la note a généralement pour effet immédiat la hausse des taux d'intérêt exigés par les investisseurs.

Ces réflexions posent la question très politique du lien entre souveraineté et monnaie. En perdant leur souveraineté monétaire, certains États européens peuvent rencontrer des difficultés à se financer. L'Europe est face à un choix fondamental. Soit elle parvient à aller vers plus d'homogénéité des politiques économiques, fiscales, industrielles et bancaires afin d'éviter des distorsions entre les pays, et l'Europe a un avenir. Soit, l'échec de cette construction européenne sera constaté. Dans ce premier axe, il y a la nécessité de disposer de banques publiques et d'une sorte de fonctionnement d'un Trésor public à l'échelle européenne capable de s'endetter de façon autonome. C'est avec cette arme qu'une partie de l'épargne européenne pourra soutenir des grands chantiers dans des secteurs devenus essentiels comme la transition énergétique et l'environnement sans être trop contraint par la logique libérale de l'exigence de rentabilité des marchés financiers. Cette emprise des marchés financiers renvoie à deux questions : Existe-t-il une limite théorique à l'endettement et la dette peut-elle être effacée ?

IX/ Les limites de l'endettement et les contraintes du remboursement

Y a-t-il un niveau de dette optimal pour un pays ? Peut-on ne pas rembourser une dette ? Des travaux universitaires ont cherché à déterminer des seuils critiques d'endettement pour chaque pays, au-delà desquels la soutenabilité devient problématique. Ils admettent d'ailleurs qu'en règle générale, la dette doit être contenue en dessous de 90 % du PIB, mais pas forcément 60 % !

Ces questions reviennent en force dans le débat économique et politique, eu égard à la hausse de l'endettement. Cela nécessite, d'une part, de déterminer une sorte de dette optimale pour un pays et, d'autre part, d'étudier la possibilité de ne pas rembourser ses dettes, comme une entreprise ou un ménage.

Dans une première approche, le niveau acceptable de la dette correspond à celui des ressources dégagées pour la rembourser. En microéconomie, la règle veut que l'on puisse prêter à une entreprise jusqu'à hauteur de ses fonds propres (argent investi historiquement par les actionnaires) et pour les particuliers, on accepte l'idée qu'ils peuvent s'endetter jusqu'à ce que le montant des remboursements (intérêts et capital) représente 30 à 35 % des revenus annuels.

Pour un pays, c'est l'analyse de sa situation budgétaire mais aussi patrimoniale qui doit être déterminante pour analyser sa solvabilité. Revenons tout d'abord sur quelques travaux universitaires concernant les impacts des dettes publiques. Reinhart et Rogoff (2010) ont fait état des risques pour la croissance lorsque la dette publique excède 90 % du PIB. En Europe, le Pacte de stabilité et de croissance stipule que les États dont la dette est supérieure à 60 % du PIB doivent réduire cet écart d'un vingtième par an. Il n'y a d'ailleurs aucune justification théorique à ce plafond. Pour résoudre cette situation de surendettement « technique », il existe quatre possibilités :

1/ Tenter dans un certain laps de temps de retrouver un niveau de dettes acceptables, cela va rester difficile, voire impossible pour certains pays ;

2/ Réduire la dette mais sans vraiment retourner au niveau historique (cas de la Grèce, par exemple) ;

3/ Ne rien faire et continuer à vivre avec un niveau de dettes élevé (cas de la plupart des pays avancés après 2020, les contraintes de Maastricht ayant été ajournées jusqu'en 2024) ;

4/ Entrer à l'image de la Grèce dans un défaut et renégocier partiellement, voire totalement la dette globale.

Historiquement, chaque option fait partie du possible, chacune des solutions ayant des points positifs et négatifs. Réduire la dette conduit généralement à des politiques d'austérité qui vont pénaliser l'économie et la croissance. Actuellement, la plupart des pays ont opté pour la troisième solution, « ne rien faire », solution qui semble cohérente avec une conjoncture délicate. Dans beaucoup de pays, y compris la France et l'Allemagne, avant la crise sanitaire, l'idée était de garder une dette constante même si elle est élevée et de maintenir le budget proche de l'équilibre pour ne pas aggraver le montant de cette dette.

Des chercheurs ont estimé (voir les travaux d'Ostry *et alii*, 2015), pour chaque pays, le niveau d'endettement critique à partir duquel cette stratégie n'est pas viable du fait du risque d'une crise de financement. Ce niveau est très élevé : entre 120 % et 170 % du PIB pour des pays comme la France, l'Allemagne ou les États-Unis et même plus de 245 % du PIB pour des pays comme la Norvège. Lorsqu'un pays s'approche du niveau critique, plusieurs options sont envisageables. La première est de faire défaut et de négocier une restructuration de la dette. Le cas de l'Argentine tend à démontrer que cette stratégie peut être gagnante. L'accord de restructuration de 2005 a permis au pays de renouer avec la croissance, de réduire son taux d'inflation et d'être mieux noté par les agences de notation.

Le tableau ci-dessous est quelque peu rassurant par rapport à la situation actuelle, puisque même après la hausse récente, la plupart des pays restent en dessous du niveau maximum toléré. Cela devrait conduire les gouvernements à ne pas recourir à des politiques d'austérité. Seuls 4 pays sont en difficulté : le Japon, l'Italie, la Grèce et Chypre.

Tableau du niveau maximal de dettes tolérées

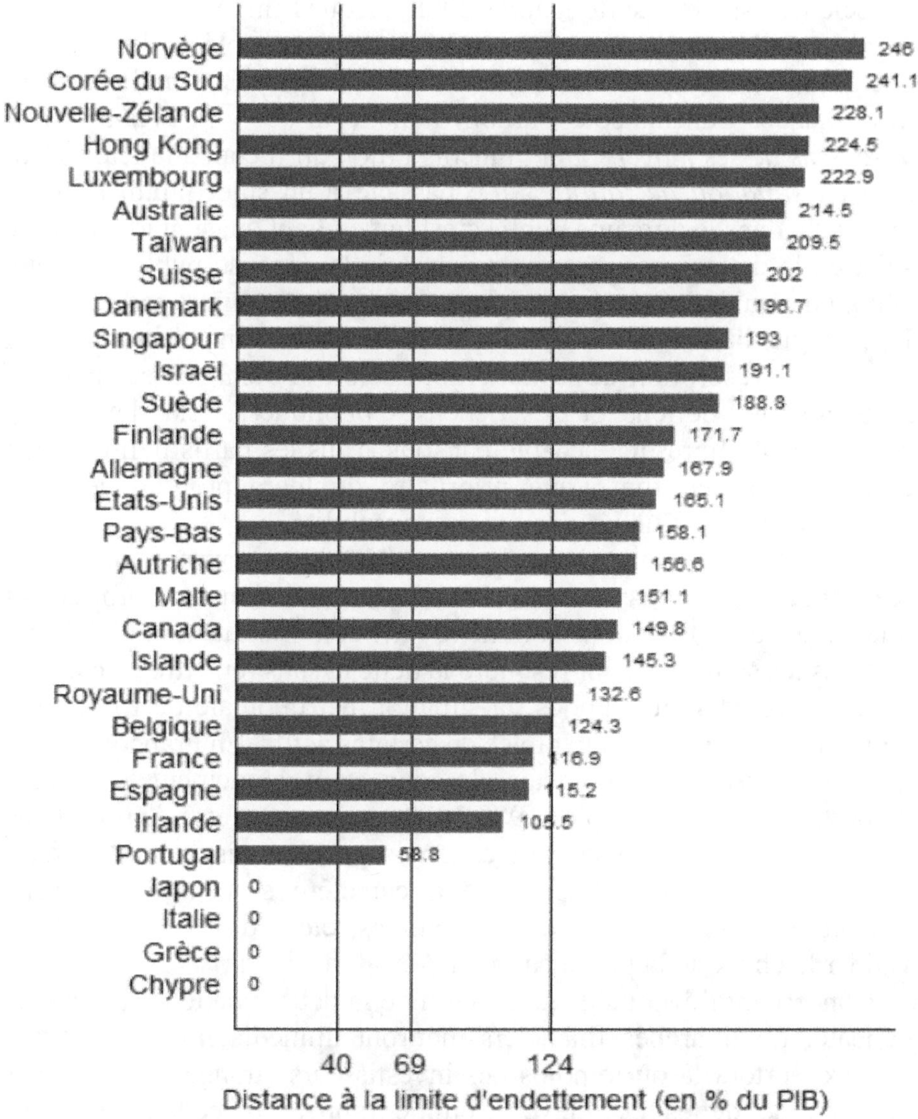

Source : Caim, *Faut-il rembourser la dette publique ?*

Chaque pays a un rapport particulier avec la question de la soutenabilité de la dette publique. Il n'est pas toujours préférable de réduire la dette publique, tout dépend de la marge de manœuvre du pays et de l'analyse du coût-bénéfice de cette stratégie. La façon dont la dette publique est analysée a fortement évolué dans le temps. Depuis le début des années 2000, un changement de perception se profile. Elle entre dans le débat public et elle revient en force dans l'actualité. La prise de conscience est réelle surtout après 2008 lorsque l'importance des dettes a fait vaciller l'euro et a nécessité la mise en place de mesures énergiques. C'est devenu un sujet politique, Thierry Breton, le ministre des Finances français sous Sarkozy annonçant que « *la France vivait au-dessus de ses moyens* » et François Fillon qu'il était à la tête « *d'un État en situation de faillite* ». Le passage d'un sujet plutôt aride et technique dans le domaine public s'est fait en liant quasi uniquement le sujet de la dette à une remise en cause de la dépense publique. Cette démarche, qui influence les politiques économiques, n'est pas débattue. L'idéologie libérale s'en est emparée et impose une solution quasi unique. La résorption de la dette doit, selon la *doxa,* passer par une réduction des déficits et des dépenses publiques. Cela devient un objectif central presque accepté par tous. Tous les partis politiques de gouvernement en font l'axe prioritaire de leurs programmes afin d'éviter le risque d'un procès en irresponsabilité.

La dette apparait dans les années 2000 comme une forte préoccupation des pays de l'OCDE, cette question étant fortement relayée par des institutions comme le FMI et la Banque mondiale.

Dans les solutions pour résoudre la dette et sans remettre en cause la structure des déficits publics, la situation patrimoniale de l'État peut permettre une privatisation ciblée de certains actifs. En France, c'est ce qui a été réalisé avec la Française des jeux, en prolongement de la vague de privatisations des années 1980/1990, mais le projet d'Aéroports de Paris a été retiré. Cette solution est envisageable mais en gardant dans le giron de l'État toute activité à caractère stratégique (sécurité intérieure, prestations de services publics, etc.), d'où la difficulté à valider le choix de la privatisation d'Aéroports de Paris.

Concernant l'éventuelle annulation de la dette, une telle mesure est délicate. Les marchés financiers mettront immédiatement le pays à l'index, surtout là où le poids des investisseurs étrangers au sein des porteurs de dettes est élevé. Comme rappelé précédemment, une annulation partielle de dettes a été mise en place pour la Grèce il y a quelques années. Cette annulation a été conditionnée par des mesures que certains ont pu considérer comme des ingérences inacceptables, des violations des droits économiques, sociaux, politiques et civils du peuple grec. Cette opération a permis aux banques privées étrangères (principalement françaises et allemandes) de limiter leurs pertes et aux banques privées grecques d'être recapitalisées par le Trésor public.

L'Islande a aussi refusé unilatéralement à partir de fin 2008 d'assumer les dettes de ses banques privées en faillite à l'égard de l'étranger. Cela s'est fait dans un climat de mobilisations citoyennes qui ont mis sous pression le gouvernement islandais afin qu'il refuse de céder aux exigences des créanciers étrangers, en particulier le Royaume-Uni et les Pays-Bas. Certains ressortissants de ces deux pays avaient placé des fonds dans des filiales de banques islandaises privées qui venaient de s'effondrer, pour un total de 3,9 Md€. Les autorités britanniques et hollandaises ont indemnisé leurs ressortissants et ont ensuite demandé à l'Islande de les rembourser. Sous la pression populaire (manifestations, occupations de places, référendums), les autorités islandaises ont refusé. Cela a eu pour conséquence l'inscription de l'Islande sur la liste des organisations terroristes, le gel des avoirs islandais au Royaume-Uni et le dépôt d'une plainte de Londres et de La Haye contre Reykjavik auprès de la Cour de l'Association européenne de libre-échange. Par ailleurs, l'Islande a bloqué totalement les sorties de capitaux du pays. L'exemple islandais, même si c'est un petit pays, montre que d'autres possibilités existent en dehors du « haircut » ou de la restructuration, l'annulation d'une partie de la dette peut être possible dans certains cas.

Dans le cadre européen, l'éventuelle annulation de la dette détenue par la BCE est possible mais elle n'est pas simple. Elle pose la question du sort réservé aux autres créanciers, tous devant en principe bénéficier d'un traitement égal. Cela exigerait aussi une modification des traités européens qui paraît aujourd'hui totalement impossible. Le débat qui s'ouvre dans l'Union européenne sur l'éventuel assouplissement des règles budgétaires est intéressant. La suspension des critères depuis mars 2022 doit s'arrêter en 2024. Les contraintes resteraient les mêmes mais ce sont les sanctions qui pourraient être assouplies. L'Allemagne s'oppose à ce nouveau dispositif. L'Union européenne reconnait pourtant que les contraintes ont pénalisé le continent au sortir de la crise de 2008 par rapport aux États-Unis et à la Chine. Aujourd'hui, la double transition numérique et climatique nécessite des investissements massifs peu compatibles avec des plans d'austérité. Sans réaliser ces investissements, l'Europe industrielle va continuer à perdre du terrain. Pour aller de l'avant, la commission travaille à une proposition visant à donner un peu de marge de manœuvre à chaque pays. Elle proposerait à chaque État qui ne respecte pas les critères une trajectoire budgétaire de référence sur 4 ans, adaptée à sa situation en assurant une direction graduelle vers les objectifs. Les pays qui dépassent 60 % d'endettement pourraient disposer de 3 ans supplémentaires pour revenir aux objectifs. Onze pays de l'Union européenne affichent un déficit supérieur à 3 % du PIB et 13 ont une dette publique de plus de 60 %. Seuls 9 pays sont hors de ces difficultés (Bulgarie, Danemark, Estonie, Irlande, Lituanie, Luxembourg, Pays-Bas, Slovaquie et Suède). Pour l'instant, l'Allemagne serait assez réticente jugeant que cette individualisation des parcours pourrait nuire à la discipline budgétaire.

On peut aussi raisonner par l'absurde et se poser la question si on peut vivre sans dette. Sur ce sujet, on pourra se reporter au livre de Stéphanie Kelton, *2021, Le mythe du déficit*. Aux États-Unis, cela a eu lieu une fois en 1835. Sous la présidence d'Andrew Jackson, seul moment dans l'histoire des États-Unis où la dette publique a été remboursée intégralement. Cela a été rendu possible par une transformation des déficits budgétaires en excédents, entre 1823 et 1836. Le pays a ensuite connu l'une de ses pires récessions économiques. En effet, « *les excédents budgétaires enlèvent de l'argent à l'économie, les déficits budgétaires, lui, en injectent* », explique Stéphanie Kelton. Frederick Thayer, professeur à Pittsburgh, rappelle ainsi que « *les États-Unis ont connu six dépressions économiques importantes et chacune a été précédée par une période prolongée de budgets en équilibre.* »

Conclusion à méditer : chaque fois que l'État réduit substantiellement sa dette publique, l'économie sombre dans la dépression.

Chapitre 2
Analyse de la dette par pays

Avant-propos
Critiques des instruments de mesure

Nous devons questionner les méthodes utilisées pour calculer le niveau des dettes. La méthode n'est pas pertinente. De multiples erreurs d'analyse sont effectuées qui conduisent à de fausses conclusions : transmission d'un fardeau aux générations futures, État en faillite. Les comparaisons internationales sont également sujettes à discussion car tous les pays n'intègrent pas les mêmes éléments dans le calcul de l'endettement. L'évaluation de la dette publique nécessite une vision globale pour évaluer la situation financière d'un pays, endettement et valeur du patrimoine.

Le premier ratio largement utilisé pour mesurer la dette d'un pays est celui du rapport entre les dettes publiques et le PIB. Il s'apparente à un ratio utilisé par les analystes financiers pour calculer la solvabilité des entreprises, à savoir le ratio endettement net sur fonds propres. Il y a un problème de cohérence car si ce dernier ratio est un rapport entre des stocks, celui mis en avant pour analyser l'endettement public est un ratio qui compare un stock historique (donc pluriannuel), les dettes publiques, avec un flux, le PIB. On compare des stocks, les dettes, avec un flux, le PIB, d'où cette incohérence. Cela revient à mesurer le poids de la dette comme s'il fallait la rembourser immédiatement sur la base des revenus annuels. Par souci de cohérence, on devrait donc rechercher des ratios plutôt flux sur flux ou stocks sur stocks. Au niveau de l'analyse financière des entreprises, le ratio utilisé généralement pour les covenants bancaires est aussi un ratio de stock sur flux, par exemple, le ratio dettes nettes sur EBE (Excédent brut d'exploitation, sorte de résultat économique avant amortissements et provisions). Mais on accepte généralement que la dette représente jusqu'à trois, voire cinq fois l'excédent brut d'exploitation et non 0,6 fois comme le fait actuellement l'Europe.

Aussi, pour évaluer réellement la solvabilité d'un pays en regard de la problématique des dettes publiques, nous proposons de calculer ce ratio de façon similaire au calcul de la solvabilité d'un ménage. Ces derniers sont évalués par un taux d'endettement composé du montant des intérêts et du remboursement du capital annuel rapporté à ses ressources. Ce ratio est correct d'un point de vue théorique puisque c'est un ratio flux sur flux. La banque va alors accepter de prêter aux ménages si ce taux est en dessous de 33 %, le tiers des revenus.

Si on calcule ce taux pour la France en 2023, c'est-à-dire le rapport entre l'amortissement et les intérêts de la dette publique et les ressources de l'État, on obtient un taux de 34,6 %. En 2023, les intérêts de la dette, 38,6 Md€, s'ajoutent ainsi aux amortissements de la dette à moyen et long terme de 149,6 Md€, soit 188,2 Md€ et qui se rapportent aux recettes fiscales nettes de l'État, soit un total de ressources de 543 Md€. Sur ce critère retraité, l'État est donc loin d'être surendetté !

De façon anecdotique mais pour bien comprendre cette incohérence dans les mesures, jamais un prêteur n'octroierait de prêts à un ménage en appliquant la formule équivalente au ratio Dettes/PIB, dont le seuil à ne pas dépasser en Europe est de 60 %. Ainsi, un calcul pour un ménage qui gagne 80 000 € par an et qui a un endettement de 300 000 €, le ratio de son endettement sera de 375 %, alors qu'en imaginant un taux de 2 %, la charge annuelle de cette dette sur 20 ans sera de 19 296 €, soit un ratio de 24 % comme calculé normalement.

Une autre question posée est celle-ci : Sommes-nous en train de ruiner nos enfants ? Dans cette signification, on ne prend en compte que la partie passive de l'État, c'est-à-dire ses dettes sans intégrer les valeurs d'actifs. Au niveau de l'État, la valeur des actifs non financiers à fin 2023 (logements, bâtiments, construction, machines) représente une valeur (en comptabilité historique donc non réévaluée) de 2 790 Md€ donc proche de l'ensemble de la dette publique. Il n'y a donc pas lieu de créer une angoisse pour les générations futures et une culpabilité pour les générations actuelles.

De la même façon, ceci serait un travail très lourd à réaliser mais les comparatifs des dettes entre les différents pays ne sont pas justes d'un point de vue théorique. La notion de service public n'est pas homogène et souvent, les dépenses sociales ne font pas vraiment partie de la dette publique, ce qui fausse analyses et comparaisons. Par exemple, les montants du personnel hospitalier n'entrent pas dans le calcul des dépenses publiques allemandes, ce qui empêche toute comparaison intelligente. Dans la plupart des pays, le niveau de socialisation des dépenses d'assurances santé, chômage et retraite est généralement inférieur à la situation française et c'est un choix politique qui n'a pour l'instant jamais été remis en cause par les différentes majorités.

Pour les pays moins socialisés, ce sont les ménages qui vont devoir directement supporter ce coût supplémentaire. En conséquence, une bonne comparaison doit prendre en compte l'ensemble des dettes des ménages et de l'État pour avoir une idée plus précise de la qualité de la gestion des différents pays. Logiquement aussi, nous aurons suivant les pays des taux d'épargne différents.

Il ne s'agit pas de considérer que le débat sur la dette publique ne doit pas être mené mais il doit être relativisé. Une dette publique importante a des inconvénients majeurs pour les entreprises et pour l'emploi. La dette représente une charge d'intérêts annuels qui pèse sur le budget de l'État, c'est une marge de manœuvre en moins surtout lorsque les taux d'intérêt remontent. Cela contraint aussi le budget de l'État à rechercher des hausses des prélèvements obligatoires, qui constituent un handicap pour lutter contre la concurrence internationale en matière de fiscalité. En 2023, en France, le poids des prélèvements obligatoires s'établit à 43,2 % du PIB contre 45,3 % l'année précédente, soit 2 % de moins. L'attractivité de la France reste forte pour les entreprises étrangères, les investisseurs étrangers recherchent en France une formation de très bon niveau, une qualité des soins et des infrastructures et ils en acceptent aussi la contrepartie, une charge fiscale plus élevée.

Pour terminer sur cette problématique de l'évolution des dettes publiques, il est nécessaire de rappeler que les solutions doivent s'inscrire dans un cadre européen. Il ne s'agit pas, comme c'est souvent le cas, de reporter la responsabilité des choix politiques à une contrainte européenne. Mais il faut en rappeler les enjeux. Sans faire le lit des mouvements populistes de gauche ou de droite en s'enfermant dans la logique des contraintes budgétaires imposées par l'Europe, celles-ci existent et limitent le champ du possible en matière budgétaire.

Mais le repli sur soi, la sortie de l'UE, pour retrouver des marges de manœuvre serait très grave dans la mesure où nous ne sommes pas une petite puissance et nous participons pleinement politiquement et économiquement au nouvel ordre mondial. Les difficultés de la Grande-Bretagne après leur sortie de l'Union européenne montrent bien la complexité d'un tel processus qui a créé une baisse de croissance et une augmentation du chômage.

Nous nous positionnons donc résolument dans ce cadre européen dans notre réflexion quant à la dette publique. Nous avons développé, au fil de notre analyse, l'idée que les dettes n'étaient pas nécessairement un problème si elles contribuaient à une dynamique de croissance. Il manque toutefois à l'Europe une cohérence dans sa politique économique, qui n'est pas tournée vers l'objectif de croissance et de plein-emploi. Schématiquement, l'Europe du Nord, emmené par l'Allemagne plutôt restrictive en matière budgétaire, s'oppose à une Europe du Sud jugée laxiste et non respectueuse des engagements européens. Cette opposition conduit à des politiques économiques morcelées, allant vers des orientations divergentes. Si un pays pratique de façon isolée une relance, avec une impossibilité de répondre à cette demande, il va en faire bénéficier les autres pays et accroître son déficit. C'est souvent ce qui s'est passé dans nos rapports avec l'Allemagne, cela s'est vu avec insistance lors de la relance de la politique économique menée en 1981 par François Mitterrand et depuis 2023, cette opposition redevient d'actualité.

La réussite de la politique économique américaine au cours des quinze dernières années, après avoir connu une grave crise financière en 2008, donne quelques éléments de réflexion. Cette réussite tient à un mix entre relance keynésienne (relance de la demande par la baisse des impôts, forte injection de liquidités) et une politique de l'offre plus agressive sous Trump. Les marges des entreprises ont augmenté. Le gouvernement a incité aux relocalisations et cette politique s'est faite sans réduire la dette publique. Démonstration est faite que ce sont des politiques de relance qui créent de la croissance et non des politiques restrictives ou d'austérité.

La construction européenne doit se doter d'une politique économique homogène tournée vers la croissance et l'emploi. Pour y parvenir, nous avons aussi mis en avant la nécessité d'une politique industrielle sur le plan européen afin de répondre à la concurrence autant américaine qu'asiatique. La politique économique ne doit pas consister à ne s'intéresser qu'à la question du dérapage des dettes, il s'agit d'avoir une stratégie d'investissement cohérente avec les objectifs politiques assignés. Concernant les dettes publiques, nous soutenons aussi l'idée d'une mutualisation de la partie des dettes publiques supérieures à 60 % du PIB sous la condition de l'analyse de la pertinence des choix d'investissement réalisés, ceci pouvant être une prérogative du Parlement européen, organe de décision élu par les citoyens européens.

La dette publique ne peut s'analyser comme une dette privée. Elle répond aux objectifs d'un État qui dispose de prérogatives régaliennes et qui doit renforcer le principe de solidarité. Les libéraux veulent réduire l'État à ce rôle régalien et lui refusent celui de l'État-providence, mis en avant par la social-démocratie. La dette publique n'est pas un choix comptable, ni économique, c'est donc un choix politique.

Analysons maintenant les faits en analysant l'évolution et le poids des dettes des grands pays.

I/ L'évolution mondiale des dettes publiques, des entreprises et des ménages

Sera analysée la répartition de la dette mondiale depuis la crise de 2008 jusqu'à 2022 entre les différents types de dettes (publique, privée des ménages et des entreprises) dans divers pays. On soulignera la différence de risque entre la dette publique et privée, avec un État moins susceptible de faire défaut. À la fin du premier trimestre 2024, la dette mondiale totale atteint 242 % du PIB. Les causes seront analysées. La dynamique de la dette est influencée par des facteurs politiques, économiques et sociaux, reflétant les inégalités croissantes et la nécessité de politiques budgétaires inclusives. Seront enfin abordées les perspectives économiques à court terme, avec quelques risques de récession.

La crise de 2008 a conduit à des transferts élevés de dettes privées, notamment bancaires vers la dette publique. En 2020, ce transfert n'a pas eu lieu mais les dettes publiques ont augmenté en raison des aides directes des États aux particuliers et aux entreprises.

L'analyse des différentes dettes, État, ménages et entreprises, montre que la dette privée (ménages, entreprises) est plus importante que la dette publique dans pratiquement tous les pays du monde. Ces catégories n'ont pas la même signification économique. La comparaison entre l'État et un ménage ou une entreprise est peu pertinente. Les acteurs privés peuvent faire faillite et disparaitre. Ils représentent un risque plus élevé qu'un État, qui en théorie, ne peut pas faire faillite, même si cela n'a pas toujours été le cas. Fort de ce critère de quasi non-insolvabilité, l'État peut lever de la dette et augmenter ses ressources au travers de l'impôt. Il y a eu toutefois des exceptions. En 1953, l'Allemagne et l'Islande en 2011, ainsi que l'Irlande et la Grèce ont fait défaut comme l'avaient fait aussi certains pays d'Amérique latine (Argentine, Brésil…) ou d'Afrique.

La somme de l'endettement mondial total en 2000 était de 79 000 Md$, soit près de deux fois le PIB mondial (192 %). Au premier trimestre 2024, ce chiffre atteint 231 929 Md$, soit 242 % du PIB. La crise sanitaire a joué un rôle d'accélérateur. Les données proviennent du BIS (Bank for International Settlements).

Depuis la fin de la Seconde Guerre mondiale, jamais le niveau d'endettement n'a été aussi élevé au cours de ces dernières années. La variation de la hausse est assez différente suivant les trois agents économiques : entre 2000 et 2023, la dette souveraine a été multipliée par 4, la dette des entreprises par 2,2 et la dette des ménages par 3,3.

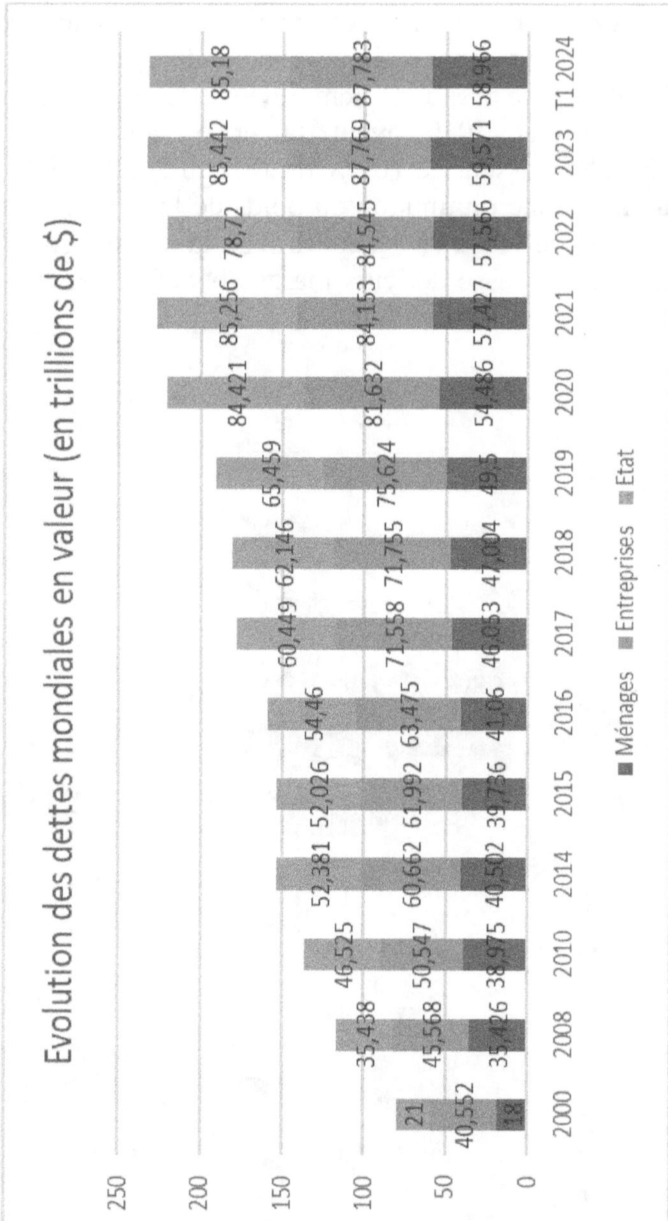

En valeur absolue, les dettes globales sont en hausse depuis 2000. Ce n'est pas le cas lorsque l'on rapporte cette dette au PIB. La reprise économique permet au ratio de diminuer en passant d'un pic de plus de 286 % du PIB en 2020 à 245 % en 2023. Avec la poursuite de la hausse du PIB et de la volonté des gouvernements et des autres agents économiques de mieux contrôler la dette en raison de la hausse des taux d'intérêt, ce ratio devrait poursuivre sa baisse dans les années à venir.

Le ratio global de l'endettement revient désormais à un niveau proche de 2018 et 2019 avant la crise sanitaire. Les dettes gouvernementales passent de 109 % du PIB en 2020 à 90 % en 2023. On constate aussi une diminution du poids de la dette des entreprises sur cette période, de 106 à 92 %, confirmant la relative bonne santé de ces dernières et la hausse de leurs marges bénéficiaires. La dette des ménages a aussi légèrement diminué.

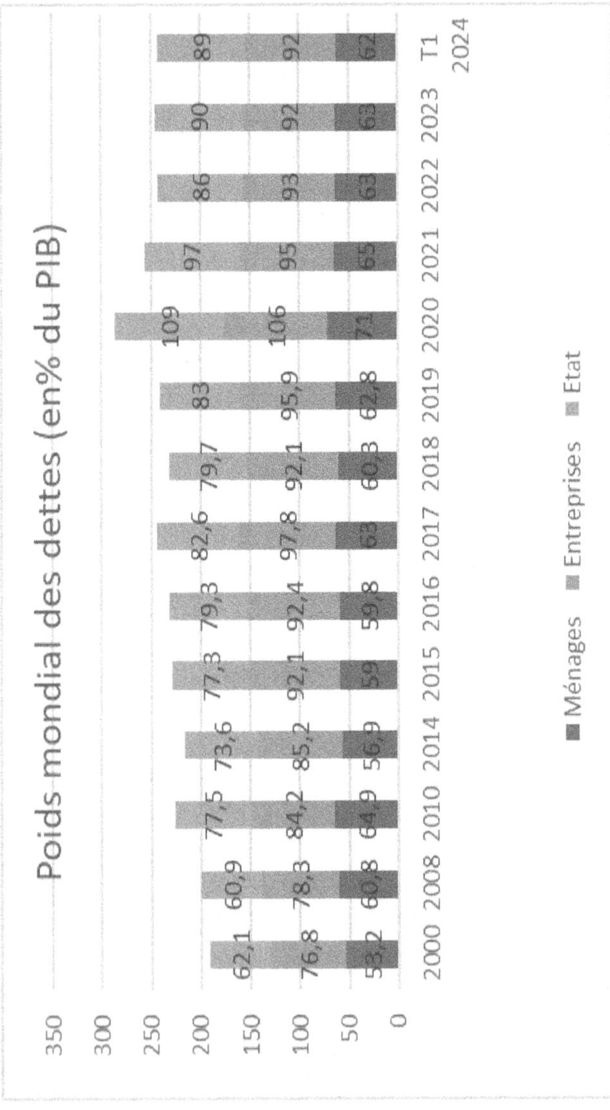

Cette évolution historique doit nous interroger sur la nouvelle bataille idéologique contre l'endettement qui occupe l'espace politique et médiatique alors qu'il n'y a pas de dérive notoire. Cette dette reste aussi concentrée sur quelques pays. Les États-Unis sont les premiers en masse avec un total de 70 135 Md$, suivis par la Chine à 50 290 Md$, la zone euro à 37 874 Md$ et le Japon à 16 766 Md$. **Ces quatre zones représentent 75 % de la dette globale mondiale à fin 2023.**

Pour ce qui est de la répartition de la dette gouvernementale, les 10 pays les plus endettés en valeur sont par ordre d'importance : les États-Unis, la Chine, le Japon, la France, le Royaume-Uni, l'Italie, l'Inde, l'Allemagne, le Canada et l'Espagne. Ils totalisent ensemble en 2023 environ 85 % du total des dettes publiques mondiales.

Dans une première phase, les dettes publiques ont plus que doublé entre 2000 et 2010 pour atteindre la somme de 46 525 Md$ en 2010, soit 77,5 % du PIB. Nous connaissons les raisons de cet enchainement. La crise de 2007/2008 a entraîné une diminution des revenus des États (moins de taxes et d'impôt) et une augmentation des dépenses de protections sociales, avec la montée du chômage. Plusieurs pays dont la Chine et les États-Unis ont alourdi leurs déficits budgétaires avec des politiques fiscales très accommodantes supposées relancer leurs économies. D'autres dépenses publiques ont été déployées pour sauver le système bancaire et certaines entreprises comme le secteur automobile en France. Nous avons ainsi assisté à un transfert de la dette du secteur privé vers le secteur public. Cette fragilité a été plus caractérisée en Europe qu'aux États-Unis et qu'en Chine, ce qui a abouti, au début des années 2010, à la crise de la dette souveraine européenne, dont la Grèce a été une première victime. Cette crise a eu pour conséquence un affaiblissement de l'euro, un ralentissement économique et une remise en cause politique des gouvernements avec la montée du populisme dans beaucoup de pays européens. Une fois de plus, les États sont pénalisés pour avoir sauvé quelques grands intervenants de la sphère privée, en particulier les banques. Ce sont ensuite les banques centrales qui ont apporté les liquidités nécessaires au soutien de l'activité économique tant aux États-Unis qu'en Europe (politique appelée le Quantitative Easing).

La crise de 2020 est d'une autre ampleur. Elle est plus conjoncturelle, donc moins systémique par rapport à ce qui s'est passé en 2007 et 2008. Au cours de cette crise, on répond à une diminution de la croissance à cause des arrêts des chaînes de production, dus à la pandémie. La plupart des États mettent en place des soutiens aux entreprises et aux ménages afin de maintenir autant que faire se peut les niveaux du pouvoir d'achat. Le chômage est largement évité. Donc, si 2008 a été une crise spéculative, celle de 2020 s'apparente plus à une crise de la protection sociale et économique. Ce sont les entreprises qui sont protégées. Il faut attendre la reprise économique en 2021 pour que la dette publique diminue, que ce soit en valeur absolue ou en pourcentage.

Les données montrent aussi une autre réalité. La dette des entreprises a plus que triplé depuis 1950. L'ensemble de la dette privée (entreprise et ménage) représente en 2023 près des deux tiers de l'endettement mondial, 63 %.

L'évolution de la dette ne peut s'extraire des conditions économiques. Prenons les 15 dernières années avec la succession de perturbations politiques et économiques : crise financière, faillite, Brexit, crise climatique, problème des réfugiés en Europe, montée du populisme un peu partout dans le monde, menace de guerre commerciale, crises sanitaires à répétition et guerre en Ukraine en fin de période. Pour y faire face, il a bien fallu recourir à l'endettement.

Ne nous trompons pas de débat, celui-ci va rester très politique et derrière cette problématique de l'endettement se profile une réflexion sur le type de sociétés que nous voulons. Ainsi dans les questions sociétales actuelles, les enjeux sont la croissance des revenus des travailleurs, la question de la mobilité sociale (fortement réduite au cours des dernières années) et l'absence d'adaptation des pouvoirs publics à ces changements structurels.

Ces réflexions s'inscrivent dans une perspective de long terme. La situation économique mondiale en ce début 2025 montre un potentiel fléchissement du commerce, de l'investissement et de l'activité manufacturière. L'Europe est proche d'une entrée en récession, l'Allemagne y est. L'incertitude autour de l'évolution des politiques commerciales est élevée, surtout après la victoire de Trump aux États-Unis, qui menace l'Europe et la Chine de barrières douanières. On assiste à une détérioration générale des négociations commerciales multilatérales. Les conditions financières se durcissent à cause de la hausse des taux d'intérêt surtout dans les pays émergents et les pays en développement, qui sont nos principaux débouchés. La plupart des pays deviennent un peu plus vulnérables. Les contextes géopolitiques toujours plus complexes n'arrangent pas les choses au risque de nous enfermer dans des visions à très court terme.

Raison de plus pour envisager de nouvelles politiques budgétaires plus inclusives avec des efforts d'investissement dans l'éducation, dans l'accès aux soins de santé, dans l'accentuation de la protection sociale. La priorité consiste à réduire les inégalités qui se sont accrues au cours de la dernière décennie. Les contraintes liées à la mondialisation, au réchauffement climatique vont rendre difficile, voire impossible la mise en place de politiques visant à réduire la dépense publique. Il est donc nécessaire de constituer des « amortisseurs budgétaires » pour faire face à des hypothèses de récession.

Tous les pays n'ont pas la même marge de manœuvre à l'égard des dettes. Les États-Unis peuvent s'autoriser un endettement plus élevé. Avec le dollar, ils détiennent la principale devise de réserve et de transaction mondiale. Ce pouvoir permet de financer assez facilement les déficits. Le dollar est la principale monnaie de référence des banques centrales. Toutefois, d'après l'enquête du FMI sur la composition en monnaies des réserves de change officielles (COFER), la part en dollars détenue par les banques centrales a chuté à 59 % au cours du troisième trimestre 2021. Soit le niveau le plus faible enregistré ces 25 dernières années. Cette baisse est due en partie au rôle moins important que joue le dollar américain dans l'économie mondiale face à l'utilisation croissante d'autres monnaies par les banques centrales et aussi par les pays dans leurs échanges commerciaux. Ainsi, la part des actifs en $ dans les réserves des banques centrales a baissé de 12 % depuis le lancement de l'euro en 1999. Dans le même temps, la part de l'euro se stabilise autour de 20 %, tandis que celle des autres monnaies, dont le dollar australien, le dollar canadien et le yuan chinois, atteint 9 %. (Source FMI, Cofer)

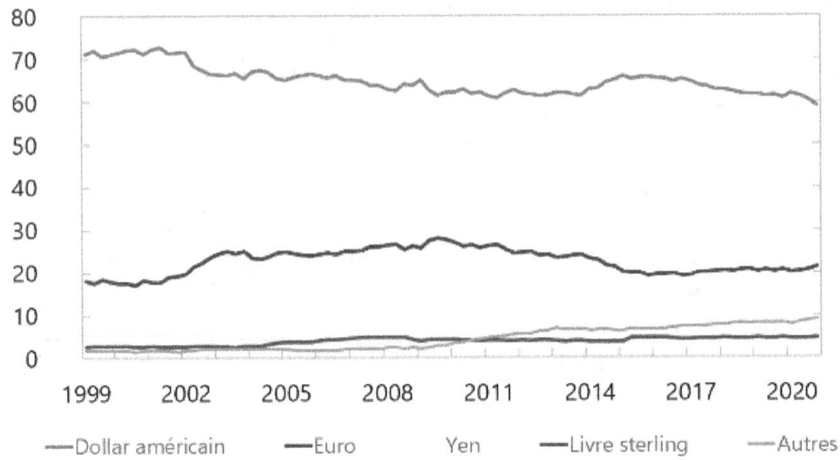

D'autres pays vivent confortablement avec des niveaux de dettes élevés sans avoir le statut si particulier des États-Unis, mais répondent à d'autres caractéristiques spécifiques.

Ainsi, un aspect est trop souvent oublié, le poids des actifs des pays endettés, donc leur situation patrimoniale. Les analystes crédit mettent bien en parallèle, lorsqu'ils étudient la solvabilité d'une entreprise, le montant de la dette avec la qualité et la valeur des actifs qui sont la contrepartie de cette dette. Pour un pays, il serait aussi logique d'analyser la position extérieure nette, soit la différence entre le stock d'actifs qu'un pays détient à l'étranger et l'ensemble du passif détenu par les étrangers. Cette position extérieure nette représente le patrimoine ou l'endettement net d'un pays (de ses résidents) vis-à-vis du reste du monde. Lorsque la position extérieure est négative, cela signifie que le pays a reçu davantage de capitaux de l'étranger (sous forme d'endettement ou d'investissement en capital principalement) qu'il n'y a investi. Il peut ainsi être très endetté à cause d'un déploiement à l'international. C'est le cas du Japon, par exemple. Sur ce critère de position extérieure nette au début 2022, il est en première position avec 3 950 Md€, soit 80 % de son PIB, devant l'Allemagne (75 %) et la Chine. À l'inverse, les États-Unis ont une position négative à hauteur de 70 % de leur PIB. L'Espagne est aussi en situation difficile avec des dettes sur sa position extérieure de 65 % de son PIB. Le passif net de la France est de 27 % du PIB, ce qui témoigne de sa politique active d'investissement à l'étranger, et cela explique aussi son chiffre élevé d'endettement.

Le Japon et les États-Unis ont aussi un autre atout, ils ont une banque centrale qui joue le rôle de prêteur de dernier ressort. Cela leur permet de disposer d'une marge de manœuvre importante en créant de la monnaie. Pour les pays européens, la Banque centrale européenne a commencé à jouer ce rôle avec la crise sanitaire, mais la flexibilité est moindre, et son action est plus limitée.

Idéalement, une dette est d'autant plus tolérée si elle est détenue par des résidents, si la position extérieure nette est positive et si la banque centrale peut intervenir en soutien. Cela est le modèle du Japon, et la Chine en prend aussi le chemin.

Le tableau qui suit donne le poids, le premier trimestre 2024, de l'importance des trois dettes, gouvernementales, entreprises et ménages pour les principaux pays mondiaux.

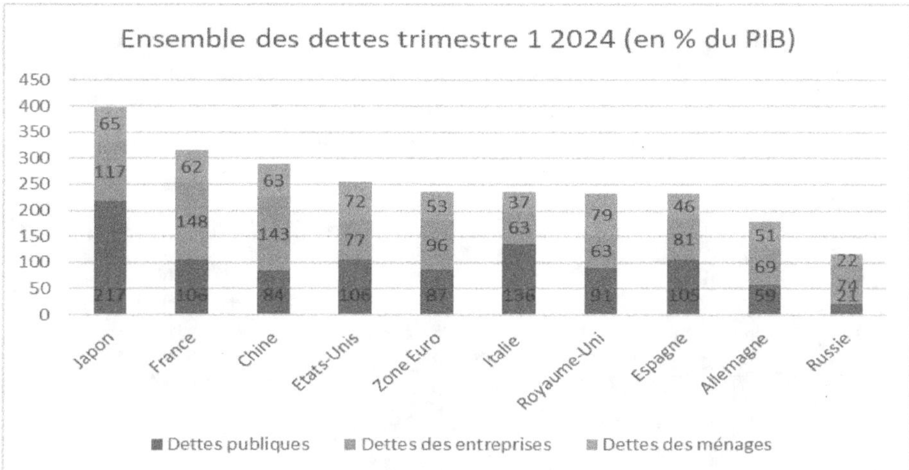

Ces données sont toujours issues du BIS. Les poids des dettes sont assez peu homogènes. Le Japon est au plus haut (avec 399 % de dettes globales rapportées à son PIB), suivi de la France (316 %), la Chine (290 %) et des États-Unis (255 %). Pour terminer le panorama, l'Europe du Sud est plus endettée que l'Europe du Nord. Quant au poids global élevé de la France, il est imputable au poids de la dette des entreprises à 148 % du PIB. L'Allemagne reste avec un taux plus faible, à seulement 179 % de son PIB. Enfin, la Russie a un endettement global limité à 117 % de son PIB. Elle le doit à sa manne pétrolière.

Il existe de fortes différences dans la composition de la dette. Le Japon se distingue par un montant très élevé des dettes publiques (217 %). La Chine a un fort niveau de dettes des entreprises à 143 % de son PIB, proche du taux français. À l'inverse, la Chine dispose d'un niveau de dette publique faible (84 % de son PIB). Pour les dettes des ménages, c'est la Grande-Bretagne qui présente le taux le plus fort à 79 %. Les ménages italiens sont peu endettés (37 % du PIB).

Ce différentiel signifie que les dettes dépendent de l'organisation politique et administrative des États et de leur degré d'interventionnisme dans le domaine économique et social. Il est assez paradoxal, s'agissant des dettes publiques, de voir que les extrêmes sont représentés par la Chine (en dehors de la situation spécifique de la Russie) et le Japon. Ce dernier a un ratio 2,6 fois plus élevé que la première, ce qui ne correspond pas vraiment à la structure politique affichée des deux pays.

Ce sont les pays développés qui concentrent l'essentiel de l'endettement

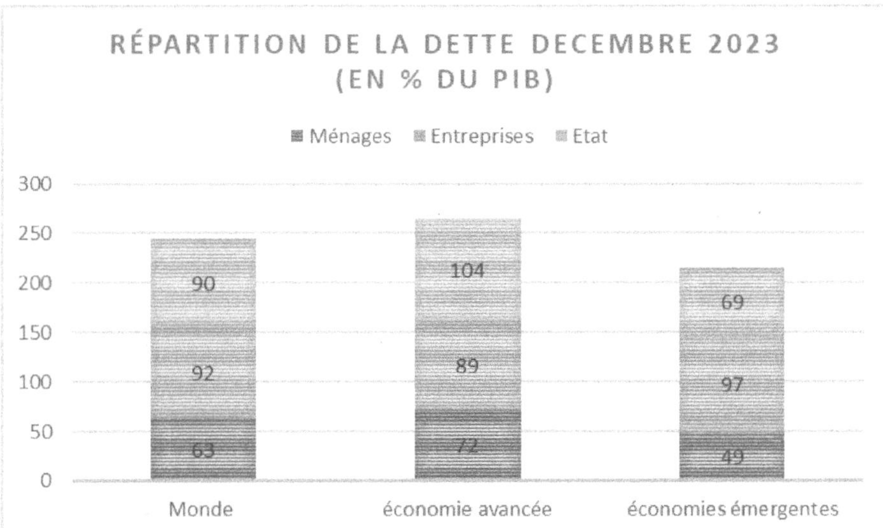

La dette totale des économies avancées s'élève à fin 2023 à 265 % du PIB alors que celle des pays émergents est de 215 %, la moitié provenant de la dette des entreprises, ce qui constitue un élément de fragilité pour ces économies. La dette publique des pays émergents est modérée, à seulement 69 % contre une moyenne mondiale à 90 % du PIB et à 104 % pour les économies développées.

Une bonne partie de la dette des pays émergents concerne l'Afrique. La dette extérieure publique et privée combinée des États africains a plus que quintuplé entre 2000 et 2020. En 2022, la dette publique en Afrique a atteint 1 800 Md$, en hausse de 183 % depuis 2010, selon l'ONU. Les ratios moyens dette/PIB du continent dépassaient les 50 % avant la pandémie. Selon la Banque africaine de développement, le ratio dette/PIB de l'Afrique atteindrait maintenant plus de 70 %. En février 2022, 23 pays africains sur 54 étaient, soit, surendettés, soit risquaient de l'être. La Chine a même annulé à la fin de l'année 2020 113 M$ de plusieurs pays africains. La Chine a régulièrement rééchelonné des prêts consentis à des États africains valant des milliards de dollars, au cours des 20 dernières années. Ces gestes, même s'ils peuvent être considérés comme minimes, soulagent les pays les plus pauvres. Cinq États cumulent la plupart des dettes africaines envers la Chine : l'Angola, l'Éthiopie, le Kenya, le Nigeria et la Zambie.

L'administration Trump a accusé la Chine dès 2018 de piéger les pays en développement en accordant des crédits à des débiteurs peu solvables. La Chine utiliserait ainsi la « diplomatie de la dette » pour étendre son influence en offrant des centaines de Md$ de prêts pour des infrastructures à des gouvernements d'Asie et d'Afrique, d'Europe et même de l'Amérique latine. Ces aides permettent à la Chine de contraindre ces pays à se montrer compréhensifs à l'égard de sa politique extérieure. La prise en otage de la dette émergente par la Chine n'est pas un facteur sain et cela constitue un frein à l'assainissement des finances publiques et privées des économies émergentes.

II/ Une dette américaine de moins en moins contrôlée

En 2023, le niveau global de dette américaine a atteint 256 % du PIB, en baisse par rapport à 2020. La crise des « subprimes » et l'augmentation des dettes immobilières ont été les principaux facteurs d'endettement jusqu'en 2010, mais depuis lors, les ménages ont réduit leurs dettes. Parallèlement, la dette gouvernementale a augmenté, en grande partie à cause du déficit public croissant sous la politique économique de Trump, et est accentuée par la crise du Covid-19. Malgré cet endettement massif, la dette américaine ne suscite pas une grande inquiétude dans la communauté financière. Cela s'explique en partie par la robustesse de l'économie américaine, affichant une croissance du PIB solide, un faible taux de chômage et des marchés boursiers très prospères, qui ont atteint fin 2024 des records historiques. Toutefois, les changements de politique monétaire pourraient influencer le paysage financier avec une possible fragilité de la dette des ménages.

Les États-Unis occupent une solide place de leader en matière d'endettement. Mais ce qui serait un signe d'extrême fragilité pour n'importe quel autre pays est un de leurs atouts. Tel est le paradoxe américain.

En 2020, l'ensemble des dettes américaines a atteint un point haut en approchant les 300 % du PIB. Ensuite, la reprise de la croissance fait revenir le ratio total à 255 % au premier trimestre 2024.

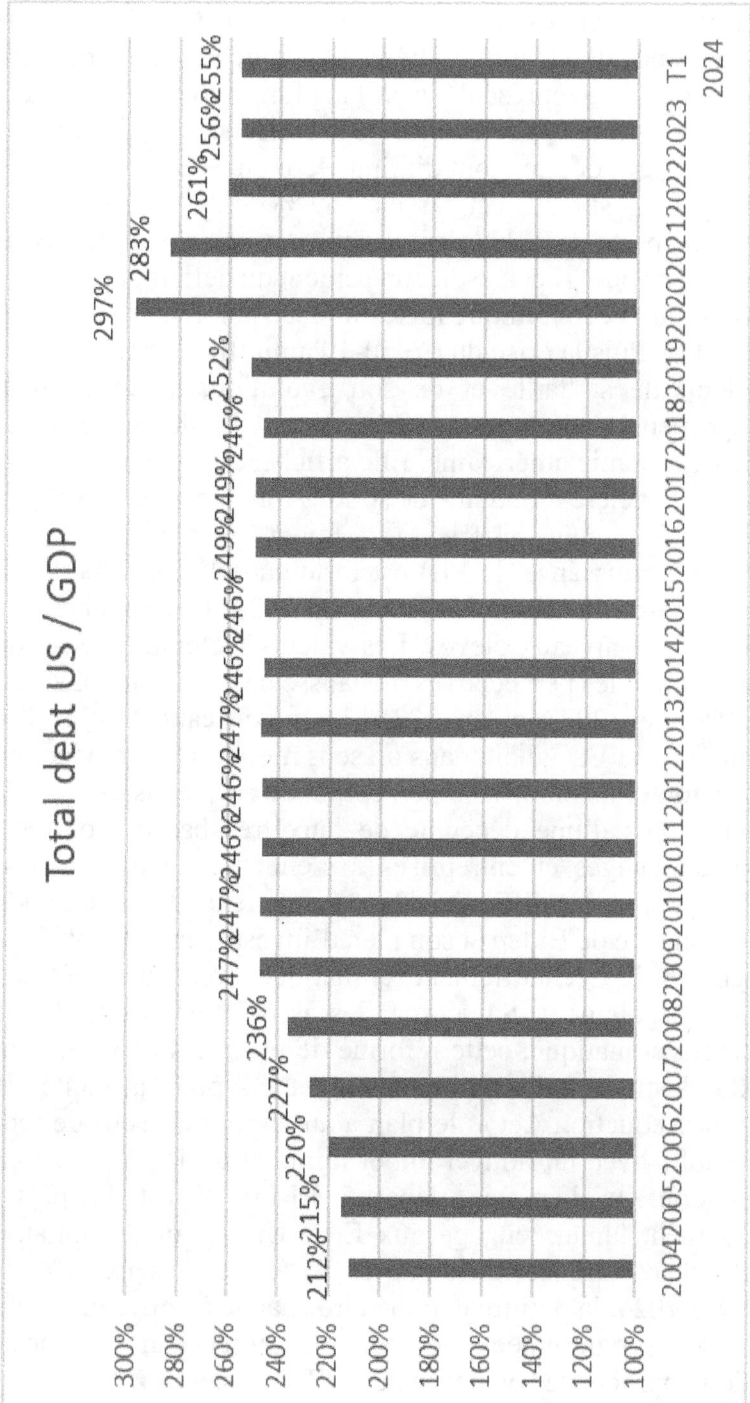

Total debt US / GDP
300%
280%
260%
240%
220%
200%
180%
160%
140%
120%
100%
212%
215%
220%
227%
236%
247%
247%
246%
246%
247%
246%
246%
249%
249%
246%
252%
297%
283%
261%
256%
255%
2004
2005
2006
2007
2008
2009
2010
2011
2012
2013
2014
2015
2016
2017
2018
2019
2020
2021
2022
2023
T1 2024

En raison de la crise des « subprimes » en 2008 et plus généralement de la hausse des dettes immobilières dès le début des années 2000, la dette des ménages a représenté la part la plus importante jusqu'en 2010. Dès 2011, par nécessité et à cause de la réticence des banques à prêter aux ménages, ces derniers ont diminué leur endettement. Le ratio dette des ménages US sur PIB est passé de 99 % en 2007 à seulement 73 % à fin 2023. À partir de 2011, c'est la dette gouvernementale US qui croît sur toute la période. À cause du creusement du déficit public américain, avec la politique économique mise en place par Trump, faite de baisse de la fiscalité. Puis la crise du Covid-19 amplifie la dette souveraine.

En dépit de sa taille et de son évolution, la dette américaine préoccupe peu la communauté financière. Une des raisons en est la santé de l'économie américaine. Elle affiche, quinze ans après le début de la crise financière mondiale, de solides fondamentaux. Après la crise sanitaire, l'économie américaine obtient encore des croissances positives. La croissance du PIB est forte au-delà des 2 %. Le taux de chômage s'inscrit à seulement 4,1 % fin 2024. Les marchés boursiers se situent à des niveaux élevés. Les valeurs technologiques, touchées par l'inflation et les perspectives de hausse des taux, en 2022, repartent à la hausse, en 2023 et en 2024. La modification de la politique monétaire de la FED, allant dans un sens moins accommodant en 2022 et 2023, a toutefois modifié la perception du risque vis-à-vis de la dette US. Après plus d'une décennie de taux très bas qui ont incité de nombreux ménages et entreprises à s'endetter, la hausse des coûts d'emprunt a posé des difficultés dans un contexte de déficit budgétaire élevé. La relance de Biden et son plan d'investissement ambitieux pour lutter contre le réchauffement climatique, voté en août 2022, y contribuent également. Saluée par les associations de lutte contre le changement climatique, cette réforme de plus de 430 Md$, comprend 370 Md$ destinés à l'environnement et 64 pour la santé. Baptisé « Inflation Reduction Act », le plan a aussi pour objectif de réduire le déficit public avec un nouvel impôt minimal de 15 % pour toutes les sociétés dont le bénéfice dépasse 1 Md$. C'est le plus grand investissement jamais engagé aux États-Unis pour le climat. Il doit permettre de réduire les émissions de gaz à effet de serre de 40 % d'ici à 2030. Mi-2024, la politique monétaire change à nouveau de cap, avec des baisses programmées des taux d'intérêt dans la mesure où l'inflation approche les objectifs de la FED, à savoir 2 %.

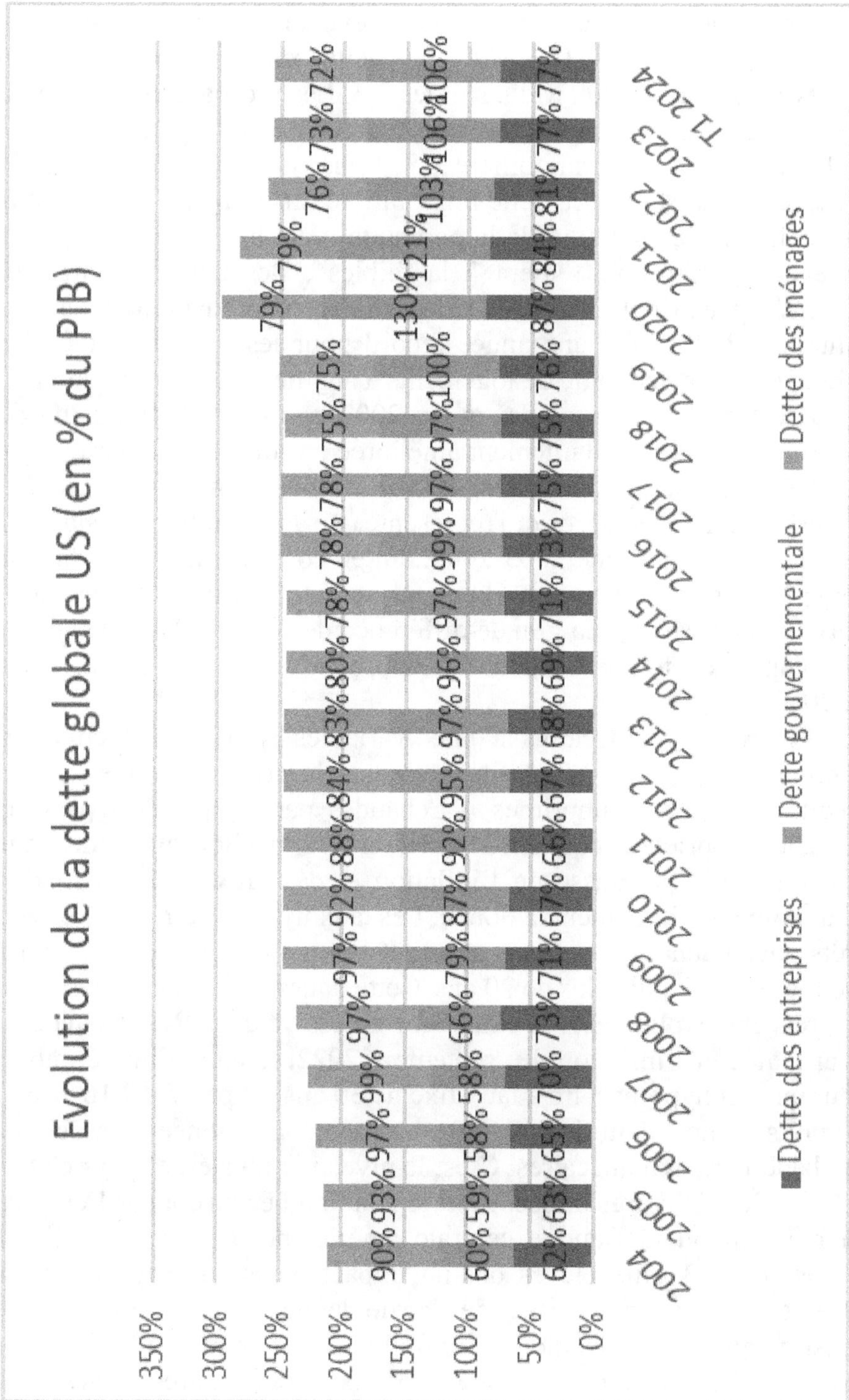
Evolution de la dette globale US (en % du PIB)
350%
300%
250%
200%
150%
100%
50%
0%
2004 2005 2006 2007 2008 2009 2010 2011 2012 2013 2014 2015 2016 2017 2018 2019 2020 2021 2022 2023 T1 2024
62% 63% 65% 70% 73% 71% 67% 66% 67% 68% 69% 71% 73% 75% 75% 76% 87% 84% 81% 77% 77%
60% 59% 58% 58% 66% 79% 87% 92% 95% 97% 96% 97% 99% 97% 97% 100% 130% 121% 103% 106% 106%
90% 93% 97% 99% 97% 97% 92% 88% 84% 83% 80% 78% 78% 78% 75% 75% 79% 79% 76% 73% 72%
Dette des entreprises
Dette gouvernementale
Dette des ménages

La dette des ménages américains s'élève au premier trimestre 2024 au chiffre record de 20 000 Md$. Les dettes immobilières arrivent en tête avec près de 12 000 Md$, soit les 2/3. Les prêts automobiles et les prêts étudiants ont aussi fortement augmenté sur la période. Depuis 2009, après la crise immobilière US, la hausse de l'endettement des ménages est de 43 %. La dette immobilière fait l'objet d'une attention particulière. L'explication de la poursuite de la hausse même après la crise des « subprimes » tient à la faiblesse des taux hypothécaires favorisée par la politique monétaire très accommodante des banques centrales. 2020 a été une année record pour les prêts hypothécaires avantageux. La demande de logements a augmenté et les prix aussi. Le risque est désormais moindre qu'en 2007 en raison de la qualité des emprunteurs qui s'est largement améliorée par rapport à la période qui a précédé la crise financière de 2008. En 2023, il n'y aurait que 2 % d'emprunteurs à risque, ce qui représente une amélioration considérable par rapport à la période 2003-2007, qui en comptait 12 % (les fameux Ninjas). Les crédits immobiliers ne semblent plus pouvoir être à l'origine des crises, à la grande différence des années 2000, le taux de défaillances est tombé à quelque 1 %, proche de son plus faible niveau en 20 ans.

Les prêts hypothécaires à taux variables sont aussi bien moins nombreux (5-6 % de la totalité) qu'avant la crise provoquée par les crédits à risques « subprimes ». Échaudés par ce qui s'est passé en 2008, les propriétaires qui ont souscrit un prêt ont choisi un crédit à taux fixe très bas. La hausse de l'inflation et des taux d'intérêt modifie néanmoins profondément la donne. Les taux hypothécaires moyens des prêts pour l'achat de maisons aux États-Unis ont dépassé 7 % pour la première fois depuis plus de 20 ans. Cette hausse pèse sur les demandes de prêts et s'explique par la campagne agressive de la Réserve fédérale pour maîtriser l'inflation. En septembre 2022, le taux d'intérêt moyen pour un prêt hypothécaire à taux fixe de 30 ans est passé à 7,16 % pour les prêts d'une valeur de 647 200 $ ou moins, a annoncé l'Association des banquiers hypothécaires. C'est le niveau le plus élevé pour ce taux depuis 2001. D'autres indices montrent la flambée du coût de l'emprunt au moment où la Banque centrale américaine resserre sa politique monétaire. Les taux élevés ont un impact négatif sur le marché du logement avec une baisse de la demande, et la confiance des constructeurs de logements s'affaiblit. Les demandes de prêts hypothécaires ont ainsi diminué, les taux hypothécaires élevés ayant exclu de nombreux acheteurs du marché du logement. L'indice des prix des maisons dans 20 grandes villes américaines a connu sa plus forte baisse mensuelle depuis 2011 en août 2022. Ce facteur a certainement constitué une des raisons de la victoire de Trump en novembre 2024.

Hors immobilier, l'inflation du prix des actifs durant la pandémie a eu aussi des implications sur l'évolution de la dette automobile aux États-Unis. En deux ans, le volume de prêts pour financer l'achat de voitures a progressé de 9,1 %, atteignant 1 469 Md$ au premier trimestre 2022, derrière les prêts étudiants à 1 570 Md$, mais loin derrière les emprunts immobiliers. Cette hausse est due aux aides distribuées durant la pandémie et à la hausse du prix des voitures neuves et d'occasion. Le montant moyen emprunté en 2022 représente 38 000 $, une augmentation de 20 % par rapport à 2019, soit la moitié du revenu annuel moyen de 70 000 $. Avec la poursuite de la remontée des taux, ce secteur apparaît à risque. Les ménages à moindres revenus se sont aussi endettés. Selon des données de S&P, les émissions de prêts à risque ont augmenté à 44 Md$ sur un an, soit la moitié des nouveaux prêts émis.

Cette dette est diversifiée, répartie sur la quasi-totalité des ménages américains et elle est souvent titrisée, donc en dehors du risque bancaire. Les taux de défauts restent enfin à un plus bas historique de 4 %. Les salaires augmentent et le marché de l'emploi et l'immobilier restent solides. Les ménages devraient alors pouvoir absorber une hausse des coûts de financement. Les défauts devraient rester faibles. Le poids des intérêts va toutefois peser sur les consommateurs, ces derniers représentant environ 10 % des revenus. Les taux de financements des prêts à 48 et 72 mois sont ainsi passés de 4,6 % en novembre 2021 à 5,2 % en mai 2022.

La dette publique américaine a fortement augmenté en 2020 pour atteindre 130 % du PIB. En 2004, elle ne se situait qu'à 60 %. La politique budgétaire laxiste de Donald Trump a détérioré les comptes publics. L'ancien président américain a lancé une réforme fiscale d'envergure, qui a fait perdre des recettes fiscales, tandis que les dépenses publiques ont augmenté. Début 2024, cette dette revient à 106 %, ce qui correspond à une diminution de 24 points en trois ans. La principale raison tient à la baisse du déficit budgétaire des États-Unis qui s'est réduit de moitié en 2022 par rapport à 2021. Ce déficit avait atteint un record historique à cause de la crise sanitaire du Covid-19. Le déficit s'est établi à 1 375 Md$ pour l'exercice fiscal 2022 clos en septembre, soit 1 400 Md$ de moins que l'année passée. C'est la plus forte réduction du déficit fédéral de l'histoire américaine. Il représente en 2022 5,5 % du Produit intérieur brut (PIB) contre 12,3 % en 2021. Cette amélioration est aussi due à l'augmentation des recettes fiscales. Ainsi, les impôts sur le revenu, la première ressource de l'État fédéral, et les impôts sur les sociétés ont atteint un record historique de 4 896 Md$, en hausse de 21 %. Les dépenses ont diminué de 550 Md$ ou 8,1 %, du fait de la réduction des charges liées au Covid-19, notamment les allocations chômage et les aides aux petites entreprises. Elles s'élèvent néanmoins en 2022 à 6 272 Md$, au-delà des prévisions budgétaires, du fait de la hausse des taux d'intérêt qui renchérit le coût de la dette américaine et des mesures de l'administration Biden pour diminuer le poids des prêts aux étudiants. Le déficit public des États-Unis a augmenté de 8 % en 2024 pour atteindre 1 800 Md$, soit 6,4 % du PIB. Ce chiffre, l'un des plus élevés de l'histoire des États-Unis (hors effet de la pandémie), est en partie dû à la hausse du coût de la dette.

Du côté des entreprises, la hausse du crédit a également été élevée, passant de 62 % du PIB en 2004 à 77 % en 2024, soit un montant en fin de période de 21 281 Md$. Après des années de taux d'emprunt très faible, les sociétés ont émis des titres de créances et trouvé des acheteurs pour ces obligations offrant un retour sur investissement élevé. Cette recherche de rendement a incité les acteurs financiers à investir dans des obligations spéculatives, d'où le montant très élevé du *high yield* américain. Il n'est donc pas certain que le secteur financier ait totalement tiré les leçons de la crise financière mondiale de 2008. Selon les économistes de Standard and Poor's, le montant de la dette des sociétés américaines était historiquement gérable. Mais à partir de 2022, la moitié de la dette parvenant à échéance sera spéculative, donc plus vulnérable à un changement de conjoncture et plus difficile à refinancer, surtout dans le contexte actuel de hausse des taux. Le plus grand risque se situerait dans le secteur de la vente au détail et dans l'industrie pétrolière et gazière (financement du gaz de schiste). Les faillites de banques régionales au cours du premier semestre 2023 ont ainsi confirmé la fragilité du financement des valeurs technologiques.

La situation américaine présente ainsi, fin 2024, quelques signes de faiblesse. Les faillites d'entreprises ont atteint leur plus haut niveau depuis la crise financière de 2008, les taux d'intérêt élevés et la faiblesse de la demande des consommateurs pénalisent certaines grandes entreprises. Au moins 686 entreprises américaines ont déposé leur bilan en 2024, soit une augmentation d'environ 8 % par rapport à 2023. Il faut remonter à 2010 pour retrouver un chiffre aussi élevé, avec

828 dépôts de bilan. Cette hausse s'explique par un environnement difficile, des pressions inflationnistes sur les coûts et des dépenses de consommation en baisse en lien avec l'arrêt des mesures de relance post-Covid-19.

Parmi les faillites majeures de 2024, figurent le fabricant d'emballage alimentaire Tupperware, la chaîne de restaurants Red Lobster, Spirit Airlines et le groupe de cosmétiques Avon Products. Le coût élevé des biens et des services pèse sur la demande des consommateurs.

III/ Une dette européenne stable

L'évolution de la dette globale européenne suit la même évolution que la dette américaine et elle se situe quasiment au même niveau. Deux points différenciants, la dette des entreprises est beaucoup moins élevée et celle des ménages n'est pas une source d'inquiétude.

Cette dette a, elle aussi, connu une forte croissance, d'abord entre 2007 et 2010, puis entre 2019 et 2020. Elle atteint un sommet cette année-là à 273 % et en 2024, elle revient à 236 %. La crise de certaines dettes souveraines européennes (Grèce, Espagne, Italie, Portugal) au début des années 2010 a eu un impact négatif sur l'endettement comme ensuite la crise du Covid-19.

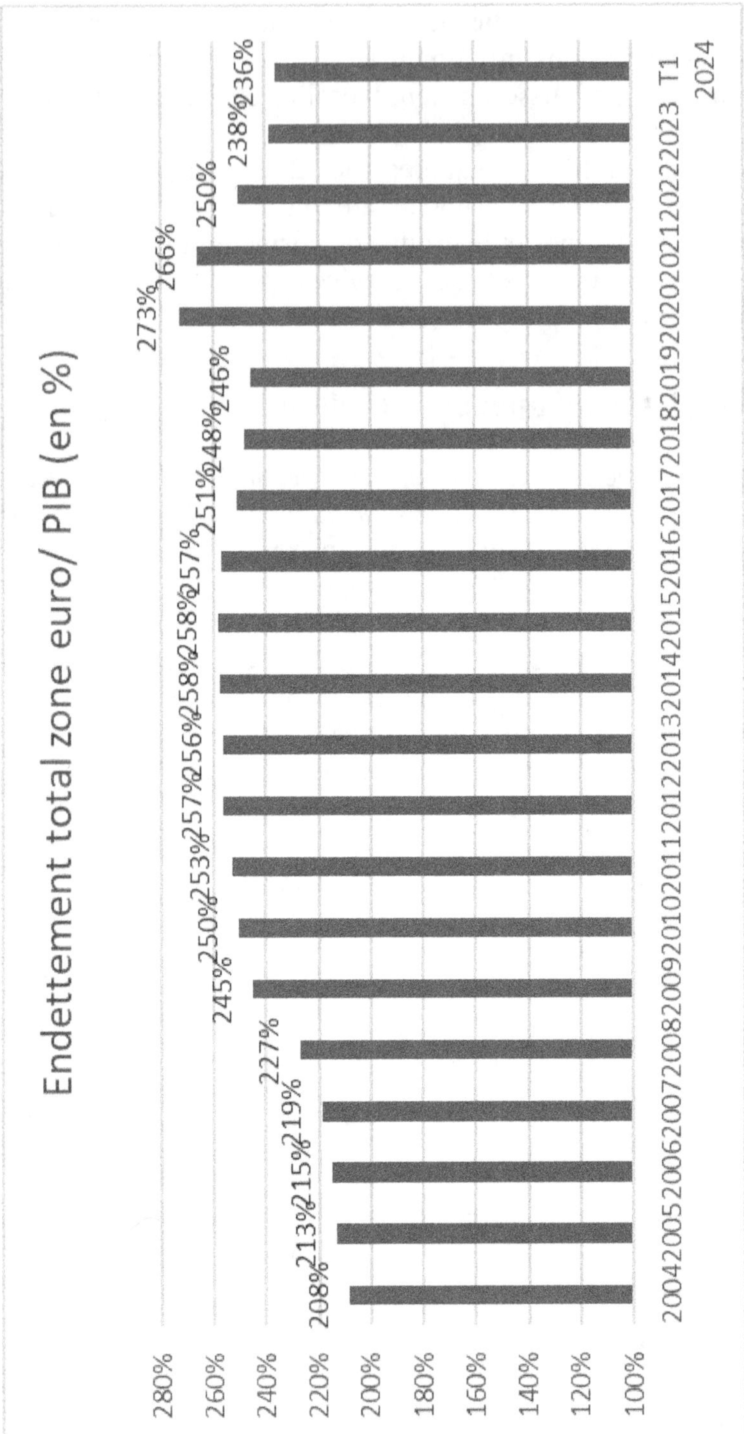

Endettement total zone euro/ PIB (en %)
280%
260%
240%
220%
200%
180%
160%
140%
120%
100%
208%
213%
215%
219%
227%
245%
250%
253%
257%
256%
258%
258%
257%
251%
248%
246%
273%
266%
250%
238%
236%
2004
2005
2006
2007
2008
2009
2010
2011
2012
2013
2014
2015
2016
2017
2018
2019
2020
2021
2022
2023
T1 2024

La décomposition ci-dessous montre la forte augmentation des dettes gouvernementales au cours de la période, de même que des dettes des entreprises.

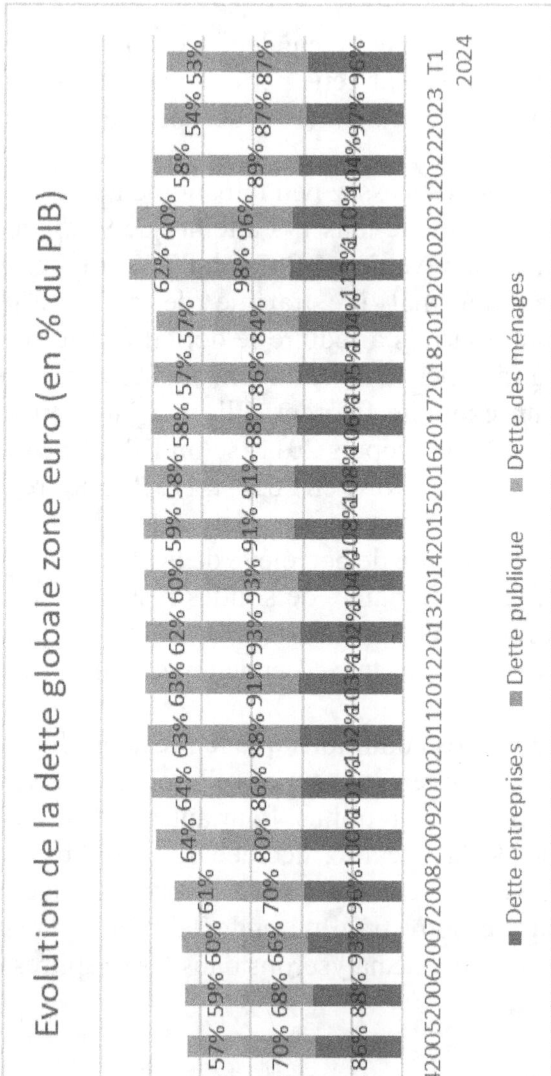

La dette des entreprises a tout de même plus fortement progressé en Europe qu'aux États-Unis, passant de 84 % en 2004 à 113 % du PIB en 2020, pour revenir en 2024 à 96 %, le niveau de 2008. Les dettes gouvernementales ont plutôt été contenues sur la période, en dépit de la crise de 2011. À cette date, la plupart des gouvernements ont accepté d'aider le système bancaire et certaines entreprises pour colmater les erreurs passées et les prises de risques inconséquentes. Aucune contrepartie ne leur a été demandée. Les banques cotées ont été protégées puisqu'il y eut sur cette période une interdiction de vendre à découvert ces valeurs (cela interdit de spéculer sur une baisse des cours).

La crise du Covid-19 a assez peu fait augmenter les dettes publiques de la zone euro, puisque le taux n'a atteint que 98 % du PIB en 2020, son point haut, pour revenir en 2024 à 87 %. Les effets de la crise sanitaire ont mis à mal la stratégie de certains gouvernements européens, visant à la fois à réduire le déficit public sous la barre des 3 % du PIB et à ramener le niveau d'endettement en dessous de 60 %. La France est un exemple flagrant. Elle n'a jamais respecté ce ratio depuis les années 2000. Depuis 2011, selon l'INSEE, son endettement progresse, et la hausse est forte en 2020, à 115 % pour revenir à 111,6 % au premier trimestre 2024.

L'Allemagne fait figure de bon élève de la classe européenne car elle peut se targuer, en ce domaine, de solides résultats. Sa dette publique est passée entre 2011 et 2020 de 83 % à 77 %. Sa hausse est mieux contenue. Au T1 2024, le taux d'endettement allemand est revenu à 59 %.

On conçoit dans ces conditions que le président français fasse de la baisse du taux d'endettement sa nouvelle obsession justifiant sa très controversée réforme des retraites. Pour autant, c'est bien la baisse des recettes et donc de la fiscalité, décidée sous Sarkozy, confirmée par François Hollande et renforcée par Emmanuel Macron, qui est le principal facteur de notre fragilité budgétaire et de la spirale de notre endettement, ce que nous analyserons dans les chapitres suivants.

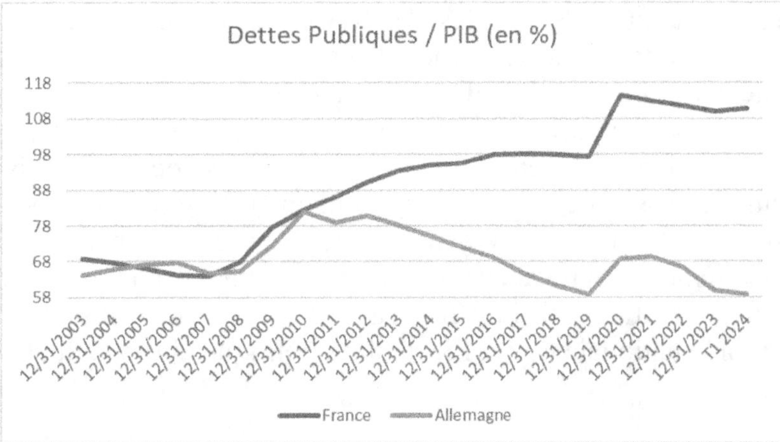

La différence criante de l'évolution des dettes publiques entre la France et l'Allemagne, cf. graphe ci-dessus, pose un problème dans les relations politiques et économiques entre les deux pays, dont on considère qu'ils sont les deux piliers de l'Europe.

En dehors des dettes publiques européennes, on peut se rassurer quant à l'évolution du crédit aux ménages, qui n'est pas une source d'inquiétude. Les emprunts sont généralement souscrits à des taux fixes, qui protègent les emprunteurs des fluctuations extérieures. Les dettes des ménages restent maitrisées et ont peu évolué depuis 2008, autour de 60 % du PIB et sont désormais proches de 50 % du PIB.

L'endettement des entreprises a augmenté particulièrement chez les grandes entreprises et les ETI. La tendance s'étend désormais aux PME. Cette progression accompagne la croissance de ces entreprises et est aussi à relier à des opérations de fusions et d'acquisitions qui ont atteint des niveaux très élevés au milieu des années 2010. Afin de répondre à une croissance interne un peu plus faible dans un contexte de taux d'intérêt très bas, les entreprises ont eu recours à de la croissance externe, à des rachats d'entreprises, financés en partie par de la dette financière. En 2024, le poids de cette dette est de 96 % du PIB, un point bas historique.

En Europe, la question de la nationalité des détenteurs des dettes publiques est un élément discriminant. C'est en Suède où la part des résidents est la plus importante avec près de 80 % et l'endettement public est faible. Parmi les grandes économies européennes endettées, le Royaume-Uni et l'Italie présentent une dette brute des administrations publiques très majoritairement détenues par les résidents. Ce n'est pas le cas pour la France et la Belgique où l'endettement public dépasse les 100 %. Ces deux pays seront alors plus sensibles aux attaques des marchés et des investisseurs étrangers, en cas de doute sur leurs capacités de remboursement. On notera que pour la France, ce risque n'a pas été intégré par les marchés lors de l'élection de François Hollande en 2012, à la Présidence de la République, démontrant aussi que certains pays ont un rôle « refuge » pour les investisseurs. Cela n'a également pas été le cas avec la hausse récente de l'endettement. En revanche, les taux ont augmenté en France à cause des facteurs politiques de juin 2024, avec l'annonce de la dissolution de l'Assemblée nationale. C'est l'instabilité politique qui est actuellement en cause.

IV/ Évolution des dépenses et des recettes publiques en Europe

Explorons la diversité des interventions étatiques en Europe et leurs impacts sur les déficits budgétaires. Le niveau des dépenses publiques selon les pays exprime les différences des modèles sociaux, notamment en termes d'accès aux services publics comme la santé et l'éducation. La France, avec un large éventail d'interventions étatiques, occupe une place unique en Europe. La crise de 2008 a souligné le rôle de l'État comme dernier rempart contre les crises, tandis que la crise de 2020 a marqué le retour de l'État-providence dans la plupart des pays, à l'exception de l'Irlande.

En parallèle, les recettes publiques, principalement fiscales, diffèrent également d'un pays à l'autre. Les prélèvements obligatoires varient, la France affichant le taux le plus élevé. Cette diversité fiscale, et celle des dépenses, complique l'établissement de règles communes, notamment dans le cadre du pacte de stabilité européen.

En Europe, l'intervention de l'État n'est pas le même partout. Aussi, les déficits budgétaires seront assez différents en fonction du degré et de la profondeur du poids de l'État. Si vous êtes un salarié français, vous disposez d'un accès à l'hôpital fortement aidé par la puissance publique alors qu'un salarié irlandais devra payer son intervention en fonction de ses revenus. En dépit de la victoire de l'idéologie libérale dans beaucoup de pays européens (moins d'État donc moins de dépenses publiques), c'est en temps de crise que le consensus politique s'accorde sur la nécessité de recourir à l'État pour protéger ménages et entreprises. Cela s'est observé un peu partout lors des crises de 2008 et

2020. C'est la raison pour laquelle le déficit dépasse en moyenne ce qui était autorisé dans le pacte de stabilité européen, à savoir les 3 % de déficit public. Le déficit annuel moyen des États membres de l'Union européenne s'élève en 2023 à 3,5 % du PIB, celui de la zone euro à 3,6 %, contre respectivement 3,2 % et 3,5 % en 2022. Les recettes et les dépenses des États membres ont continué à être touchées par les politiques menées pour atténuer la pandémie de Covid-19, et plus récemment par les conséquences de la hausse des prix de l'énergie et par l'inflation.

Comparaisons des dépenses publiques

L'Europe dans son ensemble et la France en particulier ont toujours eu des déficits publics importants, écarts entre recettes et dépenses budgétaires. En 2023, les dépenses publiques dans la zone euro représentent 50 % du PIB contre 50,6 % en 2021 et 52,3 % en 2021. Ce niveau reflète le choix de modèles de socialisation différents de certaines dépenses (retraites, santé, éducation, etc.). Le poids différencié des dépenses publiques renvoie au rôle historique de l'État et à sa plus ou moins grande implication économique. Les relations des niveaux de dépense avec la croissance et la richesse des pays sont faibles. On pourrait en effet imaginer que les pays « riches » ont un niveau de dépenses publiques faibles et vice versa, ce qui n'est pas le cas, à la lumière du tableau ci-dessous.

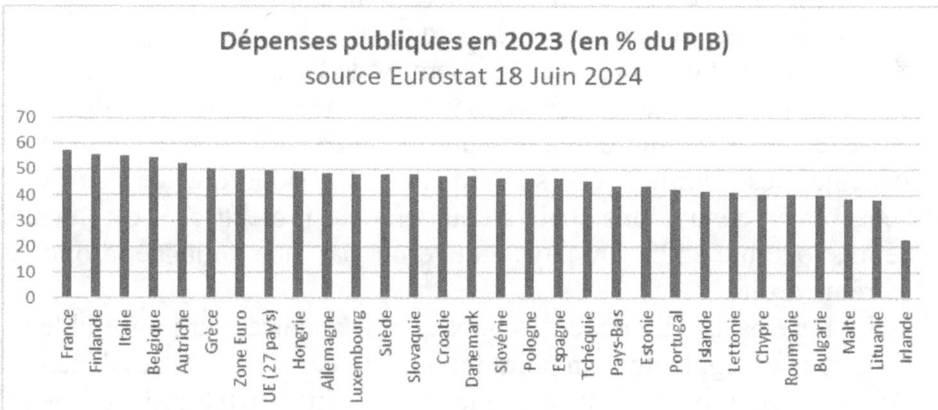

Source : Eurostat, juin 2024

Les anciens pays de l'Europe de l'Est, pays relativement plus pauvres, ont des niveaux de dépenses publiques faibles en raison de moindres protections sociales.

En conséquence, il existe bien des États « Providence » (France, Finlande, Italie, Belgique, Autriche et Grèce) qui ont des dépenses publiques supérieures à 50 % du PIB. Les modèles suédois et allemands sont proches mais les derniers gouvernements ont eu pour stratégie de faire baisser ce ratio. En 2023, une des plus fortes baisses est celle de la Grèce, dont le poids des dépenses publiques passe de 53,1 % à 50,5 % et du Portugal de 44,1 % à 42,3 %. En 2023, sur les 27 pays, 10 sont en baisse (dont la France et l'Italie) et 16 sont en hausse des dépenses, la plus forte progression étant le Luxembourg qui passe de 43,9 % en 2022 à 48,1 % en 2023.

L'analyse sur longue période du poids de la dépense publique dans le PIB montre une tendance à la baisse entre 1995 et 2007. L'amélioration de la conjoncture économique permet cette diminution. En 2008, tous les pays voient le poids des dépenses publiques augmenter en le finançant par la dette. Depuis 2008, de nombreux États réalisent des efforts importants pour revenir vers des taux plus raisonnables, efforts en partie annulés par la crise de 2020.

Prenons un exemple phare. En Suède en 1995, la dépense publique s'élevait à 63,5 % du PIB et descend à 48 % en 2023 en raison de nouvelles mesures prises par le gouvernement suédois. Cet effet a pour conséquence d'après les chercheurs d'Oxfam, de faire passer la Suède à la vingtième place du classement relatif à la lutte contre les inégalités économiques, la France étant douzième. Le secteur public suédois a fortement baissé dans l'économie : la responsabilité de l'éducation a été transférée aux communes, celle de la santé aux régions. Les télécommunications, la poste, les chemins de fer ont été privatisés avec des résultats variables. La privatisation fait que désormais la Poste ne passe qu'un jour sur deux, les déserts médicaux augmentent et le système des retraites est sous-financé. En conséquence, ce pays autrefois au cœur d'une sociale démocratie « protectrice » est devenu depuis octobre 2022 un pays gouverné par une alliance droite et extrême droite.

La forte baisse des dépenses publiques irlandaises sur l'ensemble de la période est également un point remarquable. En Irlande, les dépenses publiques ne représentent plus que 22,9 % du PIB (contre 21,2 % en 2022), marquant un très fort désengagement de l'État. Cette baisse s'explique par une diminution drastique des dépenses engagée fin 2010 par le gouvernement irlandais (baisse des salaires des fonctionnaires, forte diminution des prestations sociales…).

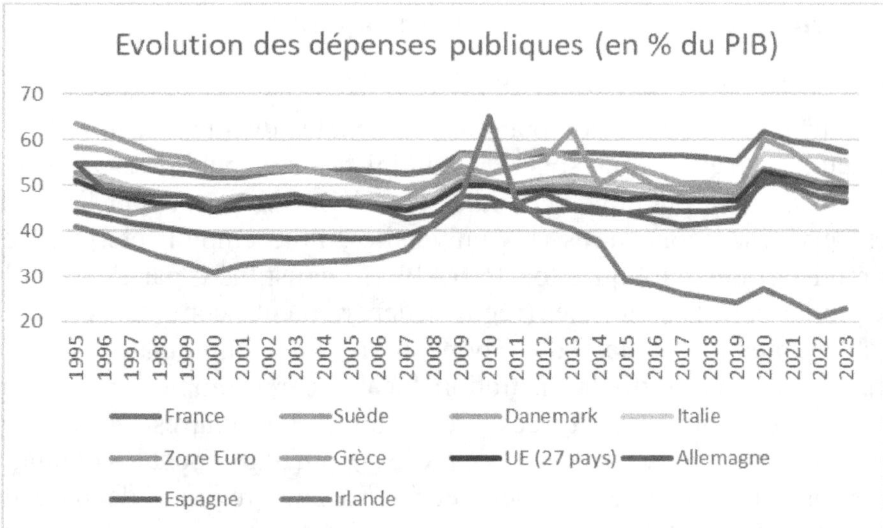

L'évolution du poids de la dépense publique est aussi liée à l'efficacité des services de l'État et à son mode de financement. Sur ces critères, la France occupe une place particulière puisque l'État assure les fonctions traditionnelles régaliennes (armée, justice, police, monnaie, politique étrangère…), mais aussi un poids élevé dans l'éducation, les transports, la santé, le travail, le chômage, les retraites, le logement, le culturel, etc. À cette palette d'intervention très large, l'État intervient en situation monopolistique ou est un intervenant majeur : 80 % du système hospitalier, 80 % de l'éducation, 25 % du logement, une bonne part du transport, des médias… Cela fait partie des fondamentaux fixés par le Conseil national de la résistance pour une France à reconstruire après la Seconde Guerre mondiale. Cela a permis d'avoir ensuite une période de forte croissance économique.

Quoi qu'il en soit, la justification du poids des dépenses publiques tient au désir de protection. On transfère à la collectivité la charge des principaux risques en espérant une mutualisation afin de compenser les inégalités de revenus. La crise de 2008 s'est ainsi traduite dans tous les pays par une poussée du poids de l'État considéré comme un « réassureur général ». L'État est souvent le dernier rempart contre l'approfondissement des crises. La crise sanitaire de 2020 montre aussi le retour de l'État-providence dans la plupart des pays. L'Irlande reste une exception et presque une anomalie avec un niveau très faible.

Structure des dépenses, analyse comparative

Répartition par type d'administration

Soulignons que les comptabilités nationales distinguent trois sous-secteurs au sein de la sphère « administrations publiques » : 1/ les administrations publiques centrales (APUC), qui regroupent l'État et ses services déconcentrés (les universités, Pôle emploi, etc.) ; 2/ les administrations publiques locales (APUL), constituées par l'ensemble des collectivités territoriales (régions, départements, communes et leurs établissements publics de coopération intercommunale) et les organismes divers d'administration locale (par exemple : caisse des écoles, collèges et lycées, chambres consulaires...) ; 3/ les administrations de sécurité sociale (ASSO), qui regroupent les hôpitaux et l'ensemble des régimes de sécurité sociale (régimes de base de sécurité sociale et régimes spéciaux) ainsi que les régimes de retraite complémentaire et l'assurance-chômage. On retrouve cette distinction dans l'ensemble des pays européens, avec dans certains pays, un poids du « fédéral » plus élevé. Dans le tableau comparatif ci-dessous, deux pays se distinguent par le poids important des dépenses des administrations locales, l'Allemagne et l'Espagne, pays beaucoup plus décentralisés, avec un poids politique et économique des régions élevé. Le poids de l'administration centrale est le plus élevé en Grèce (60,7 %) et en Italie (49,6 % des dépenses publiques). Enfin, la structure de la France a une particularité, un poids élevé de la protection sociale et de la santé qui absorbe 43,4 % des dépenses publiques.

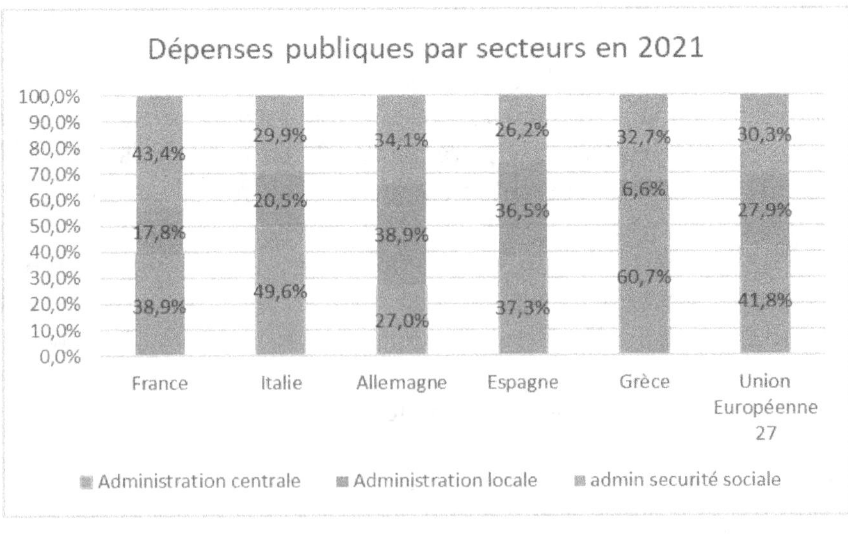

Parmi les dépenses des administrations publiques de l'Union européenne à 27 (UE), la « protection sociale » représente en moyenne 21,9 % du PIB et est de loin la plus importante dépense en 2020 et en augmentation. Elle ne représentait que 19,2 % en 2018. Son poids dans la zone euro est encore plus élevé à 22,6 %. Viennent ensuite pour les 27, par ordre d'importance, les fonctions « santé » (8,0 %), « services généraux des administrations publiques » tels que les affaires étrangères et les opérations concernant la dette publique (6,1 %), « affaires économiques » (6,1 %) et « enseignement » (5 %). Les fonctions « ordre et sécurité publics » (1,8 %), « défense » (1,3 %), « loisirs, culture et culte » (1,2 %), « protection de l'environnement » (0,9 %) ainsi que « logements et équipements collectifs » (0,6 %) ont un poids moins important. Les causes environnementales et le logement sont loin de constituer des priorités en dépit d'un enjeu devenu aujourd'hui prioritaire. À l'échelle de l'UE, ces données masquent des différences considérables entre États membres en ce qui concerne le pourcentage du PIB consacré à chaque fonction. Ces informations sur les dépenses totales des administrations publiques par fonction proviennent d'Eurostat, l'Office statistique de l'Union européenne.

Nous souhaitons ici analyser la situation spécifique de quelques États membres au regard de la répartition des dépenses publiques.

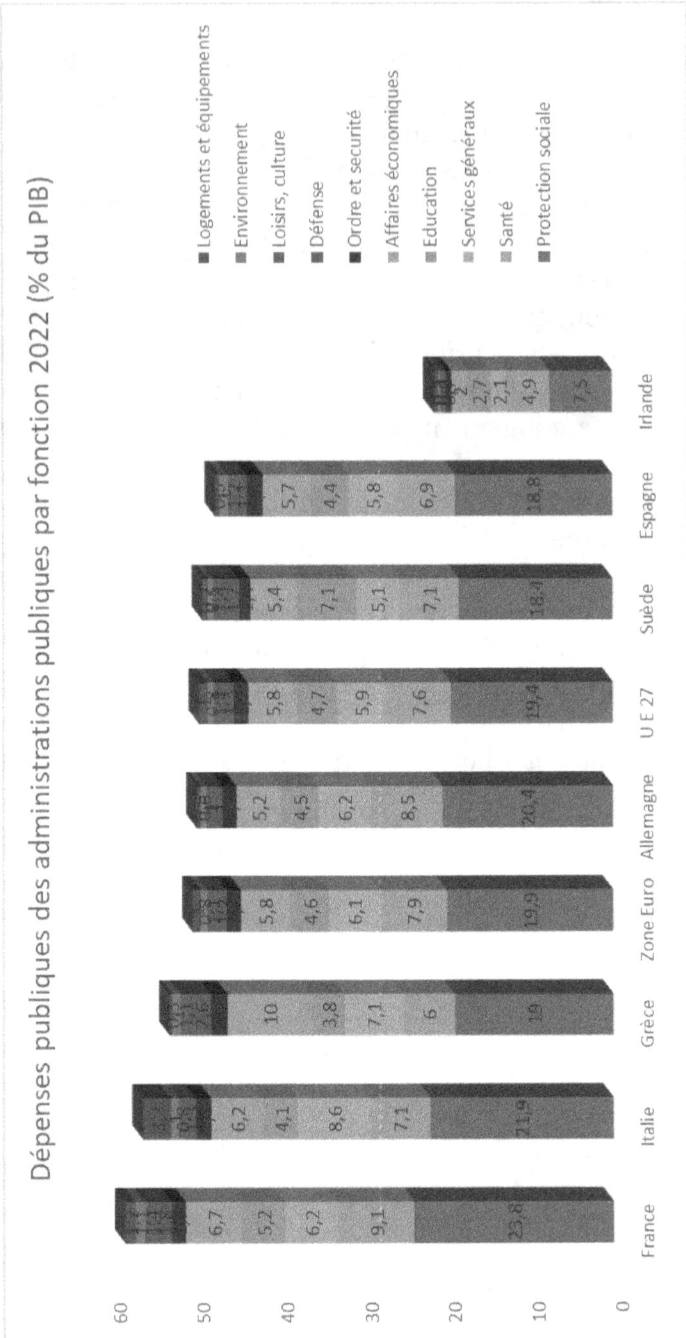

La protection sociale constitue le plus important poste de dépenses des administrations publiques en 2022 dans tous les États membres de l'UE. Ce ratio varie d'un État à l'autre, s'échelonnant de 7,5 % du PIB en Irlande à près d'un quart du PIB en France et en Finlande (23,8 et 23,5 %) et pour l'Italie, 21,9 %. Sept autres États membres (Danemark, Autriche, Grèce, Luxembourg, Espagne, Allemagne et Belgique) ont consacré environ 20 % de leur PIB à la protection sociale, alors que l'Irlande, Malte, Chypre, l'Islande, l'Estonie et la Croatie ont dépensé chacun moins de 13 % de leur PIB à la protection sociale. Ce rapport à la protection sociale explique en grande partie les écarts globaux des dépenses publiques entre les pays.

Entre la France et l'Allemagne, il y a un écart de 3,4 % sur ce critère, il est de 5 % avec l'Espagne et de 16,3 % avec l'Irlande. Si on analyse le détail de ce différentiel au sein de la protection sociale, les écarts sont essentiellement liés au financement de la vieillesse puisque le taux des dépenses publiques lié à ce poste (vieillesse y compris pensions) va de 3,1 % du PIB en Irlande à 13,7 % du PIB en Italie pour une moyenne de 10,7 % en zone euro en 2022. En raison des mesures d'austérité prises par la Grèce sur les retraites, le taux grec a baissé de 3,4 % entre 2016 et 2022. On constate un poids élevé en Finlande (13,5 %), en France (13 %) ainsi qu'en Autriche (13,1 %). Les parts les plus faibles sont enregistrées en Islande (3,1 %), en Norvège (5,4 %) et aux Pays-Bas (6,1 %). L'Allemagne se situe pour la vieillesse à une dépense de 10 % du PIB, comme l'Espagne (10,2 %).

C'est en Autriche que les dépenses des administrations publiques pour la santé sont les plus élevées, suivies par la République tchèque et la France à 9,1 %. L'Islande et l'Allemagne sont proches avec une dépense de 8,5 %. Dans les poids les plus faibles de la santé, on retrouve beaucoup de pays de l'Est, la Hongrie avec seulement 4,4 %, la Roumanie et l'Irlande à 4,9 %.

L'Islande (7,1 %), la Suède (7,1 %), la Belgique (6,3 %), l'Estonie (6,6 %), et la Slovénie (5,6 %) sont les pays qui ont consacré les plus fortes parts de dépenses de leurs administrations publiques à l'enseignement. Les poids les plus faibles se situent en Irlande, 2,7 % et en Roumanie, 3,2 %.

En ce qui concerne les dépenses consacrées aux affaires économiques, les plus forts pourcentages observés concernent la Hongrie (10,5 % du PIB) et la Grèce (10 %). C'est encore l'Irlande qui dépense le moins, 2 % et le Danemark à 2,9 %.

Autre sujet contesté, les dépenses des administrations publiques, consacrées aux services généraux. C'est l'Islande qui est en pointe dans ce domaine avec une dépense de 9,4 % de son PIB, suivi par l'Italie avec 8,6 % du PIB.

Les budgets de la défense restent assez limités puisque cela représente 1,2 % du PIB de l'Union européenne. En 2022, plus de 2 % du PIB ont été consacrés à la défense en Pologne (près de 4 %), Grèce (2,6 %), en Estonie (2,2 %), en Lettonie (2,2 %) et en Lituanie (2,1 % du PIB). Ce sont donc soit des pays avec des conflits potentiels avec la Turquie, soit des anciens pays du bloc de l'Est. La guerre en Ukraine devrait faire augmenter ces budgets dans les années à venir, c'est le cas de la Pologne. Ces budgets « défense » représentent environ 180 Md€ pour l'Union européenne. Il s'agit d'un chiffre bien inférieur au budget américain, de l'ordre de 700 Md€. Les dépenses américaines pour la défense nationale représentent plus du tiers de l'ensemble des dépenses mondiales. Washington y consacre l'équivalent de 3,7 % de son PIB. En comparaison, la moyenne de l'ensemble des pays se situe autour de 2,2 %. En termes d'effort budgétaire, seuls des pays comme la Russie (3,9 %), l'Arabie saoudite (8 %), Israël (5,3 %) et les États du Golfe consacrent, en proportion du PIB, plus d'argent que les États-Unis à leur défense. La part de l'Europe est donc très faible ce qui rend difficile la création d'une défense européenne. Les choses pourraient changer avec l'arrivée de Trump au pouvoir aux États-Unis en 2025, puisque celui-ci entend diminuer le rôle et le poids de l'OTAN dans les systèmes de défense. Précisément, les membres européens de l'OTAN vont discuter de l'augmentation de l'objectif de dépenses de défense à 3 % du PIB lors de son sommet annuel en juin 2025, en partie en prévision du retour de Donald Trump à la présidence des États-Unis, contre 2 % actuellement. Sur les 32 membres de l'OTAN, 23 atteindront l'objectif actuel de 2 % cette année, selon les calculs de l'alliance, contre six en 2018. Cependant, cela signifie également que sept membres européens, dont l'Italie et l'Espagne, ne parviennent toujours pas à atteindre un objectif de référence convenu il y a dix ans.

La plus forte part des dépenses des administrations publiques consacrées à l'ordre public et à la sécurité a été observée en Bulgarie (2,5 %), en Pologne et en Slovaquie (2,3 %) à la protection environnementale aux Pays-Bas (1,4 %), en Belgique, en France et à Malte (1,1 %) au logement et aux équipements collectifs en Italie (3,3 %) et aux loisirs, à la culture et au culte en Islande (3,1 %) et en Hongrie (2,7 %).

Le tableau ci-dessous présente le différentiel entre les dépenses publiques françaises et celles de la zone euro. Le différentiel de 8 points de PIB se fait pour 5 points sur les dépenses de protections sociales, dont principalement 2,3 % sur les retraites et dépendances et 1,2 % sur les dépenses de santé. Dans les autres écarts, on note 0,6 % de PIB de plus sur les dépenses d'enseignement et 0,9 % pour les affaires économiques et 0,6 % pour les dépenses liées à la défense. Le poste « affaires économiques » regroupe les aides aux entreprises et pèse plus lourd en France en raison notamment des crédits d'impôt (Crédit d'impôt recherche CIR, et Crédit d'impôt compétitivité emploi CICE), qui sont désormais comptés comme des dépenses.

Dépenses pub. 2022 (% du PIB)	**France**	**Zone Euro**	écart
Retraites et dépendance	13	10,7	2,3
Santé	9,1	7,9	1,2
Famille	2,2	1,7	0,5
Chômage	1,7	1,3	0,4
exclusions sociales	1,3	1,2	0,1
Aides personnelles logement	0,8	0,3	0,5
Autres dépenses sociales	4,8	4,8	0
Total Protections sociales et santé	**32,9**	**27,9**	**5**
Affaires économiques	6,7	5,8	0,9
Education	5,2	4,6	0,6
Défense	1,8	1,2	0,6
Intérêts des emprunts	2	1,8	0,2
Logement	1,2	1	0,2
Loisirs culture	1,4	1,1	0,3
Environnement	1,1	0,8	0,3
Ordre et sécurité	1,7	1,7	0
Services généraux	4,2	4,3	-0,1
Total	**58,2**	**50,2**	8

La réflexion autour des dépenses publiques conduit à plusieurs observations. La France peut raisonnablement se fixer comme objectif la réduction de quelques points de PIB de dépenses publiques. Les sources d'économie peuvent être trouvées en regroupant certains moyens, en réorganisant la fonction publique et plus généralement en y recherchant une meilleure efficacité.

L'évolution des recettes publiques

Les principales recettes des administrations publiques sont fiscales. Il s'agit des impôts courants sur le revenu, le patrimoine, la production, les importations ainsi que les cotisations sociales. L'ensemble de ces recettes représente **les prélèvements obligatoires.** À cela s'ajoutent d'autres recettes non fiscales. Les dividendes versés par les entreprises publiques et aussi le produit des amendes et des jeux font, par exemple, partie de ces autres ressources. En France en 2023, le total des recettes publiques s'élève à 51,6 % contre 53,4 % en 2022, dont seulement 43,2 % sont des prélèvements obligatoires, contre 45 % en 2022. Ces chiffres confirment que le déficit français s'explique d'abord par une baisse des recettes et non par une hausse des dépenses.

En 2021, pour l'UE-27, les impôts sur la production et les importations ont représenté 13,1 % du PIB, les impôts courants sur le revenu, le patrimoine, etc. 13,3 % du PIB et les cotisations sociales nettes 15,3 % du PIB. Ces chiffres sont restés très stables sur la période.

Des variations considérables entre les États membres subsistent en 2021 dans la structure des prélèvements obligatoires.

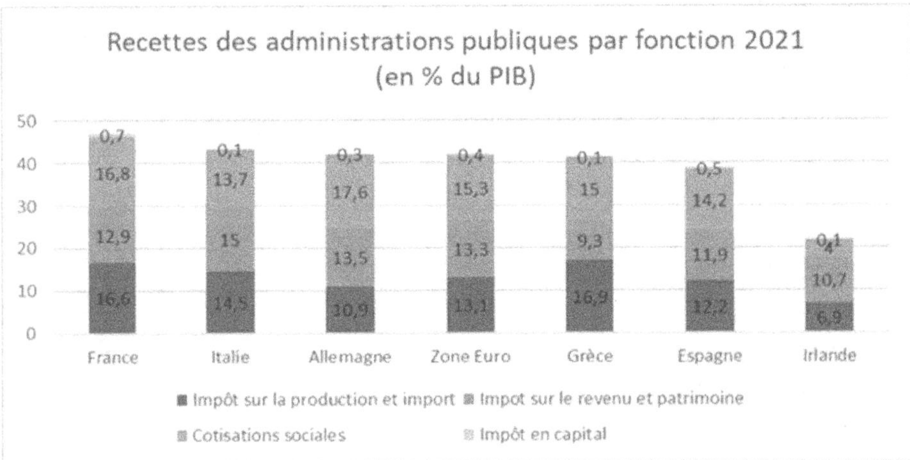

Le ratio global, recettes fiscales totales/PIB, s'est élevé en zone euro à 46,3 % en 2023 contre 47,1 % en 2022, et 47,3 % en 2021. Nous assistons bien partout à une baisse des recettes.

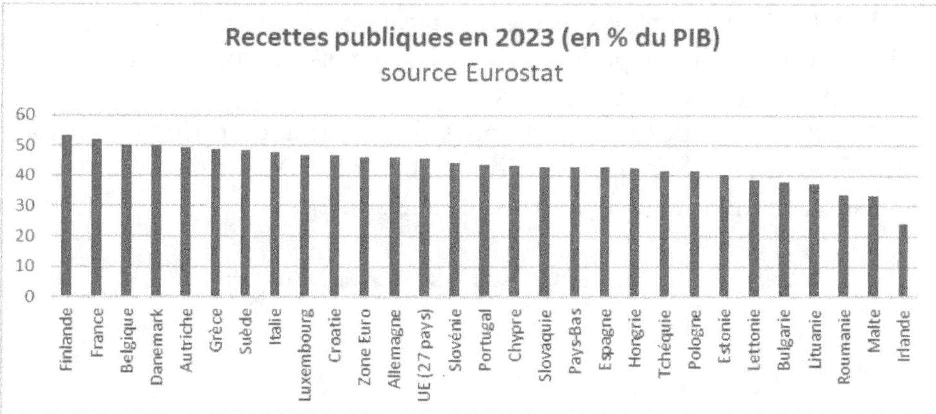

La France reste en Europe le pays qui a le poids des prélèvements obligatoires le plus élevé. La Belgique est le plus proche de notre niveau. Notons que sur le total des recettes publiques en 2023, c'est la Finlande qui dispose de plus de recettes. Le graphe ci-dessous montre une assez forte stabilité des prélèvements obligatoires. Ces chiffres proviennent d'Eurostat qui retraitent certaines données, d'où l'écart avec les chiffres nationaux. On remarquera la baisse du taux français en 2023 qui perd 2 % en passant de 47,6 % du PIB à 45,6 %.

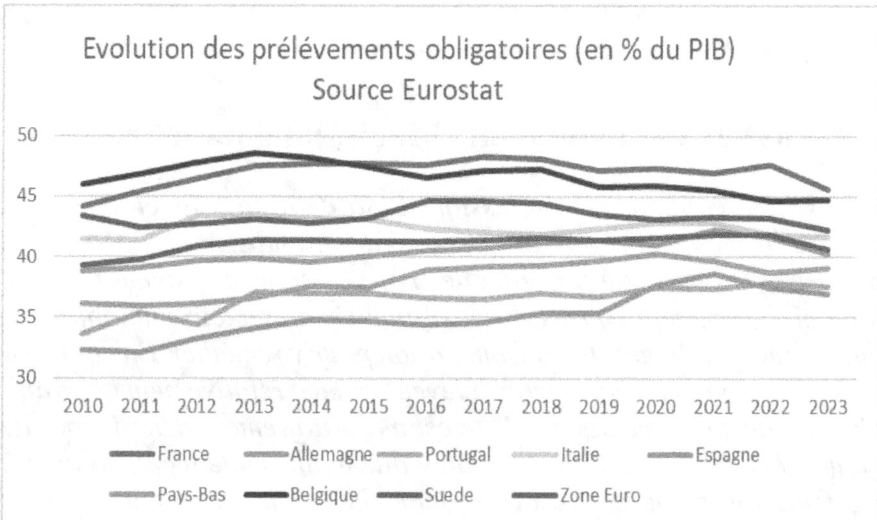

Source : Eurostat

Parmi les principaux pays européens, Italie, France et Belgique ont les déficits publics les plus importants alors que 5 pays dont le Danemark, l'Irlande, la Suède et le Portugal affichent des excédents budgétaires. Cette dispersion des pays est très importante, d'où la difficulté à trouver des règles communes. Treize États membres affichent un déficit supérieur à 3 %. Les Pays-Bas sont à l'équilibre et l'Allemagne est dans les critères.

Sur ce critère des déficits publics, la situation européenne est donc très loin d'être homogène, d'où la complexité à trouver sur cette question essentielle un consensus et une stratégie.

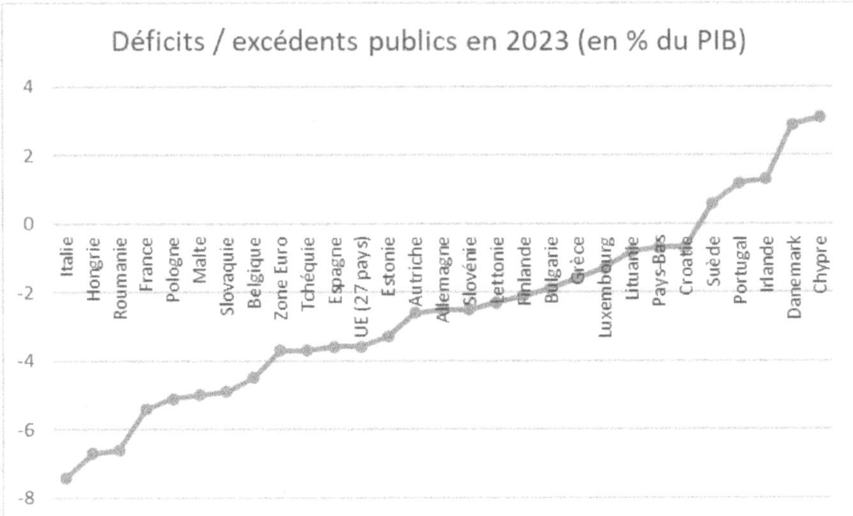

Source : Eurostat

V/ Focus sur l'endettement chinois, japonais et russe

La Chine connait la progression de la dette la plus élevée sur la dernière période, surtout au travers de la hausse des dettes des entreprises. Cette dette présente des risques pour le système financier mondial, notamment en raison des difficultés du secteur immobilier. La Chine tente de stimuler la consommation pour y remédier. En contraste, le Japon, malgré une dette élevée, reste relativement solvable, principalement parce que sa dette est majoritairement détenue par des acteurs locaux. Enfin, la Russie, bien que moins endettée, a connu une augmentation significative de sa dette. Les sanctions internationales liées à l'invasion de l'Ukraine ont impacté les exportations, mais la Russie a tenté de contourner certains embargos, notamment dans les énergies fossiles.

La Chine est le pays qui s'est le plus endetté sur la dernière période. Entre 2008 et le premier trimestre 2024, elle est responsable de 40 % de la progression de l'endettement mondial, avec une hausse de

45 000 Md$. Entre 2008 et 2024, la dette totale a été multipliée par 8 pour atteindre 51 000 Md$. Sa particularité, ce sont les dettes des entreprises qui ont le poids le plus important, 25 000 Md$ en 2024, soit 49 % du total. L'endettement total (gouvernement, entreprises et ménages) est passé de 139 % du PIB en 2008 à près de 290 % en 2024 (143 % pour les entreprises, 84 % pour la dette de l'État et 63 % pour celle des ménages).

La dette globale au premier trimestre 2024 est supérieure au montant de 2020. Cela en fait une exception mondiale.

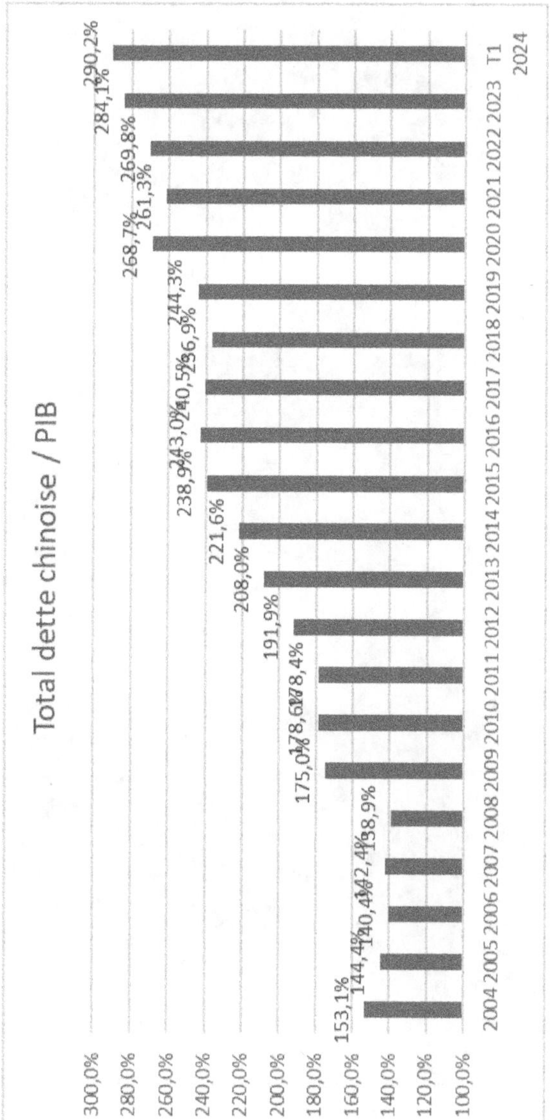

Cette progression est d'autant plus impressionnante qu'elle se réalise dans un contexte de forte progression du PIB. Il y a alors un risque sérieux pour le système financier international détenteur d'une forte proportion des dettes des entreprises. La faillite d'un acteur important du secteur immobilier en 2023 a d'ailleurs eu valeur d'alarme.

Le point positif de l'endettement public est qu'il est aussi largement porté par les banques chinoises, dont la situation reste solide. Cette dette, à la différence de l'Europe et des États-Unis, est aussi nettement moins dépendante des institutionnels étrangers.

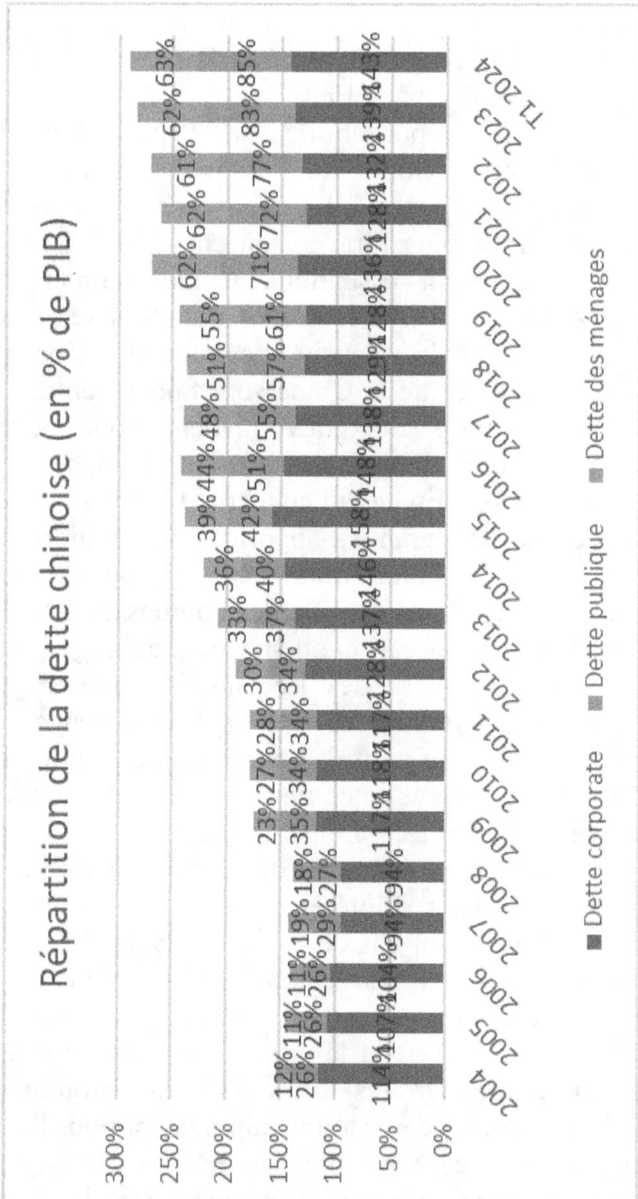

Les véhicules spéciaux de financement émanant des collectivités locales (local governement financing vehicles, LGFV) sont assimilés à des entreprises d'où le poids de cette classification. En affichage, le gouvernement chinois est assez peu endetté comparé à d'autres pays (un peu plus de 80 % du PIB dans la dernière période). La réalité est autre compte tenu de son implication actionnariale dans le capital des banques et de certaines sociétés. In fine, cela contraint l'État chinois à se porter garant de leur gestion. On a vu toutefois que le géant de l'immobilier chinois, Evergrande, placé en liquidation judiciaire début 2024, n'avait pas été sauvé par l'État.

Si le niveau de responsabilité de l'État chinois dans le fonctionnement de son économie lui a permis de surmonter un certain nombre de difficultés récentes, il n'ignore pas qu'il doit concéder certaines adaptations, à plus forte raison en période d'essoufflement conjoncturel. La question essentielle réside maintenant dans la rentabilité des actifs financés. Les prêts ont surtout servi durant toute cette période à développer les capacités de production alors que les taux d'utilisation des capacités de la Chine sont faibles, entre 70 et 75 %. D'où les efforts récents du gouvernement pour développer la consommation et moins les infrastructures, la sphère productive devenant moins rentable. En ce qui concerne les prêts octroyés par les collectivités locales, les garanties apportées sont majoritairement du foncier, donc une valorisation fragile car dépendante du cycle du marché immobilier. En fin de période, les composantes de la dette ont évolué avec une forte progression du shadow banking, qui servent les secteurs les plus risqués de l'économie (LGVF, promotion immobilière…) dont les ressources sont majoritairement constituées de produits structurés émis au nom des banques. Les autorités chinoises cherchent à freiner la hausse de ce type de crédit et surtout le recours aux pratiques les plus risquées. L'une des façons de faire baisser cette croissance du crédit a été l'élévation des taux d'intérêt par la Banque centrale chinoise. Le taux d'intérêt à 10 ans des obligations d'État chinois est passé d'un point bas de 2,48 % en avril 2020 à 3,31 % en décembre 2020 et s'établit fin novembre 2024 à 2,06 %. Les risques de défaut proviennent d'abord et surtout du secteur immobilier, 1/3 des défauts obligataires en 2021, et la crise du secteur s'est aggravée en 2022 avec en particulier les difficultés du promoteur chinois Evergrande. Les risques à court terme augmentent pour les entreprises des secteurs de services les plus affectés par les mesures de confinement, et/ou les resserrements réglementaires des derniers mois.

Enfin, la dette des ménages, limitée à 60 % du PIB est un problème pour les ménages à bas revenus, qui font face à un service de la dette important et qui sont vulnérables à la dégradation du marché du travail.

La spécificité de la dette japonaise

Le Japon ne fait vraiment pas comme les autres. Tout en étant le pays le plus endetté du monde, il s'inscrit dans la catégorie des pays les plus solvables et les moins risqués avec l'Allemagne, les Pays-Bas et la Suisse.

La dette publique brute du Japon a augmenté de 69 % à 217 % du PIB entre 1990 et le premier trimestre 2024. Cette forte hausse résulte de la diminution des recettes fiscales, en raison de la succession de plusieurs crises (éclatement de la bulle des années 90, crise financière de 98, séismes en 2013) et de mesures d'allègement de la fiscalité directe pour soutenir les ménages et les entreprises. La part des dépenses de sécurité sociale est également passée de 17,5 à 23 % du total entre 1990 et 2022.

À cette dette publique, doit s'ajouter l'ensemble de la dette privée, entreprises et ménages et le Japon est de loin le pays le plus endetté du monde avec un ratio de 400 % du PIB en 2024. Cela représente un montant global de 15 747 Md$ dont 8 546 Md$ de dettes publiques.

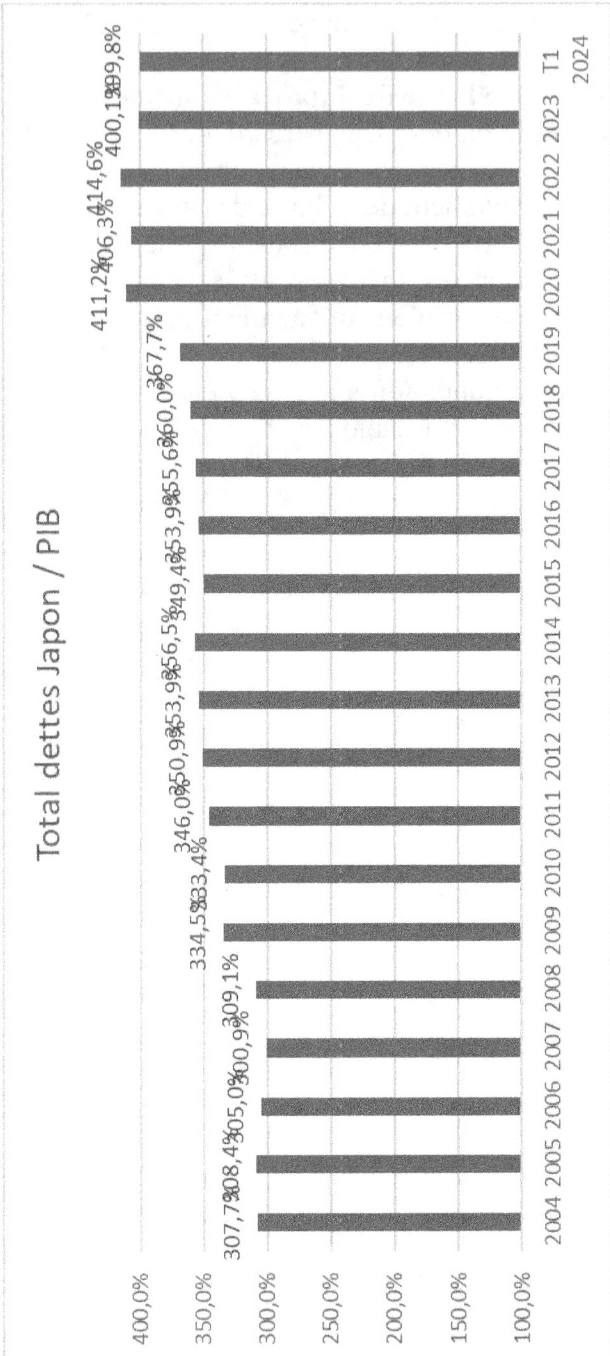

Comme indiqué dans la présentation générale, la dette nippone est toujours considérée comme une valeur refuge, preuve que la notion de dettes est toute relative dans l'esprit des investisseurs. Le risque de défaut de paiement n'est pas intégré, le niveau de la rémunération de la dette d'État étant resté très faible. Fin décembre 2020, le Japon empruntait sur 10 ans à un taux négatif de - 0,41 % et en novembre 2024, le taux se situe autour de 1 %, un des taux mondiaux les plus faibles. **Le principal motif de cette absence de risques tient au fait que l'essentiel de l'endettement public est détenu par les Japonais eux-mêmes.** Selon le ministère des Finances, 37 % l'étaient par la Banque du Japon, 25 % par les institutions financières du pays et 22 % par les assureurs locaux. Seuls environ 6 % sont détenus par des investisseurs étrangers, contre, par exemple, environ 55 % pour la dette française. Le Japon est ainsi moins soumis à l'arbitrage que peuvent faire des non-nationaux en direction d'autres pays. Pour les investisseurs locaux, au contraire, acheter ces obligations d'État offre des avantages, en particulier, ces titres n'apparaissent pas comme un actif risqué dans leur bilan. Ils peuvent être revendus et servir de garantie à des opérations de refinancement.

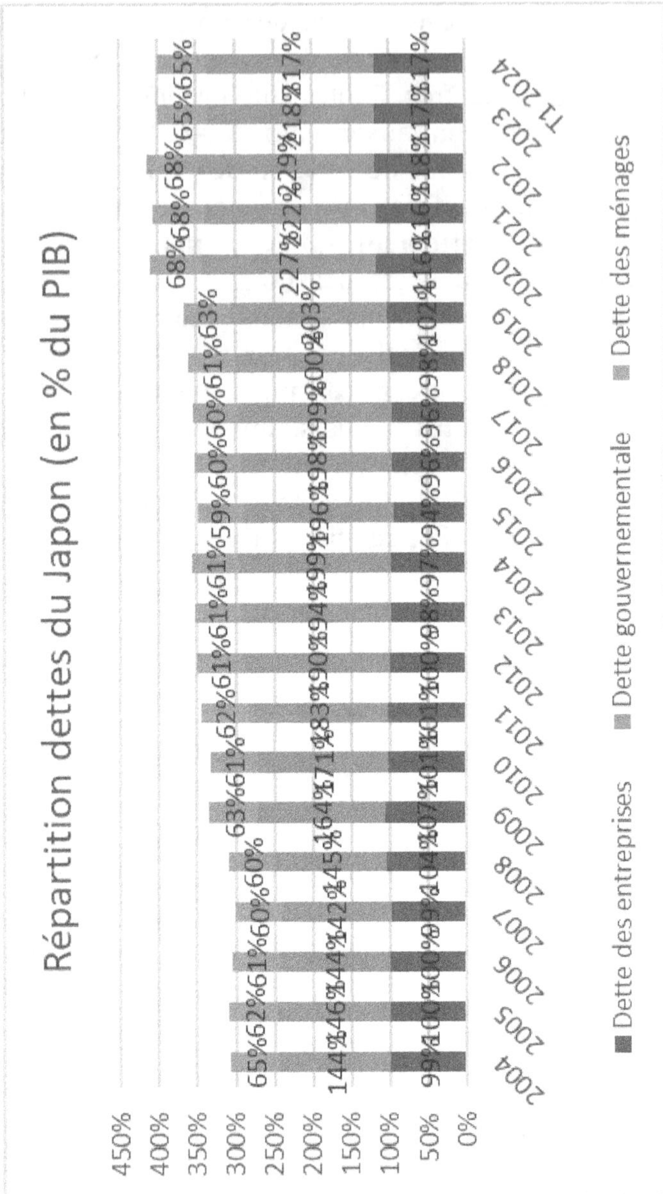

Les autorités cherchent néanmoins à stabiliser cet endettement car son accroissement pourrait poser problème. Le premier élément inquiétant est le remboursement de cette dette, chaque année, c'est environ 30 % des dépenses publiques qui servent à rembourser la dette. Le pays serait aussi fortement impacté par une brusque remontée des taux d'intérêt, d'où le maintien d'une politique monétaire accommodante. Le gouvernement espère limiter la hausse de l'endettement en coupant quelques dépenses : diminution des pensions de retraite, diminution des prix des traitements les plus onéreux…

Les raisons de la faible dette russe

Parmi les grands pays analysés, la Russie est le pays globalement le moins endetté. Ce qui tient moins au caractère vertueux de sa politique économique qu'à l'abondance de ses ressources énergétiques. Cela demandera aussi à être vérifié après les répercussions de la guerre en Ukraine.

Toujours est-il que c'est en 2020 que la Russie a le taux d'endettement le plus élevé avec un taux global (dettes publiques, des entreprises et des ménages) de 135 % du PIB. Au premier trimestre 2024, et malgré le déclenchement de la guerre en Ukraine, le ratio diminue à 117 %. D'un montant le plus élevé de 3 100 Md$ au deuxième trimestre 2022, effet de l'entrée en guerre, ce montant n'est plus que de 2 300 Md$ au premier trimestre 2024. En 2010, cette dette globale n'était que de 1 202 Md$, soit deux fois moins qu'aujourd'hui.

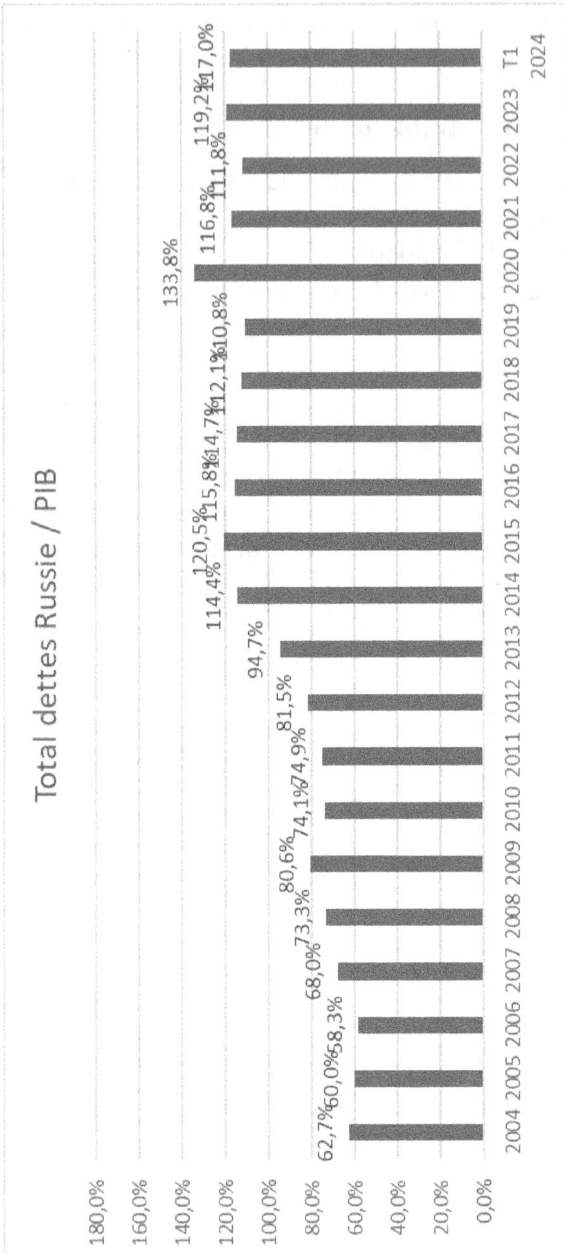

Cette situation très particulière de l'économie russe est due au fait que c'est essentiellement une économie tournée vers les matières premières énergétiques, principalement le pétrole et le gaz qui ont bénéficié au cours des dernières années de prix beaucoup plus élevés.

L'autre particularité de cette dette est que ce sont principalement les entreprises qui la constituent, la dette publique ne représentant que 21 % du PIB, soit comme déjà vu dans la partie introductive un des taux les plus faibles du monde.

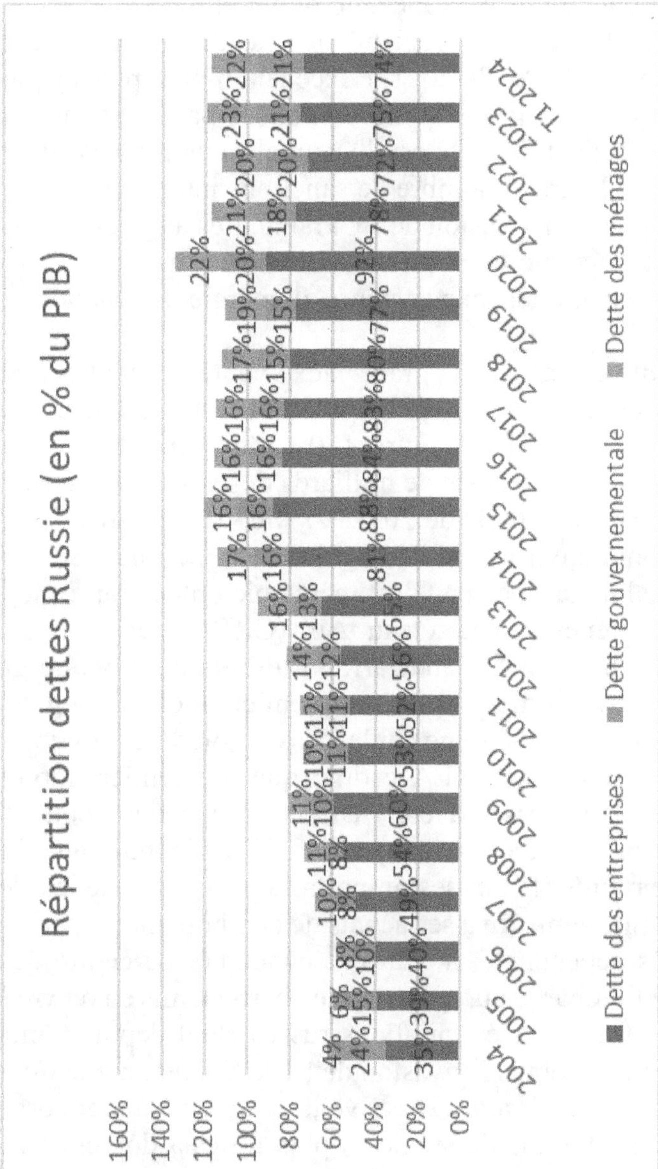

Plusieurs facteurs expliquent cette situation, le principal étant l'absence de déficits publics. En 2019, une nouvelle règle budgétaire est entrée en vigueur : les dépenses primaires (c.-à-d. hors intérêts) ne pourront pas excéder la somme des revenus pétroliers calculés sur la base d'un cours de 40 $ le baril et des recettes non pétrolières. Les recettes pétrolières excédentaires iront nourrir le fonds de réserve, qui a été beaucoup ponctionné entre 2015 et 2017, ce qui a permis de maintenir l'endettement public à un faible niveau.

En 2022, le pays a enregistré un excédent record de sa balance courante de 227 Md$. En 2021, l'excédent n'était plus que de 50 Md$. C'est ce que révèlent les données publiées par la Banque centrale de Russie. L'excédent de 2022 est dû à un effondrement des importations, provoqué par le grand nombre de sanctions internationales imposées à la Russie après son invasion de l'Ukraine. Les augmentations massives des prix de l'énergie expliquent aussi cette hausse : la Russie, qui est l'un des plus grands exportateurs d'énergie au monde, en profite largement.

Les rentrées d'argent grâce aux ventes d'hydrocarbures sont massives depuis le début de l'année 2022. La balance commerciale 2022 atteint 282,3 Md$, contre 170,1 Md$ en 2021. Moscou aurait encaissé plusieurs dizaines de milliards des ventes de pétrole et de gaz sur les six premiers mois de 2022. 97 Md$ (à peu près l'équivalent en euros), dont environ 74 Md grâce au pétrole, selon l'Institut international de la finance. C'est même bien plus d'après le Centre for research on energy and clean Air (CREA), centre de recherche indépendant basé en Finlande : 158 Md€ en six mois de guerre. Ces chiffres ont été estimés sur les six premiers mois de la guerre qui ont suivi l'invasion de l'Ukraine par la Russie, soit du 24 février au 24 août. Sur cette période, le CREA estime que le premier importateur des énergies fossiles russes a été l'Union européenne (pour 85,1 Md€), suivie par la Chine et la Turquie. L'UE avait pourtant décidé d'un embargo progressif sur ses importations de pétrole et de produits pétroliers. Elle a mis fin à ses achats de charbon, mais le gaz russe, dont elle est très dépendante, n'était pas concerné. Le centre de recherche estime que l'embargo européen sur le charbon, mis en œuvre le 10 août, a porté ses fruits, les exportations russes étant depuis tombées à leur plus bas niveau depuis l'invasion de l'Ukraine. « *La Russie a échoué à trouver d'autres acheteurs* », écrivent les auteurs du rapport. Le CREA juge en revanche que des règles « plus fortes » doivent être mises en place pour éviter que le pétrole russe n'entre sur des marchés sur lesquels il est censé être interdit. « *L'UE doit interdire l'utilisation de navires et de ports européens pour l'acheminement de pétrole russe vers des pays tiers* », estime-t-il. Le Royaume-Uni est également appelé à bannir la participation de son secteur de l'assurance à de tels transports internationaux.

Le 27 juin 2022, l'agence de notation Moody's annonce que la Russie était en situation de défaut sur sa dette souveraine extérieure. Ce défaut de nature technique, contesté par la Russie, est la conséquence des sanctions américaines et européennes sur les institutions financières russes empêchant ces dernières de rembourser la dette extérieure de leur pays en devises. Le remboursement en roubles proposé par la Russie n'est pas prévu par les prospectus des obligations concernées et n'est pas de nature à écarter la qualification de défaut. Au terme d'un délai de grâce d'un mois, le ministère des Finances russe n'a ainsi pas été en mesure de faire parvenir à ses créanciers des paiements dans leurs devises de 71,5 M$ et 26,5 M$ arrivés à échéance le 27 mai sur la dette externe russe. L'impact de cet évènement sur les marchés financiers russe et international est resté minime eu égard à la faiblesse des encours de dette souveraine russe en devises (39 Md$ hors dette garantie, soit 2,1 % du PIB russe, dont 950 M$ seulement arrivant à échéance entre début avril et fin décembre 2022).

Deuxième partie
L'endettement de la France

Chapitre 3
Analyse de la situation française

I/ La France : la spirale des déficits

Sur la période récente, la dette globale de la France est en hausse constante, marquée par des pics après la crise financière de 2008 et la crise du Covid-19 en 2020. Les dettes des entreprises, des ménages et de l'État ont augmenté à un rythme supérieur à la croissance économique. Les entreprises, en particulier, ont connu une augmentation marquée de leur endettement, en partie due à des taux d'intérêt bas et à des opportunités d'investissement. Cette dette est utilisée pour constituer des réserves financières et réaliser des acquisitions.

La dette publique a augmenté, souvent en réponse à des crises économiques, mais également pendant les périodes de croissance. Les déficits publics récurrents et en hausse récente sont liés à des choix politiques, notamment la diminution des recettes fiscales. Les dépenses publiques importantes se concentrent dans la protection sociale, la santé, et les affaires économiques. La dynamique de cette dette est également influencée par le commerce extérieur négatif de la France, résultat d'une désindustrialisation progressive.

L'évolution de la dette globale française, selon le BIS, est en augmentation chaque année jusqu'en 2020, tant en valeur qu'en pourcentage du PIB, mais ensuite elle se réduit.

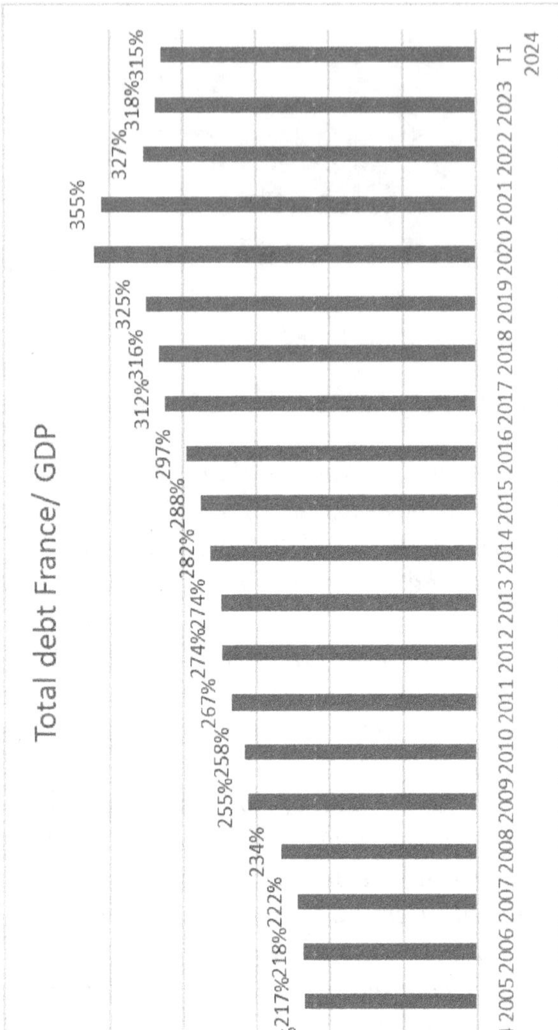

Avec un total de 315 % au premier trimestre 2024, la dette totale de la France est la deuxième du monde, en % du PIB, derrière le Japon à 400 % et devant la Chine, 290 %, et les États-Unis à 255 %. Deux moments sont significatifs, le premier après la crise financière de 2008 et un deuxième en 2020, crise du Covid-19 oblige. Entre 2004 et 2023, cette masse d'endettement a doublé à 9 933 Md$. En moyenne annuelle sur cette période, si le PIB français a augmenté de + 1,6 %, les dettes ont crû beaucoup plus vite à + 3,8 %.

Qu’il s’agisse des dettes des entreprises (+3,4 %), des ménages ou de celles de l’État (+4,2 %), cette progression est assez identique.

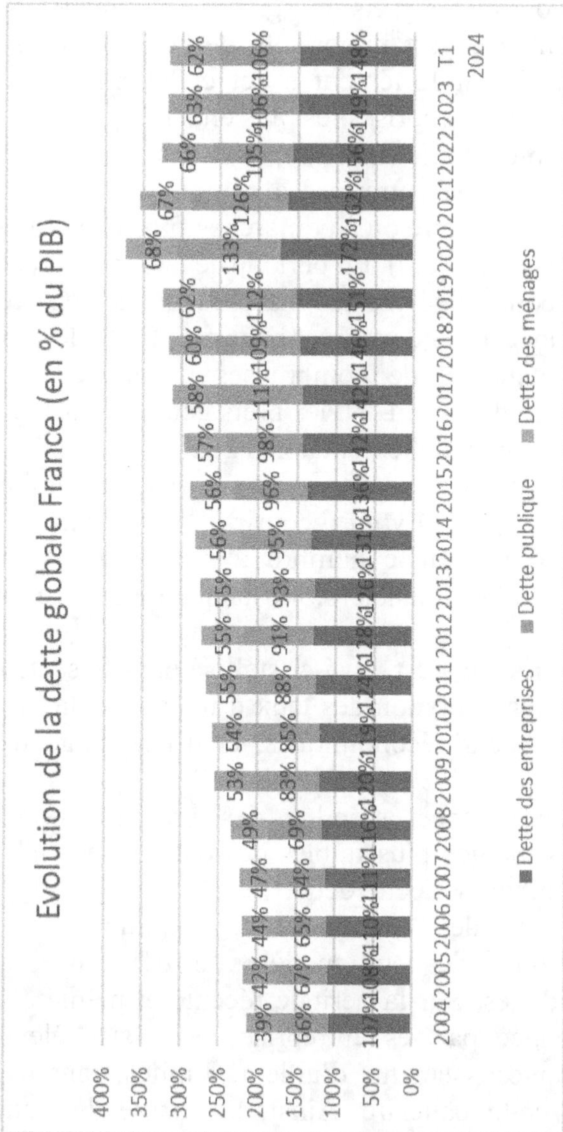

Analysons d’abord la dette des entreprises. Fin 2023, elles représentent 4 661 Md$, soit 47 % du total, devant les dettes publiques, 3 319 Md$ (33 % du total), et les dettes des ménages à 1 953 Md$, 20 % du total.

Une particularité française : le poids des dettes des entreprises est élevé, avec un montant qui a toujours dépassé 100 % du PIB. En 2023, il est de 149 %, d'après les statistiques du BIS. On trouve des chiffres différents suivant les sources d'information. L'INSEE, par exemple, ne prend pas en compte les prêts intragroupes (financement des filiales), qui représentent une part importante de cette dette. Les entreprises publiques contribuent fortement à cet endettement : EDF et SNCF comptent parmi les entreprises les plus endettées.

Quelle que soit la taille des entreprises, les encours de crédit sont en nette progression. Une entreprise a comme choix de financement le recours à la dette bancaire ou aux marchés financiers (augmentation de capital, obligations privées). En période de taux d'intérêt faibles, moins élevés que le coût exigé par les marchés financiers, on comprend la préférence donnée à l'endettement bancaire. Cette dette sert à financer des investissements et de nombreuses fusions et acquisitions. En réponse à la crise du Covid-19, les prêts garantis par l'État (PGE) font aussi progresser cet endettement après 2020.

Toutes les industries (secteur manufacturier, immobilier et conseil et services aux entreprises) vont recourir à l'endettement. La hausse de cette dette privée inquiète nombre d'intervenants, comme le Haut conseil de la stabilité financière, la Banque de France, ou les agences de notation.

En 2023, le risque s'est ainsi cristallisé dans le secteur immobilier, en raison de l'augmentation des taux d'intérêt, de la diminution de la solvabilité des agents économiques, et d'une chute de la demande immobilière.

La faible croissance attendue des prochaines années pourrait conduire à des marges plus faibles des entreprises endettées et à des difficultés à rembourser cette dette.

L'endettement des entreprises s'explique aussi par une « financiarisation » de leur modèle de développement. Il existe quelques paradoxes. Sur la période récente et même avec la crise, la trésorerie dégagée par les entreprises est restée élevée. Elle a pu financer des investissements d'ailleurs limités, sans avoir besoin de recourir à la dette bancaire. Ainsi, la hausse de l'endettement est devenue un choix tactique, d'ordre financier. Elle permet aux entreprises de se constituer un matelas financier en profitant d'un faible coût de l'argent, souvent inférieur au taux des placements financiers. On assiste alors à une augmentation des liquidités et des placements à court terme. Cela permet aussi de participer plus tard à des rachats d'entreprises.

La particularité française est d'avoir des multinationales nombreuses, donc une intense activité de fusions-acquisitions. Air liquide, société française leader dans les gaz industriels, a vu doubler son endettement en 2017 pour racheter son concurrent américain Airgas. Même situation en 2018 pour Sanofi ou Publicis. L'endettement des maisons-mères sert alors à financer des filiales à l'étranger, ces dernières n'ayant souvent pas accès aux mêmes conditions de financement.

Cela n'est pas exempt de risques. Avec des faibles taux d'intérêt, la valorisation de l'ensemble des actifs a tendance à progresser. Aussi, en face de la dette, les entreprises auront, à l'actif de leurs bilans, des montants élevés de goodwill. Ce goodwill ou survaleur mesure précisément l'écart entre le prix d'acquisition et la valeur comptable de l'entreprise achetée. Cet écart va évoluer en fonction de la rentabilité économique de ce bien. Il est donc susceptible d'être dévalorisé en cas de crise économique. En 2003 et après la crise internet de 2001/2002, les montants de goodwill ont ainsi fortement augmenté dans les comptes des entreprises françaises. Ils seront ensuite dépréciés, et à l'origine des difficultés de plusieurs entreprises (France Telecom, Alcatel, Vivendi…). Même récemment, au premier semestre 2021, Orange a dû déprécier 3,7 Md€, montant de l'écart d'acquisition de sa filiale espagnole, entrainant alors une perte semestrielle de 2,6 Md€, en raison de perspectives économiques en dégradation.

Qu'en est-il des dettes publiques ? Leur évolution est aussi en hausse passant de seulement 21 % en 1980 pour atteindre 106 % fin 2023 et début 2024 à 3 267 Md$.

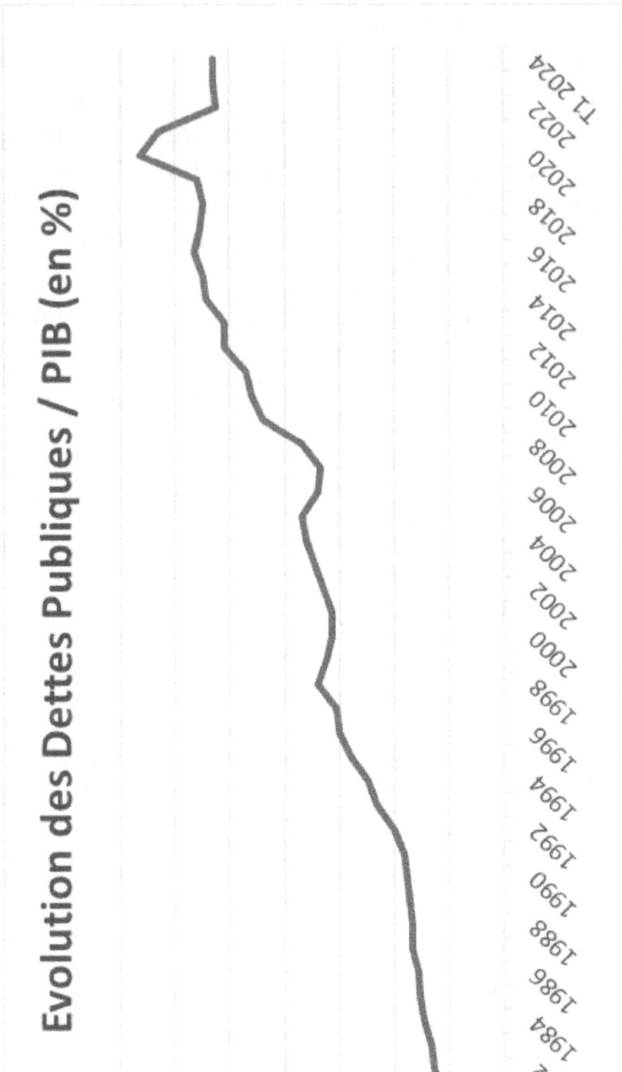

Source : Bis

Notons que les chiffres de l'INSEE sont un peu différents. À la fin du premier trimestre 2024, la dette publique au sens de Maastricht s'établit à 3 159,7 Md€, soit 110,7 % du PIB.

Au cours des dernières décennies, le lien entre crise et dettes publiques est une évidence. Les hausses de la dette publique sont liées à celle de la crise du Golfe (1991), puis aux « subprimes » (2008) et à la crise sanitaire en 2020. Durant les crises, la faiblesse de l'activité se traduit par une baisse des recettes fiscales, alors que les dépenses de l'État augmentent (hausse du chômage, couverture sociale plus élevée, aide aux entreprises et aux ménages). Les déficits publics augmentent dans un contexte de baisse du PIB.

La majoration de la dette publique est-elle toujours imputable aux crises ? Non, elle se constate aussi en période de croissance économique. Cela peut paraitre surprenant, la croissance ne devrait-elle pas offrir en théorie la possibilité de se désendetter ? Ainsi, dans les années 60, la dépense publique a progressé en valeur alors que la croissance économique était au rendez-vous. La progression s'explique surtout par la hausse des taux d'intérêt pour lutter contre la hausse de l'inflation. Une partie croissante de la nouvelle dette (qui sert à rembourser l'ancienne), est à coût plus élevé, ce qui fait évoluer à la hausse le ratio de la dette publique, scénario similaire aujourd'hui mais dans un contexte de croissance ralentie.

Enfin, le ratio d'endettement des ménages en France se situe à 63 % du PIB fin 2023, 17 points de plus depuis 2007 et + 25 par rapport à 2004. La contrepartie étant essentiellement l'immobilier, ces dettes ne présentent pour l'instant pas de caractère trop risqué puisque nous ne sommes pas en crise immobilière, mais ce risque augmente singulièrement. Ce taux est plus élevé que le taux moyen européen qui est en 2023 à 54 %.

Depuis la fin des années 80 et à plus forte raison depuis le début des années 2000, c'est l'amputation des recettes fiscales qui devient la principale explication du déficit public, compensé par l'endettement. Ce sont des stratégies politiques clairement affirmées. Selon un rapport remis en 2010 par Paul Champsaur, alors président de l'Autorité de la statistique publique, et Jean-Philippe Cotis, directeur général de l'INSEE, 400 Md€ de recettes ont été perdus. En l'absence de ces baisses, la dette publique serait environ 20 % de PIB plus faible aujourd'hui qu'elle ne l'est en réalité, indique-t-il. Bref, plutôt que d'insister uniquement sur l'évolution des dépenses, nous nous interrogerons sur la trajectoire des recettes budgétaires.

Analyse du déficit public français

Notre dette publique est durablement lestée par notre déficit budgétaire, dont le caractère récurrent souligne notre incapacité historique à maîtriser nos comptes publics. Cela est vrai depuis 1975.

En 2023, le déficit public s'établit à 154,8 Md€, soit 5,5 % du PIB. En 2020, le ratio était de 8,9 %, point haut de la crise. Sur l'exercice 2024, le montant prévu a été révisé à la hausse à 178,2 Md€, soit 6,1 % du PIB, sachant qu'au troisième trimestre 2024, le montant du déficit est déjà de 173 Md€.

D'où viennent les dépenses publiques ? La protection sociale et la santé absorbent la part la plus significative du total des dépenses (62,2 % du total en 2023), 45 % pour la protection sociale et 17,2 % en dépenses de santé. Dans la part de la protection sociale, la moitié revient à la vieillesse (retraites).

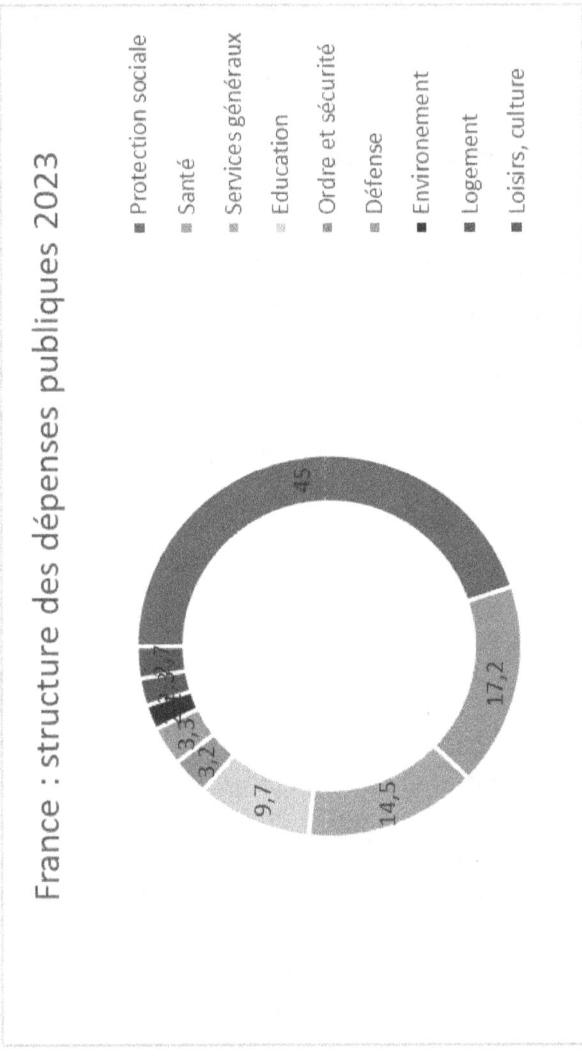

Source : Gouvernement, direction du budget

Les autres dépenses importantes concernent les services généraux à 14,5 % du total, l'éducation à 9,7 % et l'enseignement à 8,9 %. La défense ne représente que 3,3 % du total et l'ordre et la sécurité 3,2 %. Les dépenses liées à l'environnement ne représentent plus que 2,1 %.

Les administrations publiques centrales (État et les organismes divers d'administration centrale) portent l'essentiel du déficit public. Le déficit de 2023 s'est accru et passe à 156,4 Md€ contre 134,9 Md€ en 2022, 143,9 Md€ en 2021 et 158,9 Md€ en 2020. Les administrations de sécurité sociale enregistrent en 2023 un excédent de 11,5 Md€, contre 9,2 Md€ en 2022, alors qu'elles affichaient un déficit de 17 Md€ en 2021 et de 45,8 Md€ en 2020. Les administrations locales sont retombées en déficit en 2023 de 9,9 Md€, après un excédent de 0,8 Md€ en 2022 et un déficit de 0,8 Md€ en 2021 et de 3,5 Md€ en 2020.

En 2023, les dépenses publiques d'un montant total de 1 608 Md€ progressent encore de 57 Md€, + 3,7 %, hausse similaire à celle de 2022 à + 58,5 Md€, soit + 4 %, quasiment aussi le même montant qu'en 2021 à + 55,8 Md€ (+ 3,9 %). Sur longue période, le poids des dépenses publiques dans le PIB a crû de 34,7 % en 1960 à 57 % en 2023, en passant par un point haut en 2020 à 61,7 %.

Le total des recettes est en 2023 de 1 454,5 Md€, soit 51,5 % du PIB contre 1 411,3 Md€ en 2022, soit 53,7 % du PIB. En raison de la reprise économique, les recettes ont fortement progressé en 2021 et en 2022, respectivement de 100,2 Md€ et 95,7 Md€, soit une hausse de + 8,3 % et 7,3 %, plus marquée que celle du PIB en valeur. En 2023, la hausse des recettes est bien inférieure à celle du PIB (ce dernier a progressé de 6,2 % en valeur nominale) et cela creuse donc l'écart entre recettes et dépenses.

En 2023, les recettes des impôts et des cotisations sociales n'ont progressé que de + 1,8 %, à 1 280 Md€. La raison : un faible dynamisme de certaines assiettes taxables et certaines autres mesures nouvelles de réduction d'impôt. Le produit de l'impôt sur les sociétés, toujours très volatil a chuté en 2023 de 12 % après une hausse de 25 %, hors crédits d'impôt, en 2022.

En 2020, le déficit est historique en raison de l'épidémie de Covid-19 et de la récession économique qui en résulte. Les dépenses ont augmenté par les mesures de soutien à l'emploi et à l'économie. D'après l'INSEE, ces mesures peuvent se ventiler de la façon suivante : 27,4 Md€, comptabilisés en prestations sociales, des dépenses du fonds de solidarité pour 15,9 Md€, des exonérations de cotisations sociales pour 7,9 Md€, des prolongations de l'indemnisation chômage et le report de la réforme de l'assurance-chômage pour 2,1 Md€ et des subventions aux travailleurs indépendants et aux professions libérales pour 1,8 Md€. Les dépenses d'assurance maladie ont également augmenté de 14 Md€, dont 7 Md€ de surcoût dans les établissements de santé et 7,2 Md€ en soins de ville supplémentaires. Enfin, les achats de masques, de médicaments et de vêtements ont coûté 5,1 Md€ supplémentaires. En face, 5,3 Md€ ont été économisés ou financés, dont 1 Md€ de taxe exceptionnelle sur les organismes complémentaires et 4,3 Md€ en raison de moindres dépenses de soins de ville.

Enfin, le dispositif d'aide à la trésorerie des entreprises, plafond de 300 Md€ en prêts garantis par l'État, 130 ayant été accordés en 2020, a coûté 0,4 Md€ qui représente les rémunérations des garanties, les appels en garantie ayant été nuls. **Ce coût supplémentaire peut donc être évalué en 2020 à un peu plus de 70 Md€, soit la moitié de la progression du déficit cette année-là.**

Comme en 2020, la crise sanitaire a également pesé en 2021 et a accru le besoin de financement de 61,7 Md€ supplémentaires en prolongeant les dispositifs précédents : allocations d'activité partielle pour 8,5 Md€, aides du fonds de solidarité pour 23,9 Md€, exonérations de cotisations sociales pour 2,9 Md€, allocations chômage pour 5,3 Md€, dépenses d'assurance maladie + 18 Md€.

Depuis 1975, le déficit public a ainsi toujours été négatif, en lien avec la progression régulière des dépenses publiques. On constate une phase de baisse entre 1994 et 2000, suivie de deux périodes de stabilisation, l'une entre 2000 et 2008 et l'autre entre 2012 et 2018. Le taux de prélèvement obligatoire était quasi stable, à 44,3 % jusqu'en 2021 mais il est en hausse en 2022 à 45 %, mais baisse en 2023 à 43,2 %. Sur longue période, il a régulièrement augmenté entre 1960 et 1980 pour se stabiliser ensuite entre 40 % et 45 % du PIB.

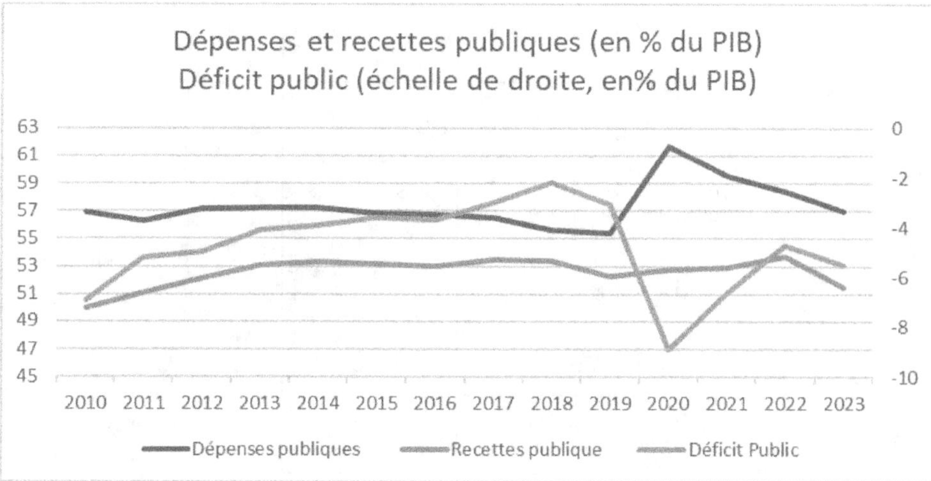

Source : INSEE, comptes nationaux

Fin 2023, la dette brute qui répond au critère de Maastricht s'élève à 3 101,4 Md€, dont 2 513,7 Md€ pour l'État, 250,4 Md€ pour les administrations publiques locales, 263,7 Md€ pour la sécurité sociale, le reste 73,7 Md€ représentant le poids des organismes divers de l'administration centrale.

France	2023	2022	2021	2020	2019	2018	2017	2012	2007
Dette publique brute	3101,4	2953,6	2823,7	2648,1	2379,5	2315,3	2258,7	1892,5	1252,9
% PIB	109,90%	111,20%	112,90%	114,60%	97,60%	98,40%	98,40%	90,60%	64,50%
Etat	2513,7	2363,8	2227,6	2083,8	1910,9	1842,4	1768,9	1457,9	950,3
Organisme centraux	73,7	74,4	76,3	63,7	64,9	63,3	62,9	46,6	43,4
Gouvernement local	250,4	244,6	245,2	229,7	210,5	205,6	201,2	177	138,2
Fonds de sécurité sociale	263,7	270,8	274,6	270,9	193,2	204	225,6	211	121

Le tableau synthétique ci-dessous montre qu'entre 2017 et 2023, le déficit est d'abord généré par des recettes qui augmentent beaucoup moins vite que les dépenses. En moyenne annuelle entre 2017 et 2023, la hausse des recettes n'est que de 2,8 % alors que les dépenses ont augmenté de 3,7 %. Eu égard aux nombreuses dépenses nouvelles liées à la crise sanitaire, 132 Md€ en cumul 2020 et 2021, cette progression est acceptable. En dehors de ce montant, la hausse n'est plus que de 2,2 % sur la période.

En milliards d'euros	2017	2018	2019	2020	2021	2022	2023	2017%	2018%	2019%	2020%	2021%	2022%	2023%
Dépenses de fonctionnement	412,5	418,1	424,8	435,3	452,9	475,3	516,8	31,9%	31,7%	31,5%	30,6%	30,6%	30,9%	32,1%
Dont consommations intermédiares	110,7	112,8	116	119,4	126,2	134,5	157,5	8,6%	8,6%	8,6%	8,4%	8,5%	8,8%	9,8%
Dont rémunérations	290,8	294,1	297,5	304,1	314,1	327,7	346,2	22,5%	22,3%	22,1%	21,4%	21,3%	21,3%	21,5%
Intérêts	44	44,2	38,8	33,2	38,1	53,2	50,1	3,4%	3,4%	2,9%	2,3%	2,6%	3,5%	3,1%
Prestations sociales	589,7	600,4	616,6	665,5	673,1	680,6	709,9	45,6%	45,5%	45,7%	46,8%	45,5%	44,3%	44,1%
Autres transferts et subventions	168,7	174	176	198	220,5	223,8	208,4	13,0%	13,2%	13,1%	13,9%	14,9%	14,6%	13,0%
Acquisition nette d'actifs non financiers	79,1	81,9	91,7	90,7	93,2	103,3	123,3	6,1%	6,2%	6,8%	6,4%	6,3%	6,7%	7,7%
Dont Formation brute de capital fixe	76,7	79,7	88,7	86,1	90,1	98,7	120,8	5,9%	6,0%	6,6%	6,1%	6,1%	6,4%	7,5%
Total des dépenses	**1294**	**1318,6**	**1347,9**	**1422,7**	**1477,8**	**1536,2**	**1608,5**	**100,0%**	**100,0%**	**100,0%**	**100,0%**	**100,0%**	**100,0%**	**100,0%**
Vente et autres recettes	90,7	91,3	93,6	88,3	95,3	101,9	121,3	7,4%	7,3%	7,3%	7,3%	7,2%	7,2%	8,3%
Revenus de propriété	15,1	15	16	11,3	14,9	15,9	18,7	1,2%	1,2%	1,3%	0,9%	1,1%	1,1%	1,3%
Impôts	674,3	708,7	780,9	740,8	757,5	817	817,8	54,8%	56,3%	61,2%	61,2%	57,6%	57,9%	56,2%
Dont impôts courants sur revenu et patrimoine	294,4	312,8	326	316,5	323,2	357,1	357,3	23,9%	24,8%	25,6%	26,1%	24,6%	25,3%	24,6%
Dont impôt sur les produits et la production	372,4	388,4			415,6	441,4	443,5	30,3%	30,9%	0,0%	0,0%	31,6%	31,3%	30,5%
Cotisations sociales effectives	387,4	381	364,1	348,8	374,3	398,7	462,2	31,5%	30,3%	28,6%	28,8%	28,5%	28,3%	31,8%
Autres recettes	62,8	62,9	20,5	21,7	73,6	77,8	34,5	5,1%	5,0%	1,6%	1,8%	5,6%	5,5%	2,4%
Totale des recettes	**1230,3**	**1258,9**	**1275,1**	**1210,9**	**1315,60**	**1411,30**	**1454,50**	**100,0%**	**100,0%**	**100,0%**	**100,0%**	**100,0%**	**100,0%**	**100,0%**
Besoin de financement	-63,7	-59,7	-72,8	-211,8	-162,2	-124,9	-154							
En % du PIB	-3%	-2,30%	-3,1%	-8,90%	-6,60%	-4,70%	-5,50%							

Un facteur explicatif de la hausse du déficit public, donc de l'importance aussi de l'endettement public tient à notre commerce extérieur qui évolue depuis quelques années très négativement. Il est la conséquence d'un long processus de désindustrialisation.

II/ Un commerce extérieur français fragile à cause de la désindustrialisation

L'envolée de la facture énergétique et la dépréciation de l'euro face au dollar expliquent une bonne partie de la dégradation des chiffres du commerce extérieur au cours des dernières années. Au-delà des facteurs conjoncturels, cette évolution est aussi la conséquence de faiblesses structurelles. C'est le résultat des politiques historiques de désindustrialisation, qui nous rend vulnérables en cas de reprise économique et de chocs exogènes. Notre déficit dans les biens intermédiaires reste élevé. Notre autre problème est la dépendance trop forte de nos exportations à quelques secteurs clés, comme l'aéronautique, les boissons, l'alimentaire et le luxe. La géographie des principaux excédents est aussi un élément de fragilité.

Le bilan du commerce extérieur français pour l'année 2023 est meilleur que celui catastrophique de 2022 pour les échanges de biens avec le plus lourd déficit historique à 163 Md€. En 2023, ce déficit commercial s'est amélioré et repasse juste sous la barre des 100 Md€ de déficit. Cette amélioration est due à la baisse des prix de l'énergie. Hors énergie et matériel militaire, le solde commercial s'améliore : il s'élève à - 54 Md€, une augmentation de 19 Md€ par rapport à l'année précédente, portée par le dynamisme des exportations dans les secteurs de l'aéronautique et du textile. La contribution en volume du commerce extérieur à la croissance française est, en 2023, de + 0,6 % contre - 0,6 % en 2022. Ce déficit est le résultat de causes structurelles, notre faiblesse industrielle, aggravée en 2022 par des circonstances exceptionnelles, les effets inflationnistes des prix de l'énergie. Ce déficit commercial n'est pas compensé par les excédents des services, + 31 Md€ en 2023, après un record à + 52 Md€ en 2022 (retour du tourisme et hausse des transports) et des revenus générés par les filiales des entreprises françaises présentes à l'international (+ 35 Md€). En conséquence, selon la Banque de France, la balance courante enregistre à nouveau un déficit, en 2023, de - 34 Md€, - 1,2 % du PIB, après un déficit record à - 54 Md€ en 2022 (-2 % du PIB) comparé à un excédent de 8,5 Md€ en 2021.

Le commerce extérieur en biens est déficitaire depuis 2004 et son aggravation est forte après 2019, ce déficit a doublé en 2022 et s'améliore en 2023.

Balance Commerciale	En Md€						
Commerce de biens	2018	2019	2020	2021	2022	2023	% prog. 2023
Exportations fab	491,6	508	428,1	501,8	598,1	607,3	1,5%
Importations fab	551,5	567	493,3	587,3	760,8	706,9	-7,1%
Solde déficitaire	**-59,9**	**-59**	**-65,2**	**-85,5**	**-162,7**	**-99,6**	**-38,8%**
Dont facture énergie	-46	-44,5	-25,2	-44,8	-115,3	-69	-40,2%
Dont solde hors énergie	-13,9	-14,5	-40	-40,7	-47,4	-30,6	-35,4%
facture énergie en % déficit total	76,8%	75,4%	38,7%	52,4%	70,9%	69,3%	-2,2%
Services							
Exportations	244	251	216,2	257,1	326,7	328,8	0,6%
Importations	216	229	207,9	220,9	274,7	298,2	8,6%
Solde excédentaire des services	28	22	8,3	36,2	52	30,6	-41,2%
Solde commercial Total	**-31,9**	**-37**	**-56,9**	**-49,3**	**-110,7**	**-69**	**-37,7%**
Revenus	5	38	0	40	31,4	17,3	-44,9%
Retraitement Banque de France	7,2	11,8	15,4	17,8	25,2	17,9	-29,0%
Solde courant	**-19,7**	**12,8**	**-41,5**	**8,5**	**-54,1**	**-33,8**	**-37,5%**
Source : Douanes françaises							

En 2023, pour les biens, les parts de marché mondiales de la France en valeur se sont redressées à 2,7 %, comme en 2021, après 2,5 % en 2022. Elles restent toutefois inférieures au niveau de 2019 (3,0 %).

Après s'être stabilisée entre 2017 et 2019 autour de 3 %, cette part de marché s'est érodée depuis la crise sanitaire de 2020. Les parts de marché se redressent dans la plupart des régions du monde, notamment en Europe.

Les importations ont diminué en 2023 de - 7,1 %, après + 29,6 % en 2022 et + 19 % en 2021, en raison des tensions géopolitiques et de la crise énergétique qui ont porté le prix du gaz et de l'électricité à des niveaux élevés jusqu'en 2022, puis ces prix ont baissé, d'où cette amélioration. À ces données conjoncturelles s'ajoute une responsabilité particulière du gouvernement français en 2022. La France est devenue importatrice nette d'électricité pour la première fois du fait de l'arrêt de plus de la moitié de son parc nucléaire une partie de l'année. La chute de l'euro face au dollar a aussi contribué à renchérir le prix des importations libellées en dollar.

Le recul des importations de 2023 est dans une large mesure imputable à celui des importations énergétiques, en baisse de 46 Md€ pour atteindre 69 Md€. Cette baisse est surtout liée au reflux important des prix de l'énergie qui explique près de 83 % de la diminution en valeur des importations de produits énergétiques.

La hausse des exportations en 2023 n'est que de + 1,5 %, après + 19 % en 2022 et + 17 % en 2021. Elles sont particulièrement dynamiques dans le secteur aéronautique, bien qu'elles n'aient toujours pas retrouvé leur niveau record de 2019. Elles sont aussi bien orientées pour les parfums et cosmétiques, le textile et les biens d'équipement. En revanche, elles se replient dans les secteurs de la chimie et de la métallurgie du fait notamment de la baisse des prix de l'énergie en 2023 par rapport à 2022.

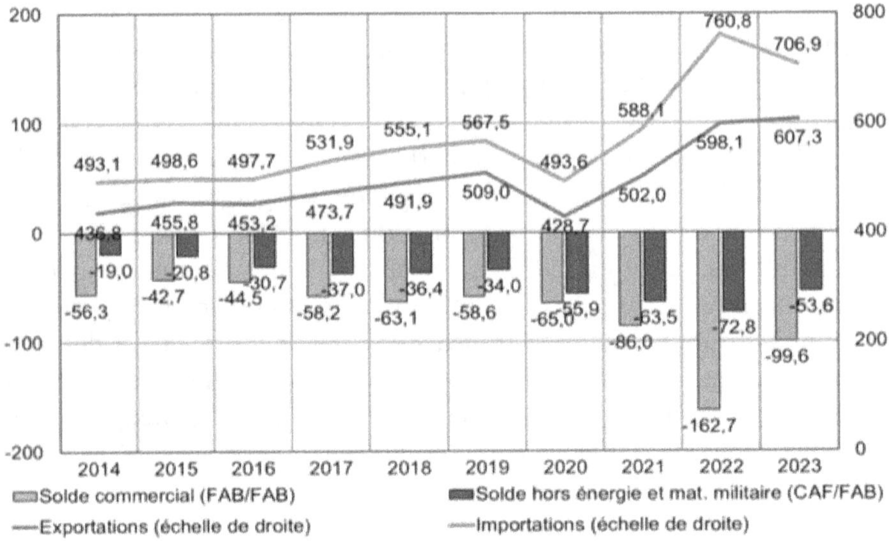

Source : douanes françaises

Par produit, le déficit de 2023 est donc principalement lié à l'énergie, - 69 Md€, puis les biens d'équipement à - 38,9 Md€, l'automobile à - 23,9 Md€ et la métallurgie - 13,9 Md€. Les principaux excédents sectoriels sont l'aéronautique et le spatial (+30,8 Md€), les parfums (+16,4 Md€), l'agroalimentaire (+6,7 Md€) et la chimie (+3,3 Md€).

Hors énergie et matériel militaire, le solde manufacturier s'améliore en 2023 de 19 Md€, passant de - 73 Md€ à - 54 Md€. L'impact de la crise due au Covid-19, des pénuries de matériaux ou de composants stratégiques comme les semi-conducteurs, ainsi que les difficultés des chaines logistiques en 2022 ont empêché certains secteurs performants à l'export, de retrouver leurs niveaux d'avant crise. C'est le cas de l'aéronautique et de l'automobile, dont les exportations n'ont pas retrouvé le niveau de 2019.

La mauvaise performance du commerce de biens reflète ainsi la dépendance française aux produits importés, conséquence de la désindustrialisation du pays. Quelques secteurs affichent une meilleure dynamique, qui ne suffit pas à compenser la faiblesse du reste. La filière des produits agricoles, qui, pour pallier l'absence de productions venues d'Ukraine, a vu s'envoler ses ventes en direction du Maghreb.

La part structurelle du déficit, liée à la désindustrialisation et à la faiblesse de nos PME à l'exportation, avoisine ainsi encore les 54 Md€ en 2023 (montant du déficit hors énergie et matériel militaire). Les déficits importants sont enregistrés au sein des biens d'équipement et dans les autres produits industriels (textiles, bois papier, produits chimiques, parfums, pharmacie, et produits métallurgiques). Ce déficit commercial très élevé hors effet énergie est surprenant dans un contexte où la consommation est restée atone. Cette détérioration provient principalement du déficit en biens d'équipement, en raison d'une hausse des investissements des entreprises. En grande masse, les principaux déficits et excédents sont les suivants en 2023 :

Évolution des exportations et importations par secteurs entre 2022 et 2023 (en %)

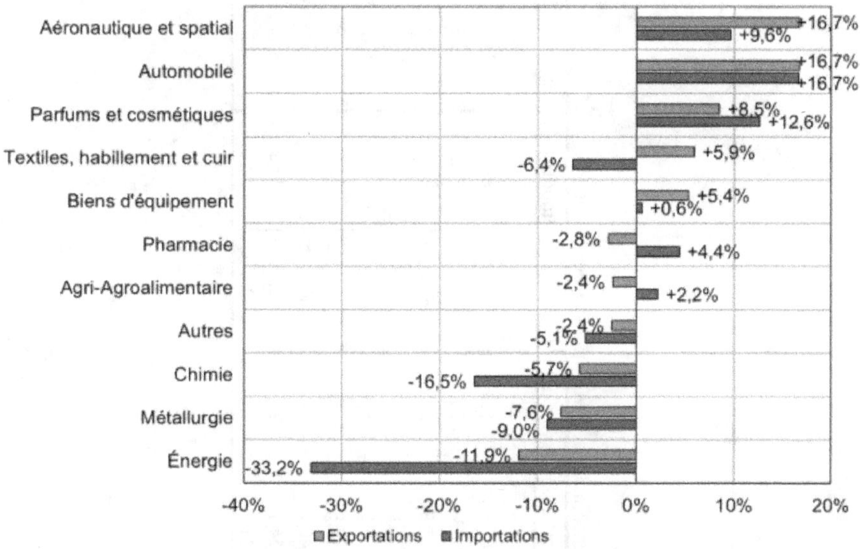

Source : douanes françaises

D'un point de vue géographique, le déficit de 2023 concerne surtout les échanges avec les pays en dehors de l'Union européenne, ce qui confirme une fois encore que ce mauvais résultat, au-delà des problématiques liées à l'énergie, est dû aux questions de délocalisations industrielles. Nos trois principaux clients en 2023 sont l'Allemagne, 82,1 Md€, suivi par l'Italie (53 Md€) et la Belgique à 47,9 Md€. Du côté des importations, nos principaux fournisseurs sont l'Allemagne, 90,7 Md€, puis c'est la Chine avec 71,9 Md€ et enfin la Belgique avec 60,5 Md€.

Les plus grands déficits commerciaux ont été enregistrés avec : la Chine, l'Allemagne, les Pays-Bas, l'Italie et la Belgique ; tandis que les plus grands excédents commerciaux ont été enregistrés avec : les États-Unis, le Royaume-Uni, le Moyen-Orient et la Suisse.

Le tableau ci-dessous reprend les données par pays jusqu'en 2022.

Principaux soldes commerciaux (ensemble CAF/FAB) hors matériel militaire

Pays	Export 2021	Import 2021	Solde 2021	Export 2022	Import 2022	Solde 2022	var export	var import
Chine	24,4	64,4	-40	24,1	77,7	-53,6	-1,2%	20,7%
Belgique	37,2	46,5	-9,3	45,5	68,7	-23,2	22,3%	47,7%
Etats-Unis	36,2	34	2,2	48	61,5	-13,5	32,6%	80,9%
Allemagne	70,3	81,5	-11,2	80,3	92,5	-12,2	14,2%	13,5%
Afrique	23,5	25,8	-2,3	28,1	38,9	-10,8	19,6%	50,8%
Espagne	37,1	42,2	-5,1	44,4	53	-8,6	19,7%	25,6%
Pays-Bas	19,8	27,9	-8,1	24,3	32,3	-8	22,7%	15,8%
Italie	39,1	46,2	-7,1	54,2	52,8	1,4	38,6%	14,3%
Suisse	17,4	14,7	2,7	21	17,9	3,1	20,7%	21,8%
Royaume-Uni	29,1	21,7	7,4	34,4	28,9	5,5	18,2%	33,2%

En septembre 2024, le déficit commercial se creuse à nouveau et s'établit à - 61,6 Md€, ce qui laisse supposer un déficit commercial annuel qui pourrait atteindre environ 80 Md€ de déficit, donc en amélioration, mais toujours élevé.

Pour l'avenir, quelques signes positifs émergent, comme la création de nouveaux sites et d'emplois industriels, dont le nombre est supérieur à ceux qui sont détruits, cf. l'investissement de STMicroelectronics dans une unité de semi-conducteurs à Crolle, en Isère, ou les sites de production de lithium qui se créent dans l'Allier et le Bas-Rhin. L'impact négatif de la hausse des produits énergétiques nécessite la mise en place d'une nouvelle stratégie en matière d'énergie avec le renforcement des centrales nucléaires et le déploiement d'une politique plus efficace en matière de transition énergétique et d'énergie renouvelable. Dans ce contexte, le fait que la France se soit hissée numéro 1 en termes d'attractivité des investissements directs étrangers en Europe est un facteur positif.

Reste un autre élément de ce déficit structurel, le nombre insuffisant de PME et ETI exportatrices. Leur nombre ne cesse toutefois de progresser depuis deux ans, atteignant à fin 2023, 146 200, soit 16 000 de plus qu'en 2021.

Le contexte politique de cette fin d'année 2024 n'est toutefois pas très favorable au développement commercial des entreprises françaises. Plus grave, notre déficit commercial avec les États-Unis de 6,6 Md€ pourrait s'accroître l'année prochaine avec la mise en place de barrières douanières qui pourrait nettement défavoriser le luxe français, l'agroalimentaire et l'automobile.

III/ L'effet des politiques économiques françaises sur l'endettement depuis 2012

Quel bilan des politiques économiques des trois derniers septennats ? Quel impact sur l'endettement de la France ? Dans un premier temps sera analysée l'évolution du PIB et de ses composantes. Ensuite il est fondamental d'analyser le différentiel des politiques fiscales menées par les gouvernements. Les objectifs des programmes ont-ils été tenus et dans quel contexte social ? Le gouvernement Macron va poursuivre une orientation économique très libérale avec pour objectif baisse des dépenses tout en diminuant également les recettes fiscales.

Une croissance économique chahutée par les crises

Dès 2012, deux objectifs majeurs ont prédéterminé les politiques économiques des gouvernements Hollande et du premier mandat de Macron : la diminution du chômage et l'assainissement des finances publiques. La perspective étant l'atteinte d'un déficit budgétaire en dessous des 3 % pour respecter les contraintes inscrites dans les traités européens.

Durant le quinquennat de François Hollande, les deux objectifs seront atteints mais trop tardivement pour que François Hollande y trouve un avantage politique. La question des moyens pour parvenir aux objectifs a été critiquée (en interne dans sa majorité parlementaire et à l'extérieur). Ce débat, qui a occulté en partie la réussite du quinquennat Hollande sur nombre d'agrégats, vient surtout d'un désaccord sur la stratégie suivie.

L'amélioration des finances publiques a d'abord été possible par une hausse des prélèvements obligatoires qui a, au début du mandat de François Hollande, pénalisé les entreprises et les ménages. Ensuite, il y a eu rupture et recours à une politique de soutien aux entreprises (politique de l'offre). Ces dernières réductions fiscales, pour créer de l'emploi et de la croissance, ont été fortement contestées (CICE et Pacte de responsabilité), cette politique étant peu familière à la gauche française. Cela a aussi freiné la dynamique de la consommation des ménages, une composante essentielle de la progression du PIB. Enfin, si la croissance a été en partie restaurée au cours des dernières années du quinquennat, le compte n'y était pas en matière d'emplois et d'évolution salariale.

En cause, les entreprises ont utilisé les baisses de charges pour améliorer leurs marges et accroître leur stratégie financière ce qui n'était pas l'objectif affiché par la gauche au pouvoir. L'absence de contrepartie sociale à cette politique de l'offre a aussi brouillé la fin du septennat, au même titre que la loi du travail ou la question de la déchéance de nationalité.

On regrettera l'absence de contrôle et d'évaluation de ces aides significatives. Les créations d'emplois ont été modérées, surtout comparées à la réussite allemande. Le commerce extérieur est resté une faiblesse, comme indiqué dans la précédente partie, confirmant objectivement les limites de cette politique.

Le Président Hollande va léguer à son successeur un fort mécontentement social et politique exprimé au travers du mouvement des gilets jaunes. Le nouveau président devra ensuite répondre à la crise sanitaire. Les objectifs de diminution du poids de la dette publique et du déficit ne seront plus d'actualité, remplacés par le « quoi qu'il en coûte ».

Pour contextualiser un peu mieux notre réflexion, revenons d'abord sur l'évolution de la croissance économique de la France depuis 2000. Mesurée par la progression du PIB par habitant. Les effets des trois crises des années 2000 sont négatifs. La France perd deux places en

2023 par rapport à l'année 2000 dans le classement du PIB par tête effectué par la Banque mondiale. Elle se situe seulement en 22e position, derrière l'Allemagne et la Belgique mais devant l'Italie et l'Espagne, en 24e et 29e positions.

Rang	PNB per Capita en $	2000	2023	TMVA 2023/2021	Evol rang
1	Luxembourg	48660	135605	4,6%	=
2	Irlande	26335	112248	6,5%	+9
3	Suisse	38865	102866	4,3%	-1
4	Norvege	38131	99266	4,2%	-1
5	Singapour	23852	87884	5,8%	+12
6	Qatar	27495	81968	4,9%	+4
7	Etats-Unis	36330	80412	3,5%	-3
8	Islande	32096	78837	4,0%	-3
9	Danemark	30744	71402	3,7%	-2
10	Australie	21854	63487	4,7%	+11
11	Pays-Bas	26214	61770	3,8%	+1
12	Autriche	24626	58013	3,8%	+2
13	Suède	29625	55216	2,7%	-5
14	Finlande	24346	54507	3,6%	-1
15	Belgique	23099	53657	3,7%	+4
16	Canada	24271	53247	3,5%	=
17	Israel	21631	53196	4,0%	+5
18	Allemagne	23695	52824	3,5%	=
19	Emirats arabes unis	31856	50602	2,0%	-13
20	Royaume-Uni	28291	48913	2,4%	-11
21	Nouvelle-Zélande	13641	48072	5,6%	+2
22	France	22416	46315	3,2%	-2

Source : Banque mondiale

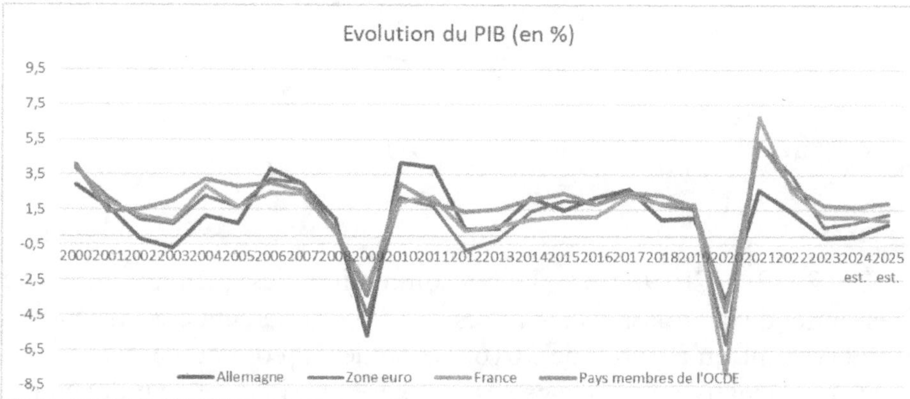

Source : Banque mondiale et OCDE depuis 2022 et perspectives

Sur une grande partie du quinquennat de Hollande, la croissance du PIB a été distancée par l'Allemagne, mais elle va s'accélérer à partir de 2017, en fin de son mandat. La croissance devient moins favorable pour les deux pays à partir du début 2018 avec un essoufflement plus marqué encore en Allemagne en raison de la baisse des exportations (baisse des échanges mondiaux en raison des tensions commerciales entre la Chine et les États-Unis). La situation se complique aussi pour l'Allemagne en 2023 et en 2024 puisqu'elle est négative ou nulle alors que la France maintient une progression de 1,1 % selon l'OCDE. Les difficultés allemandes proviennent en grande partie d'une faiblesse à l'exportation en raison d'une réduction de la croissance mondiale et de nouvelles tensions commerciales. Les ménages et les entreprises allemands sont également touchés par la hausse des prix de l'énergie. Les mauvaises performances de l'industrie automobile allemande, de plus en plus distancée par la Chine et les États-Unis dans le basculement vers l'électrique expliquent aussi le recul de la croissance allemande.

Quels sont les déterminants de la croissance ? Dans l'évolution de la décomposition de la croissance du PIB sur les deux quinquennats, cf. graphe ci-dessous d'après les données de l'INSEE, la consommation des ménages est le critère déterminant, suivi par l'investissement des entreprises. En 2023, l'ensemble des composantes connait un ralentissement.

De 2012 à 2019, c'est la consommation des ménages qui tire l'essentiel de la croissance, le relais de l'investissement des entreprises n'intervenant qu'à partir de 2016. Le solde du commerce extérieur a contribué négativement à la croissance sur la période, et ce mouvement s'est accéléré encore après 2022, avec le déficit record du commerce extérieur à 168 Md€.

La politique de l'offre menée par François Hollande a donc permis un supplément de croissance du PIB dans la deuxième partie du quinquennat.

En 2022, la situation redevient normale avec une croissance du PIB à 2,6 % grâce à la consommation des ménages, + 2,7 %, à la hausse des investissements de + 2,3 % et à la variation des stocks de + 0,6 %. La contribution du commerce extérieur est négative à - 0,7 %. La forte contribution de la consommation des ménages s'explique car ces derniers ont puisé dans leur épargne. Le taux d'épargne ne s'élevant plus qu'à 14,2 % en 2017 contre 15,7 % en 2012. La crise de 2020 a paradoxalement fait remonter le taux d'épargne, en raison des mesures d'aides gouvernementales aux entreprises et aux ménages.

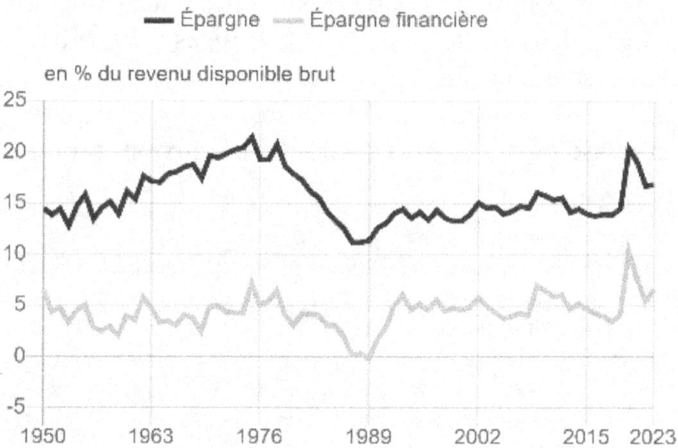

Après avoir atteint un pic au deuxième trimestre 2020 (26,1 %), en raison de la baisse de la consommation pendant le confinement, le taux d'épargne des ménages se stabilise au deuxième trimestre 2024 à 17,6 % du revenu disponible. La France fait partie des pays de la zone euro où le taux d'épargne est l'un des plus élevés (Allemagne, 20 %, Espagne 13,1 %, Italie 12,9 %).

L'économie à l'épreuve du choc fiscal pour réduire le déficit public

Les discours ambiants, souvent d'inspiration libérale, relatifs à la nécessité de réduire le déficit budgétaire n'évoquent que la réduction des dépenses, considérant qu'il est impossible d'augmenter les recettes budgétaires jugées déjà trop élevées. Un bilan s'impose.

Les recettes proviennent essentiellement des prélèvements obligatoires. Ces éléments regroupent les impôts et cotisations sociales effectives reçues par les administrations publiques et les institutions européennes sans contrepartie directe et immédiate. Si on remonte un peu plus dans l'historique, on constate une hausse dans les années 90, puis une baisse dans les années 2000. La hausse reprend fortement sous le mandat de Nicolas Sarkozy (2009/2012) pour ensuite connaitre une stabilisation, voire une baisse. Le point bas de 2019 résulte d'un facteur temporaire et exceptionnel, la coexistence du CICE sur les salaires de 2018 et des allégements de charges sur les salaires en 2019. En 2022, le taux des prélèvements remonte et revient au niveau de l'année 2017. Ce taux a toujours été relativement élevé et, de fait, n'a pas augmenté au cours de la crise du Covid-19. Donc première constatation fondamentale, alors que les dépenses augmentaient à cause du « quoi qu'il en coûte », les recettes n'ont pas été mises à contribution, ce qui a largement creusé le déficit.

En 2023, le poids des prélèvements obligatoires de la France diminue et passe de 45 % du PIB à 43,2 %, niveau proche de l'année 2012.

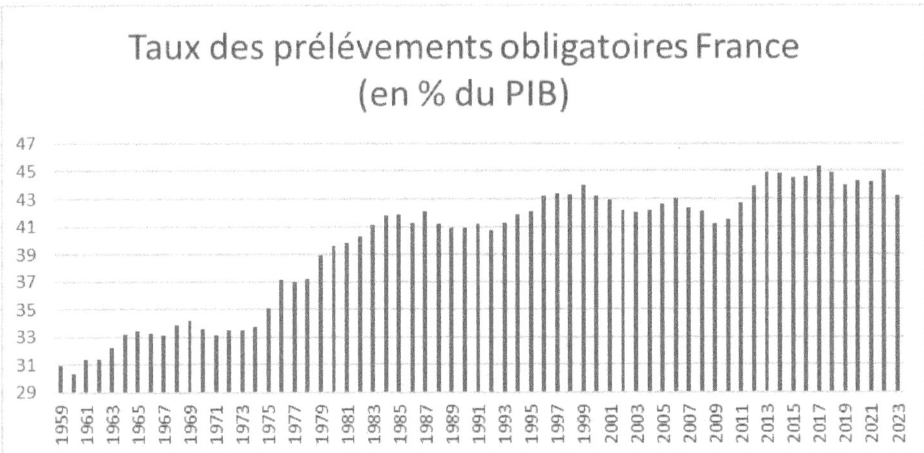

Source : INSEE

Nous ne devons pas rester sur cette analyse trop globale. Reste à savoir maintenant qui est mis à contribution dans ce choc fiscal. Y a-t-il eu sur ces derniers quinquennats des modifications de taxation suivant les agents économiques et leur sociologie ?

Ainsi, des études plus spécifiques montrent que le choc fiscal a été particulièrement fort sur les ménages. Le graphique ci-dessous est tiré d'une étude de l'OFCE sur l'analyse de l'évolution des taux de prélèvements obligatoires sur les ménages et les entreprises entre 1995 et 2022. Entre 2012 et 2017, les prélèvements obligatoires ont fortement augmenté pour les ménages d'environ 47 Md€ (soit sur la période 2,1 % de PIB). Les ponctions ont concerné la hausse des impôts et des cotisations (hausse de l'impôt sur le revenu et du patrimoine et progression de la fiscalité indirecte, notamment la TVA). À partir de 2014, via le CICE, les entreprises bénéficient d'un allégement de charges de 35 Md€ (entre 2014 et 2017). Le coût politique a été élevé durant le gouvernement Hollande, et ce virage vers la politique de l'offre a pesé. Comment accepter pour un gouvernement social-démocrate un tel décrochage entre la ponction faite aux entreprises et aux ménages ? Cette orientation économique a eu certes une efficacité puisque la France a connu une accélération de la croissance et une diminution du chômage, mais trop tardivement.

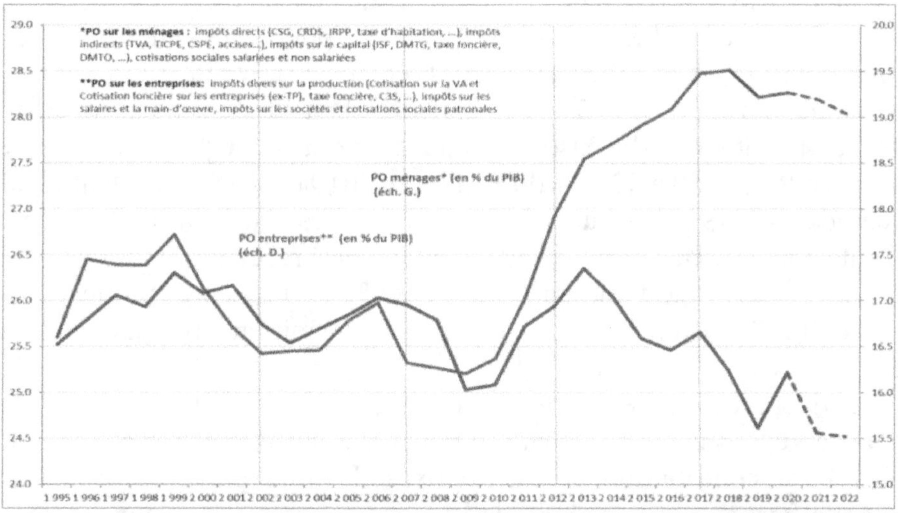

Source : INSEE, calcul OFCE

Depuis 2019, on constate une légère réduction des prélèvements pesant sur les ménages, qui se poursuit sur 2021 et 2022. Mais la baisse intervient de façon encore plus forte sur les entreprises. En 2022, d'après le calcul de l'OFCE, le taux de prélèvement sur les entreprises atteindrait 15,5 % du PIB, soit 1,1 % de moins qu'en 2017. Le taux de PO des entreprises poursuit sa décrue entamée en 2013, avec une baisse de 1,9 % de PIB sur la période 2013-2022 (CICE puis sa transformation en baisse de cotisations patronales, Pacte de responsabilité, Impôt sur les sociétés, Impôts sur la production). En 2022, toujours d'après les calculs de l'OFCE, l'écart de prélèvement entre les ménages et les entreprises est de 3,5 % du PIB au détriment des ménages alors que l'écart n'existait pas dans les années 2010. En regard du débat sur le financement des retraites, la réduction de cet écart pourrait constituer une solution. Pour rappel, 3,5 % du PIB 2022 représente un montant de 82,5 Md€.

En résumé, il y a bien eu jusqu'en 2017, une stratégie d'augmentation des recettes publiques afin de respecter les critères européens en matière de déficit. En 2011, ce déficit atteint 5,2 % du PIB après 6,9 % en 2010. Entre 2011 et 2013, entreprises et ménages sont mis à contribution alors que dans la deuxième partie du quinquennat Hollande et dans celui de Macron, la politique de l'offre va alléger prioritairement les prélèvements des entreprises. Les ménages sont ponctionnés dans un premier temps puis allégés modérément sous Macron par le biais en particulier de la taxe d'habitation. Ces mesures ont largement amputé le pouvoir d'achat des ménages.

L'objectif de réduction du déficit public pour le ramener à 3 % du PIB a été atteint en 2017 et 2018. L'écart entre recettes et dépenses publiques est revenu à - 3 % et - 2,2 %. Cela a été réalisé par un effort de stabilisation des dépenses publiques autour de 56 % et une hausse des recettes (de 50 à 53,5 % du PIB entre 2010 et 2018). La situation se dégrade en 2019 et surtout en 2020 et 2021 en raison de la crise sanitaire (explosion des dépenses et stabilisation des recettes publiques). En 2023, ce déficit s'est encore creusé à 5,5 % du PIB après un plus haut en 2020 à 8,9 % en raison de la crise. Il devrait encore augmenter et dépasser les 6 % du PIB en 2024.

Le débat reste ouvert entre, d'une part, les tenants d'une politique de relance keynésienne, soutenant le pouvoir d'achat des ménages et une plus forte contribution des entreprises. D'autre part, une politique libérale faisant plutôt le choix de l'aide aux entreprises. Pour l'instant, le dernier camp semble gagner, mais explique la montée des populismes, et factuellement, la chute du gouvernement Barnier en décembre 2024, en raison d'un désaccord sur le budget 2025.

L'autre objectif affiché est l'inversion de la courbe du chômage. Elle s'est réellement produite à partir du deuxième trimestre 2015, taux de chômage le plus élevé à 10,5 % qui recule au 30 juin 2020 à 7,4 % puis revient à 8,9 % à fin septembre 2020. Fin 2023, le taux est de 7,5 %, la crise sanitaire n'ayant eu que peu d'effet haussier en raison des mesures de soutien. Ce taux reste supérieur à la moyenne de la zone euro et au troisième trimestre 2024, il se situe à 7,4 %.

Le résultat politique est donc assez mitigé par rapport aux objectifs surtout si l'on met en comparaison l'évolution du taux de chômage allemand, ce dernier passant de 12,1 % le 31 mars 2005 à seulement 3,5 % au 30/09/2024.

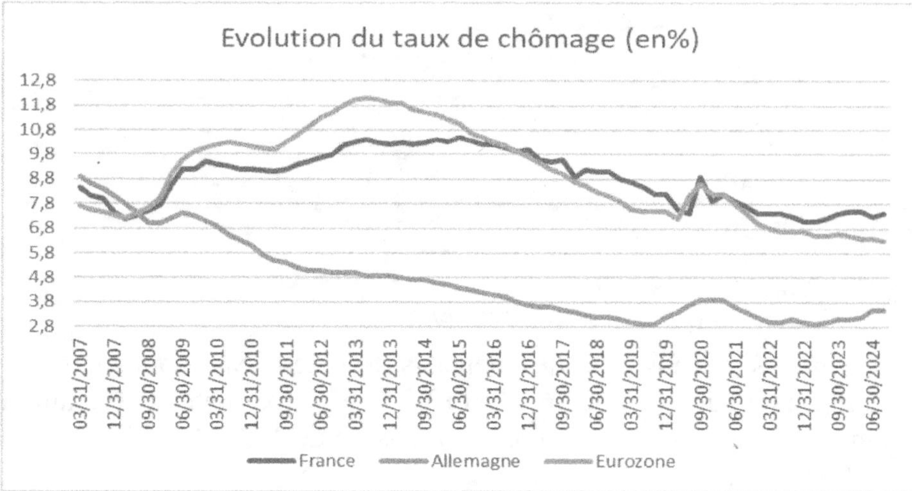

Source : Eurostat

L'évolution de ce taux de chômage est aussi liée à la démographie. L'Allemagne a moins d'actifs, ce qui permet d'accélérer sa baisse. Le recul du chômage en France est donc faible par rapport à l'ensemble de la zone euro. L'important pour mesurer l'efficacité d'une politique économique est d'analyser le nombre d'emplois créés.

L'emploi total en France a atteint un point bas au 30/06/2013 à 24,299 millions pour atteindre 27,129 millions au deuxième trimestre 2024 (soit une progression de 2,830 millions d'emplois). La fonction publique emploie 6 millions de personnes et l'industrie, 3,27 millions. Les mesures d'aides aux entreprises mises en place par les deux derniers gouvernements ont donc eu un effet positif mais pas suffisant. Ainsi, la dynamique a été plus forte en Allemagne puisque depuis 2010, la progression a été de + 18 % contre seulement + 12 % en France. En regard des allégements de charges des entreprises, le compte en matière d'emploi n'y est donc pas en France.

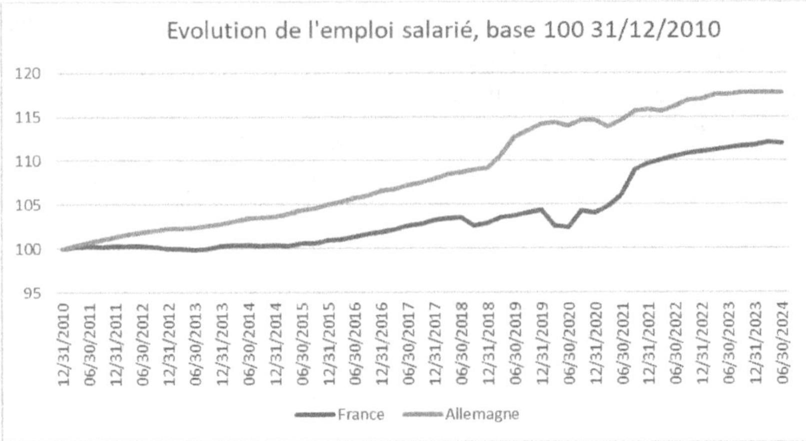

Source : Eurostat

Enfin, les revenus bruts des ménages (Source INSEE) ont augmenté en France depuis 2013 de 36,9 % (+3,2 % en taux moyen de variation annuelle), la masse des revenus étant passée de 1 297 Md€ fin 2013 à 1 774 Md€ fin 2023.

Sur la période 2013/2023, les salaires et traitements nets ont crû de 38 % passant de 701 à 965 Md€ fin 2023. En taux de croissance annuel, cela représente une progression de + 3,2 %, donc assez proche de l'évolution de l'inflation. Pour l'année 2021, le revenu médian des Français se situe à 23 100 €, seulement en dixième position au sein de la zone euro, le revenu moyen étant de 21 300 €. Depuis 2015, la France a perdu 3 places. Elle se situe derrière le Luxembourg (45 300 €), le Danemark (33 300 €), les Pays-Bas (29 500 €), l'Irlande (29 100 €), l'Autriche (27 800 €), la Belgique (27 300 €), la Suède (26 700 €), la Finlande (26 500 €) et l'Allemagne (25 000 €). Depuis 2015, les Pays-Bas l'ont dépassée, ainsi que la Belgique et l'Allemagne.

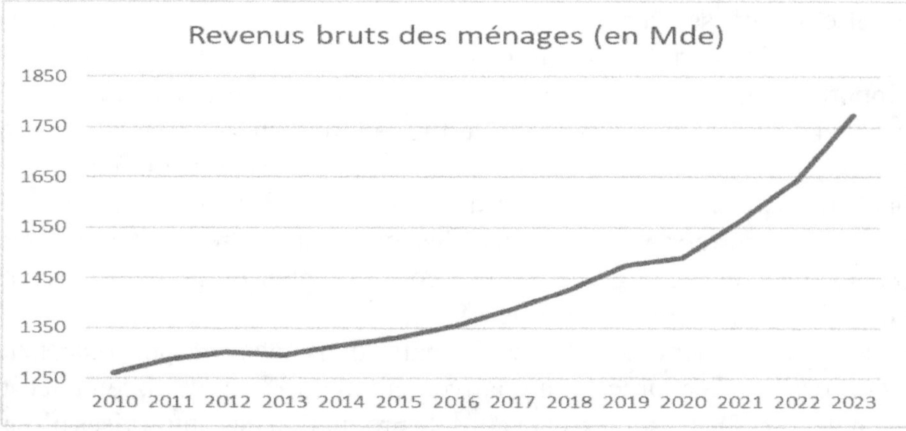

Le graphe ci-dessous montre l'évolution du revenu et du pouvoir d'achat des ménages et on constate une grande stabilité, sauf sur la dernière période pour des raisons de crise sanitaire.

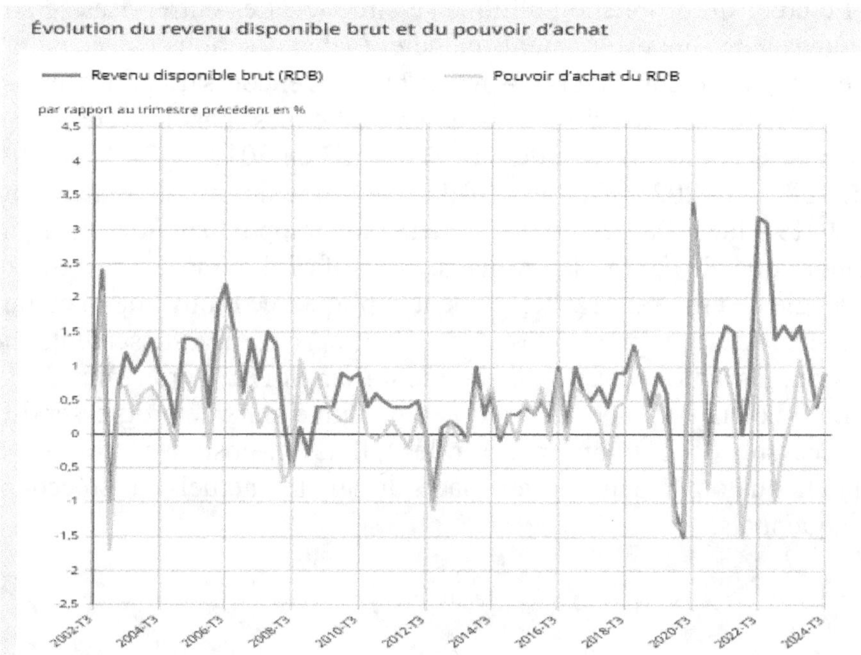

Source : INSEE

La politique de l'offre conduit à la hausse des marges des entreprises

La politique de l'offre mise en œuvre à mi-mandat du gouvernement Hollande et poursuivie par les différents gouvernements Macron ont eu un effet positif sur la remontée des marges des entreprises après 2013. La marge industrielle, techniquement l'excédent brut d'exploitation rapporté à la valeur ajoutée, est le surplus généré par l'appareil productif. Il sert à le rémunérer au travers de l'investissement. Cette marge progresse depuis 2012, en augmentant de 3,6 % jusqu'à un point haut de 33,5 % en 2021. Elle redescend en 2023 à un peu moins de 33 %. Les entreprises ont utilisé les effets de cette politique pour reconstituer leurs marges, mais pas pour redonner du pouvoir d'achat aux ménages (cf. graphe ci-dessus).

L'investissement a progressé mais dans des proportions peu significatives, la courbe étant relativement plate. Cet investissement est celui de remplacement, les capacités de production des entreprises n'ont pas augmenté ce qui peut expliquer aussi la moindre progression de l'emploi. Le taux d'utilisation des capacités de production est stable, un peu supérieur à 80 % sur la dernière période.

Le cœur du problème politique se situe ici. Les entreprises se sont tournées vers l'investissement financier (achat d'actions cotées ou non cotées et placements divers). Ainsi, la part des encours d'actions ajoutée aux parts de fonds d'investissement détenues par les entreprises françaises est ainsi passée de 127 % du PIB en 2012 à 207 % en 2017 et à 321 % fin 2023. En masse, cela représente un investissement total de 9 019 Md€, d'après l'INSEE dans son rapport sur le patrimoine économique de 2023. Pour quels objectifs ? Le rachat de sociétés (stratégie de croissance externe) peut expliquer ce mouvement, comme le rachat des propres actions de l'entreprise, investissements qui satisfont les actionnaires mais rarement l'emploi et la croissance !

La financiarisation des entreprises continue alors de progresser d'où la nécessité de pouvoir mesurer les effets ex-post des mesures de soutien qui ont été mises en place durant les actuels et précédents quinquennats.

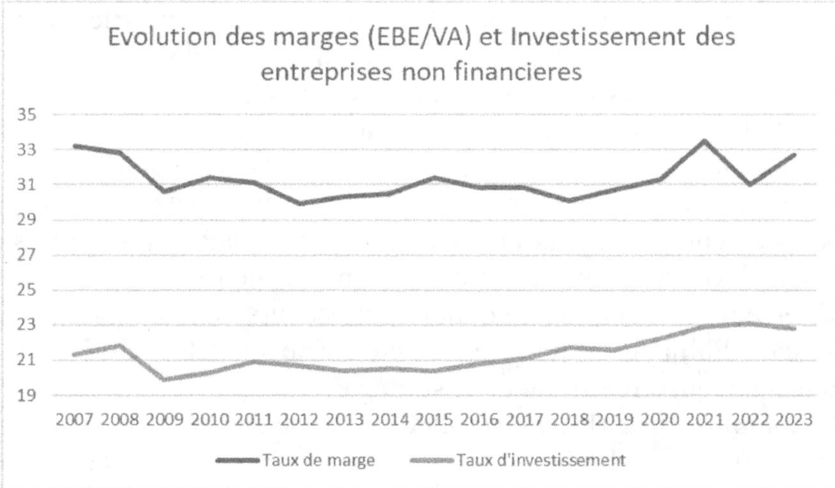

Source : INSEE

La politique économique de Macron : contrainte budgétaire et crise Covid-19

« **Maîtrise de la dépense** », « baisse des prélèvements obligatoires », « redressement des comptes publics » sont les objectifs initiaux de la politique économique d'Emmanuel Macron depuis 2017.

Les faits ne l'ont pas confirmée. Les premiers budgets de 2018 et 2019 ont répondu à quelques objectifs : diminuer les dépenses publiques de l'équivalent de 3 % de PIB d'ici à 2022. Emmanuel Macron s'étant rallié au constat que la dette publique n'était pas soutenable. C'est la seule ligne politique suivie par l'exécutif et la logique de l'ensemble des réformes mises en place depuis mai 2017 jusqu'à 2020. Cette logique de réduction des dépenses a justifié la réduction du nombre de contrats aidés, la diminution des aides au logement, la stabilisation du point d'indice dans la fonction publique, le report de la date de revalorisation des retraites puis leur absence de revalorisation. D'autres mesures ont été proposées pour atteindre les 80 Md€ que représente la réduction de la dépense publique de plus de 3 % du PIB d'ici la fin du quinquennat. Le précédent gouvernement Hollande s'était lui aussi inscrit dans cette logique (Macron ayant d'ailleurs en partie participé à sa mise en place dans les grandes lignes), mais sans la pousser aussi loin. La différence tient aussi à ce que certaines mesures de justice fiscales et sociales fussent mises en place sous Hollande et absentes sous Macron. L'échec du gouvernement

Barnier s'est en partie joué par l'absence de consensus sur le choix de réduire les dépenses publiques de 60 Md€ pour le budget 2025.

Les deux derniers présidents ont aussi cherché à composer avec la baisse de la fiscalité. Deux objectifs ont ainsi été liés : faire baisser le déficit public et les prélèvements obligatoires. Dans le quinquennat de François Hollande, ce dernier a d'abord augmenté les recettes, principalement les impôts et les cotisations sociales, alors que sous Emmanuel Macron, les deux stratégies ont été menées, diminution des prélèvements et réduction du déficit. Le discours de politique générale d'Édouard Philippe en juin 2019 a été l'acte fondateur de l'an II du quinquennat qui a réaffirmé cette stratégie.

Néanmoins, fin 2018, au début de la « crise des gilets jaunes », une série de mesures destinées à améliorer le pouvoir d'achat a été annoncée : revalorisation de la prime d'activité, défiscalisation des heures supplémentaires, suppression de la hausse de la contribution sociale généralisée (CSG) pour les petites retraites, baisse de l'impôt sur le revenu et ré-indexation d'une partie des pensions sur l'inflation.

Le chef de l'État n'est pas revenu sur la suppression de l'impôt de solidarité sur la fortune (ISF), pourtant réclamée sur les ronds-points et dans les cahiers de doléances ouverts à l'occasion du grand débat lancé pour répondre aux gilets jaunes. La transformation du crédit d'impôt pour la compétitivité et l'emploi (CICE) en baisse de cotisations pour les entreprises, malgré le coût de 20 Md€ en 2019, n'a pas été modifiée.

Représentant d'un courant très libéral, le président français a alors souhaité que ces mesures soient financées par une baisse de la dépense publique et par des rabots sur les niches fiscales des entreprises, et non par les ménages les plus aisés. Ainsi, de ce point de vue fiscal, le gouvernement a pu abaisser les impôts pour les ménages, surtout les classes moyennes, sans remettre en cause les « nombreux cadeaux » donnés aux entreprises et aux « premiers de cordée ». Ainsi, la baisse de l'impôt sur le revenu de 5 Md€ en 2020 est allée bien au-delà de ce qui était initialement prévu. Le gouvernement a mis en place une politique de relance afin de répondre à la colère de la rue. Ces baisses d'impôt ciblaient au départ les revenus les plus bas pour ensuite s'élargir aux classes moyennes et aux cadres. On peut ainsi affirmer que la politique de l'offre engagée par François Hollande a perdu de son sens sous le gouvernement Macron en raison des revendications sociales.

Le soutien aux entreprises s'est aussi accéléré dans le même temps. La baisse de l'impôt sur les sociétés a été effectuée par paliers entre

2017 et 2022, en passant de 33,3 % à 25 % pour toutes les entreprises, sauf pour les bénéfices inférieurs à 38 120 €, qui ne seront taxés qu'à hauteur de 15 %. Le coût annuel de cette réforme a été évalué à 11 Md€ pour l'année 2018.

Dans les autres mesures principales, on notera : le remplacement de l'ISF par l'IFI (pour un coût d'environ 3,8 Md€) ; la création du prélèvement forfaitaire unique (coût de 1,5 Md€) ; la substitution de la CSF à des cotisations sociales sur les actifs ; la suppression de la taxe d'habitation sur les résidences principales (perte de recettes de 10 Md€ par an à partir de 2020) ; la baisse des impôts de production (10 Md€ sur deux ans, soit 20 Md€ au total).

La hausse de la taxe carbone en 2018 a rapporté 3,7 Md€ en 2018, mais elle a ensuite été annulée pour les années 2019 à 2022, avec la crise des gilets jaunes.

La réforme de l'assurance-chômage a cherché à économiser 3,4 Md€ de novembre 2019 à fin 2021 au travers d'un durcissement des règles d'indemnisation des demandeurs d'emploi. Les cadres les mieux payés verront leurs prestations baisser à partir du septième mois. Cette stratégie a été contestée, y compris par les proches d'Emmanuel Macron, considérant que ces mesures étaient purement libérales en oubliant l'aspect social, la dégressivité était pointée du doigt car cela ne permettrait pas aux demandeurs d'emploi de se former et de trouver un autre emploi.

Le bilan fiscal des décisions d'Emmanuel Macron est de l'ordre d'une baisse de 27 Md€ de recettes fiscales chaque année. La modification du système des retraites entreprise en 2018 sera un temps fort de la politique économique et sociale du gouvernement. L'exécutif a d'abord cherché à modifier les paramètres du système actuel pour dégager de nouvelles marges de manœuvre budgétaires. Après un vif mécontentement social et le refus des syndicats, le gouvernement a reporté cette réforme en 2023 et a repoussé l'âge du départ de 62 à 64 ans.

Le gouvernement a cherché d'autres économies en réduisant les niches fiscales liées à l'écologie ou celles concentrées sur les très grandes entreprises afin de préserver les équilibres budgétaires. L'État continuera à maîtriser sa dépense, dans les secteurs du logement, des contrats aidés, de l'audiovisuel public et du champ social (baisse de l'assurance chômage et revalorisation modérée de certaines prestations sociales). Le gouvernement compte ainsi économiser 1 Md€ à travers la suppression de niches fiscales (gazole non routier, carburant utilisé par les entreprises du BTP, le mécénat, la déduction forfaitaire spécifique qui permet à certaines entreprises de payer moins de charges patronales) et 4 Md€ sur les dépenses publiques.

Au début de son premier mandat, Emmanuel Macron s'était fixé un objectif de diminution de la dépense publique française de 4 % de PIB entre 2017 et 2022. La crise sanitaire de 2020 a mis à mal ce projet mais il a pu être réélu en 2022, faute d'une opposition crédible. Ce programme très libéral a une chance de succès toute relative, d'où la mise en place de propositions alternatives. La situation politique de la fin de l'année 2024 montre l'impasse politique, causée en partie par ces questions économiques qui ont provoqué une augmentation de la disparité des revenus et du pouvoir d'achat entre les Français.

IV/ Le budget de l'État français peut être amélioré

En théorie, la réduction de l'endettement passe par l'augmentation des recettes publiques ou la réduction des dépenses. Un équilibre entre croissance des recettes et contrôle des dépenses est à rechercher. Les débats politiques et sociaux autour des services publics, des impôts et des dépenses seront exposés, avec un appel à une approche collaborative pour améliorer l'efficacité des services publics. Des propositions précises vont être présentées afin de répondre aux nouveaux enjeux de la transition écologique et pour investir dans des secteurs clés. Il faut aussi un débat approfondi sur les orientations stratégiques de l'État, écartant l'austérité comme seule solution face à la dette, pour privilégier une approche plus inclusive et réfléchie.

Les travaux présentés ci-avant montrent que, même en dépit de la hausse du poids des dettes publiques un peu partout dans le monde, la situation reste sous contrôle, surtout en Europe. Néanmoins, le cadre de l'intervention des États a changé. Autrefois, on pouvait nationalement corriger les dérapages de dettes par le recours à l'inflation ou par la création monétaire, forme « d'argent magique ». La création de l'euro et les contraintes européennes ne permettent plus en théorie à un pays d'utiliser ces leviers sauf dans le cadre global de la BCE. « *Celle-ci a créé ex nihilo plus de 3 000 Md€ entre 2000 et 2022 pour faire face à la crise sanitaire et conjurer le risque de crise de liquidités* » rappelle ainsi Nicolas Dufrêne dans *La dette au XXIe siècle, comment s'en libérer ?* Cette crise sanitaire a aussi montré que les clauses restrictives peuvent être abrogées, avec l'abandon temporaire des critères de

Maastricht. Ces derniers doivent toutefois redevenir opérationnels en 2024.

En théorie, le désendettement passe soit par une hausse des ressources publiques, et surtout des prélèvements obligatoires, soit il faut réduire les dépenses publiques. Nous avons mis en exergue pour le cas français, que la hausse de la dette est d'abord, récemment, le résultat d'une faible progression des recettes, choix très politiques.

Explorons alors dans un premier temps les possibilités d'augmenter les recettes. Elles pourront augmenter par la croissance de l'activité (augmentation du PIB et du produit des rentrées fiscales), ou par l'augmentation des taux d'imposition et des cotisations. Ce choix est assumé : les dépenses publiques diminuent difficilement, et ce choix coûte généralement cher électoralement. On vient encore de le constater avec la chute du gouvernement Barnier. Les inerties et les évolutions structurelles vont aussi dans le sens d'une progression des dépenses (vieillissement de la population, financement des retraites, baisse de l'emploi industriel…). Cela ne signifie nullement que l'on doit s'exempter d'une réflexion sur une diminution des dépenses, mais il faut rechercher un équilibre acceptable. Réduire le déficit revient donc à analyser autant les recettes que les dépenses pour chercher des leviers d'amélioration.

La gestion du déficit et de la dette publique est donc un enjeu politique et de société. Quelle société souhaitons-nous par rapport à de nouvelles contraintes économiques, sociales, climatiques ? En Europe, cela aurait pu être le thème principal des élections européennes de 2024, mais le débat a assez peu porté sur les questions économiques et financières, au profit de facteurs plus sociétaux. Le retour aux critères de Maastricht nous semble incompatible avec l'ensemble de nos contraintes actuelles. Il existe sur ces questions une fracture assez nette entre les pays du nord de l'Europe, Allemagne, Autriche, Pays-Bas… et ceux du Sud, France, Grèce, Italie, Espagne… « Cigales contre fourmis ». Mais cette segmentation se modifie, notamment en Allemagne qui souhaite désormais augmenter ses marges de manœuvre budgétaires. Nous reviendrons sur ce point un peu plus loin.

Au-delà des seules questions budgétaires, ce débat sur les finances publiques nécessite la recherche d'un consensus entre toutes les parties prenantes. Parlons d'abord de méthode, ces sujets touchent la vie des citoyens dans l'éducation, la santé, la vieillesse, la sécurité et aussi la justice. Cela pose plus généralement la question de l'efficacité des services publics. Beaucoup d'argents sont dépensés par l'État, et les collectivités locales « (un pognon de dingue !) » et le sentiment est plutôt celui d'une dégradation des services publics.

Pour sortir de ce débat, il faut faire, au niveau de la forme, très exactement l'inverse de ce qui a été réalisé lors de la réforme des retraites en France. Une première proposition est de réunir les corps intermédiaires, syndicats salariés, patronat, gouvernement afin d'étudier la réalité des services publics. Ces derniers connaissent des difficultés majeures (moindre efficacité, difficultés de recrutement, faible rémunération) et perception très négative des usagers. Des audits paritaires, salariés/encadrement, devront faire un bilan précis de ces services pour améliorer les conditions de travail internes tout en augmentant la qualité rendue de ces services. De cette discussion devraient à la fois sortir une hausse de la dépense publique (revalorisation des salaires, augmentation du personnel médical et éducatif, recrutement dans la police et la défense…), et aussi des économies. Celles-ci devraient être dégagées sur des dépenses de fonctionnement et par la mise en place de certaines mutualisations.

Il existe un autre point sensible. Les transferts de compétences consécutifs aux lois de décentralisation, la progression des équipements et services collectifs de proximité s'accompagnent d'une forte progression de la fiscalité locale. Or, aujourd'hui, les collectivités se heurtent à une contrainte fiscale qui les oblige à modérer leurs dépenses. À la différence de l'État, les collectivités locales ont l'obligation de présenter des budgets, en prévision, et des comptes en exécution, en équilibre. Dans son rapport sur le financement des collectivités territoriales, la Cour des comptes en octobre 2022 mettait en exergue les points suivants. « *Les principes qui devraient fonder le système de financement ont perdu de leur sens ou nécessitent une clarification. C'est notamment le cas de l'autonomie financière, composante du principe de libre administration des collectivités territoriales reconnue par le Conseil constitutionnel* ». Plus loin, le rapport ajoute « *La péréquation souffre d'un manque d'objectifs clairement définis et évalués et reste trop peu développée au sein de chaque niveau de collectivités* ». Sur ce point, la Cour des comptes a présenté un certain nombre de réformes possibles.

L'autre enjeu lié à la gestion du déficit public est la relance prioritaire d'une politique industrielle axée sur le changement climatique, la transition énergétique et numérique. De nouvelles politiques budgétaires devront être aussi plus inclusives avec des efforts d'investissement dans l'éducation, dans l'accès aux soins de santé, dans l'accentuation de la protection sociale afin de mettre en place des dispositifs de réduction des inégalités, qui se sont accrues au cours de la dernière décennie. Cette stratégie de réindustrialisation et de revalorisation des salaires doit conduire à une hausse de la croissance. Elle se matérialisera par une hausse du PIB, élément clé à la fois de l'augmentation des ressources fiscales, donc des ratios de déficit et de dettes publiques.

Dans son rapport sur l'État des services publics, publié en septembre 2023, l'association « Nos services publics » fait un état des lieux intéressant sur la question du financement. « *Un changement de paradigme est non seulement possible mais également nécessaire et manifestement souhaité par une fraction majoritaire de la population. Des propositions crédibles de recours à la dette et/ou à une fiscalité ciblée et temporaire sont discutées dans le débat public national et européen. Contrairement à ce que le gouvernement laisse entendre pour justifier ses choix budgétaires, la proportion de Français qui privilégient l'amélioration des services publics, quitte à payer plus d'impôts, est supérieure à celle qui préférerait voir diminuer les impôts, quitte à ce que la qualité des services publics baisse* ». Cette analyse contredit les discours sur la nécessité de privatiser une partie des services publics.

Revenons sur quelques chiffres du déficit budgétaire actuel. Entre 2020 et 2023, les dépenses exceptionnelles et la diminution des ressources (mesures d'urgence de soutien et aides pour diminuer les effets de l'inflation) s'élèvent d'après les chiffres gouvernementaux à 215 Md€, sans prendre en compte les plans déjà mis en place comme la réduction de l'impôt sur les sociétés. À ces 215 Md€, doit être ajouté le plan de relance 2020/2027 pour 100 Md€, dont 26,4 Md€ ont été dépensés en net des financements reçus par l'Union européenne. Le total des dépenses de nature exceptionnelle est donc entre 2020 et 2023 de 241,4 Md€. Une très large partie de ce montant est allée directement en aide aux entreprises sans contrepartie ni évaluation.

L'État a joué le rôle d'amortisseur de crise mais sa stratégie actuelle est de ne plus l'assumer. Dans la loi de programmation des finances publiques, Paris souhaite ramener la croissance moyenne annuelle de la dépense publique en volume à + 0,6 % d'ici à 2027 contre 1,2 % entre 2018 et 2022 (hors effet de l'extinction des mesures d'urgence et de relance). De nouveaux coûts sont par ailleurs annoncés comme la loi de programmation militaire qui prévoit de consacrer plus de 400 Md€ à la défense jusqu'en 2030, soit environ 60 Md€ supplémentaires par an.

Pour l'instant, ce dernier projet n'a pas fait l'objet d'un débat parlementaire sur les évolutions qu'il implique. Il marque, en revanche, l'emprise des industries militaires qui bénéficient aussi de crédits de recherche plus élevés que le civil.

Une réorientation complète de notre politique budgétaire doit être privilégiée. Avec deux objectifs centraux : la réindustrialisation en direction d'une économie verte et l'amélioration globale de nos services publics.

À cette fin, une augmentation des recettes de l'ordre de 65 Md€ est possible d'après nos propositions, soit 2,3 % du PIB. Ce montant se compose principalement d'une nouvelle taxe spécifique de 1 % sur le patrimoine des 10 % les plus riches qui pourrait rapporter 34 Md€. Il est aussi proposé la création d'un nouvel impôt sur le free cash-flow des entreprises (trésorerie dégagée après investissement) afin de favoriser les entreprises qui investissent et pénaliser celles qui versent des dividendes et pratiquent des rachats d'actions. Nous proposons aussi une taxation sur ces rachats d'actions à hauteur de 5 % des montants. Cela doit rapporter 11 Md€. Cette taxe doit d'ailleurs s'appliquer non pas sur la valeur nominale de l'action comme l'a proposé le gouvernement français dans son budget 2025, mais sur la valeur réelle du cours de Bourse. Pour les particuliers, l'impôt sur le revenu sera modifié à la hausse sur les taux des deux dernières tranches (tranche de revenus imposables entre 78 571 € et 168 994 € pour la première et au-delà de ce dernier chiffre pour la dernière tranche). Cela permettra de récupérer 7 Md€. Nous souhaitons aussi relever un taux de 1 % des cotisations patronales sur les salaires. Enfin, nous n'avons pas chiffré ce point car les données ne sont pas publiques, mais il faut engager une sérieuse politique de lutte contre les niches fiscales, celles surtout qui utilisent des montages fiscaux pour échapper à la taxation du capital.

Ces 65 Md€ de recettes supplémentaires devront surtout servir à financer de nouveaux investissements vers la transition écologique à hauteur de 50 Md€. Dans ce domaine, la norme européenne serait, d'après de nombreux spécialistes, d'atteindre des dépenses à hauteur de 2 % du PIB. Le reste de ces ressources supplémentaires se ventile entre les améliorations de salaires décrites précédemment, une augmentation du budget de la défense et une partie reviendra aussi à la réduction du déficit budgétaire.

Après le débat avorté sur la réforme des retraites, il faut un débat politique sur les orientations stratégiques de l'État et sur notre situation économique, financière et fiscale. La question de la dette ne doit pas être utilisée pour valider le choix de politique d'austérité, ce qui est la volonté actuelle de l'ensemble de l'exécutif.

V/ La gestion des retraites et de la santé

La question du financement des retraites est centrale. Après un excédent en 2023, le COR (le Conseil d'orientation des retraites) prévoit un déficit en 2024 à - 0,2 % du PIB, en raison de différentes revalorisations. Il resterait déficitaire et le besoin de financement est estimé à 0,8 % du PIB en 2070. Des propositions pour augmenter les ressources incluent des réformes fiscales et des ajustements des cotisations. Les disparités entre retraités se révèlent également, avec des moyennes mensuelles de 1 626 € brut en 2022, mais des écarts significatifs entre hommes et femmes ainsi qu'entre secteurs public et privé. Les inégalités persistent, notamment avec un taux de remplacement médian qui a diminué entre différentes générations. En parallèle, le débat autour de l'âge de départ à la retraite est complexe, avec des comparaisons internationales montrant des différences. L'allongement de l'âge de départ suscite des critiques, notamment pour ses effets sur la santé des travailleurs et sur les inégalités sociales.

Concernant les dépenses de santé, diverses mesures doivent être prises pour rationaliser ces dépenses, notamment dans le domaine des indemnités journalières et de l'absentéisme au travail.

Le poste le plus important des dépenses publiques en France et dans plusieurs autres pays européens est le montant des prestations sociales qui représente plus de 45 % du total, soit 710 Md€ en 2023. C'est un choix de société. À l'intérieur de ces prestations, le budget consacré aux retraites représente une dépense de 13,4 % de la richesse nationale en 2023, un montant total de 380 Md€. C'est un peu plus élevé que la moyenne européenne qui se situait à 12,3 % en 2022. D'après Eurostat, sur la base de 2021, avec un poids de 14,9 %, nous sommes à la quatrième place en Europe derrière la Grèce (16,4 %) l'Italie (16,3 %) et l'Autriche (15 %) et juste devant le Portugal à 14,2 %.

Après la prise en compte des prélèvements pesant sur les retraites (CSG, CRDS, assurance maladie…), dont une partie sert à financer le système lui-même, les dépenses nettes effectivement versées aux retraités s'élèvent à 354 Md€ en 2023, soit 12,5 % du PIB.

En 2022, dernier chiffre connu, la moyenne mensuelle brute des retraites s'établit à 1 626 €. Après déduction des prélèvements sociaux, ce montant passe à 1 512 €. Il existe un écart de 40 % entre les hommes et les femmes puisque le montant brut pour les femmes est de 1 268 € contre 2 050 € pour les hommes. Fin 2022, 17 millions de personnes sont retraitées, dont 53 % sont des femmes. Chaque année, environ 200 000 personnes liquident leur droit à la retraite. En 2022, l'âge de départ à la retraite moyen est de 62 ans et 8 mois contre 63 ans et 1 mois l'année précédente. Cet âge de départ dépend de plusieurs facteurs tels que l'année de naissance et le nombre de trimestres validés.

Les ressources du système des retraites se sont élevées en 2023 à 386 Md€, soit 13,6 % du PIB. Cette part devrait diminuer à l'avenir et elle s'établirait à 12,4 % du PIB en 2070 dans le scénario du COR. Selon lui, les cotisations sociales en provenance des actifs, affectées au régime des retraites, représentent 301,8 Md€ en 2023, soit 78 % des 386 Md€ de ressources globales. Cette proportion a tendance à diminuer puisqu'en 2004, ce poids était de 82 %, et encore de 79 % en 2021. Sur cette somme, une partie est versée par l'État, lui-même employeur pour un montant d'environ 45 Md€, 12 % du total des cotisations. Certaines analyses intègrent ce montant dans les subventions de l'État, ce qui est une erreur factuelle. Justement, le budget est comblé par diverses subventions publiques financées par les impôts et les taxes, en particulier la CSG. Elles représentent en 2023, 54,5 Md€, soit 14 % du total. L'État compense en effet l'exonération de cotisations sociales sur les petits salaires, et finance des dispositifs de solidarité dans le système des retraites (trimestre validé gratuitement en cas de période de chômage). 7 % des recettes du système correspondent aux versements d'autres organismes de sécurité sociale aux caisses de retraite : la branche famille finance les droits à la retraite liés aux enfants, la branche chômage contribue aux paiements des droits liés aux périodes de chômage et les subventions d'équilibre à certains régimes spéciaux.

Le rapport du COR (Conseil d'orientation des retraites) publié en septembre 2024 confirme que le système a été excédentaire de près de 3,8 Md€ en 2023, en raison du rebond de l'activité qui a fait progresser les ressources. Ensuite en 2024, il y aura une dégradation de 5,8 Md€, en raison de la revalorisation des retraites de novembre 2023 et de début 2024. Cette situation financière va continuer à se détériorer avec un déficit annuel de l'ordre de 0,4 % du PIB en 2030, en fonction du scénario retenu, à savoir, la croissance économique, la démographie et le taux de chômage…

Ce déficit se situerait entre 15 et 25 Md€, donc finalement modique. Cet enjeu méritait-il le coût politique et social de la réforme des retraites engagée par le gouvernement français en 2023 ? La trajectoire des comptes de la retraite démontre aussi que l'on peut tolérer des déficits temporaires, excédents et déficits peuvent se succéder. Il y a bien un sujet de financement mais il est loin d'être insurmontable, et le besoin est inférieur à ceux des deux dernières réformes en 2010 et 2014. Les besoins avant la réforme Fillon étaient de 47 Md€ et de 28 Md€ avant la réforme Touraine.

L'évolution du nombre d'actifs par rapport aux retraités est aussi importante dans cette analyse. En 2023, la France compte 30,9 millions d'actifs (personnes de plus de 15 ans) dont 28,6 millions occupent un emploi et 2,3 sont au chômage. Le rapport entre le nombre d'actifs et celui d'inactifs âgés de 60 ans et plus va continuer à se dégrader, passant de 2 en 2021 à 1,5 en 2070, après 2,6 en 1990. Si on calcule cette donnée par rapport aux cotisants et non aux actifs, le ratio passerait de 1,7 en 2020 à 1,2 en 2070.

Le taux de prélèvement global sur les revenus des actifs s'élève en 2023 à 31,1 % des revenus d'activité. Ce taux, d'après les perspectives du COR, baisserait jusqu'à 28,7 % en 2070.

Fin 2023, le fonds de réserve pour les retraites comprend 21,2 Md€ d'actif net. En agrégeant les réserves constituées au sein des régimes de répartition et celles du FRR, les réserves totales du système de retraite en répartition sont de 199,2 Md€, soit 7,5 % du PIB, contre 180 Md€ en 2022 et 6,8 % du PIB. C'est le régime Agirc/Arrco qui dispose du montant le plus important avec 101,7 Md€ de réserves, suivi par la CNAV complémentaire avec 35 Md€. Sachant que la branche retraite globale a une dette restant à rembourser vis-à-vis de la CADES (Caisse d'amortissement de la dette sociale) de 42 Md€, la situation patrimoniale du système des retraites obligatoire s'élève à 178 Md€, soit 6,8 % du PIB.

Entre 2002 et 2023, les dépenses de retraite ont augmenté de + 1,8 % en moyenne par an hors inflation, + 1,6 % en évolution du nombre de retraités et + 0,2 % liée à l'augmentation de la pension. Sur cette période, le PIB n'a crû que de 1,2 %, d'où la hausse de la dépense dans le PIB en passant de 11,7 % à 13,4 % entre 2002 et 2023. Les projections du COR entre 2023 et 2030 font état d'une hausse des dépenses moyennes de + 1,7 %, dont + 0,8 % en nombre de retraités et + 0,9 % en évolution de la pension, pour un PIB en hausse annuelle moyenne de + 1,5 %.

Au fil des années, le taux de remplacement médian, rapport entre le montant de pension nette perçue et la moyenne des derniers salaires perçus avant la liquidation, a diminué en passant de 79,4 % à 74,7 % en 2022, tant pour le secteur privé que public. En fin de période, la baisse est plus forte dans le secteur public, de l'ordre de 2 % en raison de la part des primes dans la rémunération des fonctionnaires qui ne rentre pas dans le calcul de la retraite. D'après des calculs différents en provenance d'Eurostat, la pension de retraite représente en France en moyenne en 2019, 65 % du dernier salaire perçu, niveau un peu supérieur à la moyenne européenne à 58 %. L'Italie est en tête avec un taux de remplacement de 73 % et l'Allemagne est en queue avec seulement 44 %.

Le revenu de vie moyen des retraités (pensions et revenus du patrimoine) en 2021 était de 2 659 € brut par mois, dont 2 468 € de pensions et 377 € de revenus du patrimoine, soit en net 2 271 €, contre 3 073 € pour les actifs en emploi. Cette moyenne ne doit pas cacher des différences importantes puisque l'écart entre le premier décile et le dernier est de x 2,9, 1 152 € pour le premier décile et 4 093 € pour le dernier. Cet écart se compare pour les actifs y compris chômeurs à respectivement 1 178 et 4 823 €.

Autre comparaison, en 2021, selon l'enquête de l'INSEE, le patrimoine net des ménages s'établit en France en moyenne à 274 000 €, et celui des personnes de plus de 60 ans est plus élevé de 29 % à 352 600 €, l'écart est moins important en patrimoine brut 317 100 € et 362 600 €, + 14 %, car les retraités sont moins endettés que les actifs.

L'espérance de vie en bonne santé (67 ans pour les femmes et 65,6 pour les hommes) augmente moins vite que l'espérance de vie (80 ans pour les hommes et 85 ans pour les femmes), donc dans le débat sur l'augmentation de l'âge de la retraite, il serait plus judicieux de suivre l'évolution de la première (espérance de vie en bonne santé) plutôt que la seconde, ce qui relativise encore le débat du printemps 2023.

Comme le rappelle le COR, la situation financière du système de retraite dépend de trois facteurs : le niveau moyen des pensions rapporté au revenu d'activité moyen des actifs, le rapport entre le nombre de cotisants et de retraités et le niveau des prélèvements rapporté à la masse des revenus d'activité. Le financement à long terme des régimes de retraite repose en quelque sorte sur un arbitrage entre niveau de vie des retraités, niveau de vie des actifs et âge de la retraite. En matière de recherche d'économie, le premier critère doit être évacué car il aura des conséquences encore plus négatives sur la croissance économique et l'emploi. Nous préconisons au contraire une revalorisation progressive des petites retraites, inférieures à 1 500 €, et au-delà les retraités doivent suivre la fiscalité sur le revenu des personnes physiques qu'il sera nécessaire de modifier à la hausse pour les revenus élevés. Reste deux critères sur lesquels il est possible d'intervenir, le revenu des actifs en augmentant encore les cotisations ou aller vers une modification de l'âge de la retraite. Ce débat doit être ouvert dans la mesure où le rapport du nombre de retraités à la population active va continuer à augmenter du fait de l'allongement de l'espérance de vie. Donc, difficile de ne pas réfléchir à une hausse des ressources, sinon la part de chaque retraité va baisser. En conséquence, le fait de figer les ressources à 14 % du PIB au maximum, ce qu'a fait l'actuel gouvernement français, est contestable.

Dans la situation actuelle où l'inflation rogne le pouvoir d'achat des salariés et celui aussi des chômeurs et des inactifs, il serait possible d'augmenter la contribution des cotisations des entreprises en faveur de la retraite. L'analyse de la situation financière des entreprises montre qu'il y a un espace pour augmenter leurs charges sans toucher à leur compétitivité. Une pression pour faire augmenter les salaires contribuerait aussi automatiquement à apporter une ressource supplémentaire au système des retraites. **Nous proposons une hausse de 1 % des cotisations sur la part patronale.** Ensuite, nous avons déjà mis en lumière ici les exonérations récentes de cotisations dont on peut discuter de leur efficacité.

D'après l'économiste Michaël Zemmour, on peut dégager 35 Md€ de recettes supplémentaires. En revenant sur les exonérations de cotisations, celles sur les salaires supérieurs à 2,5 fois le SMIC rapporteraient 2 Md€. Si on ramène aussi les aides aux entreprises au niveau de 2018, cela procurera un montant d'environ 60 Md€. Ensuite, la suppression de la cotisation sur la valeur ajoutée des entreprises (CVAE) va coûter, à partir de 2024, 8 Md€. Si on suit aussi une autre recommandation de Michaël Zemmour, le fait de soumettre l'épargne salariale à des cotisations retraite dégagerait encore 3,5 Md€ en plus. Par ailleurs, c'est certainement par une réforme du travail que l'on aurait dû commencer afin d'augmenter le nombre de cotisants. Plus de cotisants signifie en effet plus de recettes pour les caisses de retraite. On doit là aussi réfléchir à quelques pistes, par exemple, selon l'observatoire des inégalités, 5 millions d'emplois sont interdits aux étrangers non ressortissants de l'Union européenne. Par ailleurs, l'emploi des seniors est un problème, le taux d'emploi des 55-64 ans est faible en France, 57 % en 2022 contre une moyenne européenne à 62 %. En Allemagne, ce taux a fortement augmenté et est passé de 64 à 73 %. Dans ce contexte, obliger les personnes à travailler plus longtemps pose question, car tous ne seront certainement pas prolongés et cela risque d'entraîner aussi une moindre facilité pour les nouvelles embauches, en particulier des jeunes.

Le gros point noir pour 2025 en France : la remontée du chômage, qui pourrait contrarier la reprise de la consommation. Les entreprises, qui ont massivement embauché dans la foulée de la pandémie, vont ajuster leurs effectifs à une demande en baisse. Au total, l'économie française va créer, selon l'INSEE, 40 000 emplois en trois trimestres, essentiellement non salariés. C'est insuffisant pour absorber l'accroissement de la population active, d'autant que celle-ci est gonflée par l'entrée en vigueur de la réforme des retraites : chaque trimestre, 25 000 personnes restent sur le marché du travail au lieu d'en sortir, soit 100 000 personnes sur l'année. L'INSEE estime que le taux de chômage atteindra 7,6 % à la mi-2025 contre 7,3 % au deuxième trimestre 2024.

Qu'en sera-t-il alors du chômage des jeunes quand la réforme sera mise en application ? Ce risque a-t-il été pris en compte dans les modélisations ? Ainsi, selon les calculs de Jean-Hervé Lorenzi et Alain Villemeur, si on augmentait de 10 points le taux d'emploi des seniors d'ici à 2032, le PIB pourrait augmenter de 2 %, soit une richesse supplémentaire de 50 Md€, ce qui permettrait de combler l'essentiel du besoin de financement.

Baisser le taux de chômage se traduira aussi par moins de dépenses d'allocations chômage. Ainsi, en prenant l'hypothèse gouvernementale qui est de faire baisser le taux de chômage à 4,5 % en 2027, cela procurera 20 Md€ de mieux à l'Unédic qui pourrait alors être transféré vers le régime des retraites, les deux étant des « assurances sociales ». Bref, dans ce débat particulièrement violent, il existe de multiples marges de manœuvre qui devraient être facilement acceptées par les salariés, les entreprises et les organisations syndicales sans toucher à l'âge de départ à la retraite.

Ce dernier critère largement débattu lors de cette réforme est bien celui de l'âge de départ à la retraite. Cet âge moyen progresse depuis 2010 et atteignait, fin 2022, 62 ans et 8 mois selon le rapport du COR. Cela reste en dessous de la moyenne européenne qui se situerait aux alentours de 65 ans. D'après Eurostat, en 2020, il y avait plus de

5,1 millions de personnes âgées de plus de 65 ans qui ont encore un emploi dans l'Union européenne. À titre de comparaison, les Japonais partent à 70 ans et 6 mois, les Suédois à 66 ans, soit 4 années après l'âge légal. En Allemagne, l'âge de départ est inférieur à l'âge légal qui est de 67 ans, ce qui conduit à des décotes importantes d'où le fait que les retraites ont beaucoup baissé en Allemagne. La pauvreté est remontée chez les retraités en Allemagne, en Suède et en Italie où le niveau de vie des retraités n'est plus maintenu.

Plusieurs critiques peuvent être émises sur l'allongement de l'âge de la retraite. Nous avons déjà souligné précédemment qu'en dépit de l'allongement de la durée de vie, le fait d'être en bonne santé n'évolue pas au même rythme, donc il s'agit bien en augmentant de deux années d'enlever deux années de retraite en bonne santé. Par ailleurs, ce recul aurait des effets négatifs sur les finances de la sécurité sociale, puisque cela signifie plus d'allocations chômage, des arrêts de travail, accidents et autres maladies professionnelles. Cela réduirait d'1/3 les économies attendues. Cette réforme produit aussi des inégalités surtout pour les non-cadres puisque ces derniers vont cotiser des années de plus alors qu'ils auront eu la durée de trimestre avant et donc, ils n'auront plus de surcote. Cette injustice touche les personnes qui ont commencé à travailler avant 21 ans. Les cadres, eux, continueront à toucher leur surcote. Comme lors du passage de 60 à 62 ans, pour les personnes les moins bien rémunérées, le montant des pensions a diminué et augmenté pour les salariés les mieux rémunérés. Ce recul de l'âge de la retraite va donc encore accroître les inégalités.

La réforme des retraites de 2023 a ainsi décalé l'âge de l'ouverture des droits à 64 ans contre 62 ans auparavant. La réforme accélère l'augmentation de la durée d'assurance requise pour le taux plein, un trimestre par génération à partir des assurés nés à compter du 1er septembre 1961. Il a été prévu aussi des aménagements du dispositif de retraite anticipée pour les carrières longues. Enfin, des revalorisations des petites pensions font également partie de cette réforme, à partir du 1er septembre 2023.

Réflexions autour des dépenses de santé

Après les dépenses de protection sociale, les dépenses de santé représentent le deuxième poste le plus élevé des dépenses publiques. En 2023, ce montant est de 325 Md€ en progression de 3,5 %, soit 11,8 % du PIB contre 12,2 % en 2022. L'Allemagne et la France consacrent à la santé les parts de PIB les plus élevées de l'UE, autour de 12 % du

PIB en 2022, mais loin derrière les États-Unis qui consacrent 6 points de plus, soit 17,8 % du total. Les soins de prévention ont triplé entre 2019 et 2021 en passant de 5,5 à 16,9 Md€ en raison de l'intensification des dépenses de dépistage, de soins plus importants et des médicaments en raison de la crise sanitaire. Ces dépenses se sont réduites de 38 % en 2023, en raison du reflux de l'épidémie. Au total, la crise Covid-19 a coûté à la santé 14,8 Md€ en 2020 et 17,4 Md€ en 2021. Une partie de ces dépenses va donc disparaître progressivement.

Dans les dépenses de sécurité sociale, certaines mesures doivent être prises, notamment la lutte contre le lobby des entreprises du secteur pharmaceutique auprès des médecins et politiciens qui cherchent à favoriser la surconsommation de médicaments. Il est assez illogique que le budget « marketing » du secteur pharmaceutique soit supérieur à son budget R&D. Il pourrait être créé une charte de bonne conduite qui régit la relation laboratoires/médecins afin de limiter toutes ces opérations marketing, cela a été le cas lors de la lutte contre les publicités des sociétés de tabac dans les années 1990. Les recommandations pour faire des économies vont dans le sens d'une modification des prescriptions et des actes en diffusant davantage de médicaments génériques.

Les indemnités journalières versées aux patients en arrêts de travail ont aussi beaucoup augmenté. Les dépenses d'indemnités journalières ont atteint, en 2019, dernier chiffre connu 15,7 Md€, en hausse de 4,5 % alors qu'en 2010, ce chiffre n'était que de 12,6 Md€. Cette progression est due en partie au recul de l'âge de départ en retraite et à la montée des burn-out, preuve qu'il faut aussi prendre en compte dans les mesures budgétaires certains effets négatifs induits. En 2022, la durée moyenne des arrêts maladie des employés du privé était de 21 jours, soit un jour de plus qu'en 2021. D'autres mesures peuvent aussi être prises pour réaliser des économies de transports sanitaires en augmentant la chirurgie ambulatoire. Enfin, d'après certains économistes, le coût de l'absentéisme est certainement aussi destiné à être corrigé. Globalement en dehors des arrêts maladie présentés ci-avant, la durée moyenne d'absence est de 38,8 jours par salarié en 2021 contre 36,2 jours en 2019. Le taux d'absentéisme a donc atteint en 2021 5,5 % et on attend 5,6 % en 2022. Pour revenir également sur la réforme des retraites, les salariés âgés sont plus absents, 9 % pour les plus de 60 ans, contre 5,4 % pour les 40-45 ans et 4,6 % pour les 30-35 ans. L'allongement du temps de travail fera donc augmenter ces dépenses. La facture est importante, le coût du maintien de salaire 2021 est estimé en moyenne à 85 € par jour d'absence et de 3 293 € par an par salarié absent. Cela représenterait 3,3 % de la masse salariale, sans compter les coûts indirects (coût de remplacement, perte de productivité), qui pourraient représenter de 2 à 4 fois les coûts directs. Ainsi, d'après l'Institut Sapiens, l'absentéisme coûterait 107 Md€, en raison du management et des mauvaises conditions de travail. Cela confirme qu'il faut redéfinir, avec l'ensemble des partenaires sociaux, une réforme des conditions de travail. Il y a dans ce domaine des économies importantes à réaliser.

VI/ Les dépenses de fonctionnement, le poids des fonctionnaires et les autres dépenses

La question du nombre des fonctionnaires français et de leurs rémunérations est un autre débat qui intéresse beaucoup les libéraux. Ces derniers veulent réduire les services publics et les remplacer par des offres privées subventionnées. Les effectifs des fonctions régaliennes montrent des variations, la défense ayant connu une baisse tandis que l'éducation et la justice ont progressé. La masse salariale publique, proportionnellement au PIB, a peu augmenté depuis 35 ans, représentant 12,3 % du PIB en 2023. Pour améliorer la qualité des services publics, des réflexions sont nécessaires sur la structure des coûts, la simplification administrative et l'évolution des métiers. Sans une gestion adaptée de la masse salariale, le recrutement et la qualité des services publics pourraient être compromis, affectant alors directement les usagers.

Dans les autres dépenses, l'intérêt de la dette représente une part importante. Ces intérêts croissants, en grande partie attribuables aux titres indexés sur l'inflation, pourraient représenter une charge égale à 2 % du PIB en 2027, dépassant les projections précédentes. Parallèlement, d'autres dépenses augmentent, notamment les transferts et subventions, en raison des mesures de soutien aux entreprises et ménages face à la crise sanitaire et à la hausse des prix de l'énergie.

On doit aussi dépenser de manière plus efficiente dans des secteurs clés comme l'éducation, la recherche, la santé et la sécurité, tout en modernisant les secteurs publics et en améliorant la qualité des services. Les dépenses publiques doivent aussi être analysées comme un investissement économique et non seulement comme un coût, exigeant ainsi un courage politique pour réhabiliter cette perspective face aux logiques comptables à court terme.

Idée reçue et largement véhiculée, il y aurait en France trop de fonctionnaires et trop bien payés. Qu'en est-il vraiment ? Selon l'INSEE, les dépenses de fonctionnement ont fortement accéléré en 2023, en hausse de 6 % à 516,8 Md€, ce qui représente 32,1 % du total des dépenses publiques. Dans ce poste, les rémunérations ont augmenté de 15,2 Md€ à 346,2 Md€. Cette hausse est liée à la revalorisation du point d'indice de la fonction publique au 1er juillet 2022 et 2023, à la hausse du traitement du niveau du SMIC et à l'augmentation de la garantie individuelle du pouvoir d'achat.

Pour aller plus en détail du côté de l'emploi et des rémunérations, les derniers chiffres publiés par l'INSEE sont ceux de 2022. Cette année-là, la population en emploi est estimée à 30,1 millions, 26,84 millions occupant un emploi salarié. 5,670 millions de personnes travaillent dans le secteur public, soit 19 %. La fonction publique d'État compte 2,54 millions d'agents, soit 45 % de l'emploi public : 78 % dans les ministères et 22 % dans les EPA (Établissement public administratif) nationaux.

La fonction publique territoriale emploie 1,94 million d'agents, soit 34,2 % de l'emploi public : presque les 3/4 dans les régions, départements et communes, et 1/4 dans les EPA locaux. Enfin, la fonction publique hospitalière compte 1,21 million d'agents, soit 21,3 % du total : 88,0 % dans les hôpitaux, 8,5 % dans les établissements d'hébergement pour personnes âgées et 3,5 % dans les autres établissements médico-sociaux. En termes d'évolution, depuis 2011 et en moyenne annuelle, la fonction publique de l'État augmente de 0,5 %, alors que les fonctionnaires territoriaux ont augmenté de + 0,6 % et le personnel hospitalier de + 0,7 %.

En remontant plus loin dans le temps (cf. graphe ci-après) entre 1980 et 2022, les effectifs de la fonction publique ont augmenté de 1,8 million, de 3,9 à 5,7 millions de personnes. On passe ainsi de 73 fonctionnaires pour 1 000 habitants en 1980 pour monter en 2022 à 84.

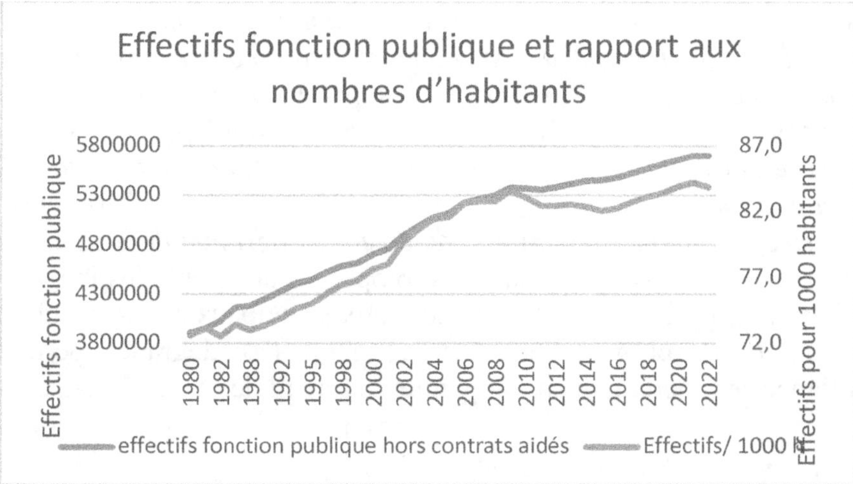

D'après les chiffres de l'OCDE, en France, la part de l'emploi public dans l'emploi total, 21 %, est un peu supérieure à la moyenne européenne, 18 %. Ce chiffre est beaucoup plus élevé qu'en Allemagne (10,6 %), mais en dessous des pays scandinaves (31 % pour la Norvège) et 29 % pour la Suède. Ces comparaisons doivent être maniées avec une grande précaution car les périmètres de la fonction publique sont très différents d'un pays à un autre. En Allemagne, par exemple, les hôpitaux sont hors du champ public et les effectifs ne sont donc pas comptés dans l'emploi public.

Pour répondre à la question des effectifs, dans son rapport sur l'état des services publics, « Nos services publics » font le constat suivant en synthèse de leurs travaux. « *Au cours des dernières décennies, les besoins sociaux ont augmenté et évolué, souvent d'ailleurs du fait de la réussite, de l'échec ou des effets imprévus des politiques publiques passées (croissance démographique, allongement de l'espérance de vie, etc.). Les défis d'avenir, la transition écologique au premier rang, feront encore croître les sollicitations adressées au service public dans les prochaines années et les défis auxquels la société sera confrontée* ». Le rapport poursuit : « *Si les services publics ont été amenés à s'adapter pour répondre à l'évolution de ces besoins, les efforts engagés ont été insuffisants pour les prendre en charge de manière satisfaisante. Bien qu'ils aient été sporadiquement renforcés – le nombre de fonctionnaires a, par exemple, augmenté dans les vingt dernières années – les moyens des services publics augmentent depuis vingt ans moins rapidement que les besoins sociaux, et l'écart entre les premiers et les seconds tend à s'aggraver. Cet écart croissant entre les besoins de la population et les services publics conduit à l'existence, dans tous les secteurs, d'un espace grandissant pour une offre privée, désocialisée, de prise en charge des besoins. Fortement subventionnés, voire totalement solvabilisés par la puissance publique, ces services privés se développent sur des segments précis : les enfants de familles à fort capital culturel dans les écoles privées sous contrat, ou encore les actes médicaux les plus facilement programmables dans les cliniques privées* ». Cela, conclut le rapport, a augmenté les inégalités sociales et géographiques dans l'accès aux principaux services publics. Le rapport des citoyens aux services publics se dégrade : perte de confiance se répercutant sur la qualité du travail des fonctionnaires.

Principales répartitions FPE

	2011	2012	2013	2014	2015	2016	2017	2018	2019	2020	2021	2022	TMVA
Education	1006600	988100	999700	1000100	1011300	1029300	1049900	1064700	1058840	1055700	1052700	1054700	0,43%
Défense	284600	281300	272800	262400	258900	262900	262500	262700	262402	274900	282600	282600	-0,06%
Intérieur	289500	282800	285600	288200	287100	291400	294700	295100	297420	299100	303300	299000	0,29%
justice	77 000	78300	78200	79700	80600	86800	88100	89900	89759	91500	94500	93700	1,80%
Total FPE	2415900	2399900	2400600	2392600	2398100	2431500	2450300	2469200	2470283	2521300	2519000	2542200	0,46%

Le tableau ci-dessus montre l'évolution des effectifs des principales fonctions régaliennes de l'État (éducation, défense, intérieur et justice). La défense a été le grand perdant en termes d'effectifs au cours des dernières années, surtout durant les années Hollande. À l'inverse, les effectifs de la justice (+1,8 %) et de l'éducation (+0,4 %) ont progressé. Les emplois de l'éducation représentent le poids le plus élevé, à 41,5 % des effectifs totaux de l'État en 2022, très stable depuis 2011.

Autre question, l'évolution de la masse salariale. Contrairement à certains discours, en proportion du PIB, la masse salariale publique a très peu crû au cours des 35 dernières années. En incluant les pensions de retraite des fonctionnaires, elle représente 12,3 % du PIB en 2023, en hausse de seulement 0,2 % depuis 1980. Le montant du salaire net mensuel moyen en 2022 d'une personne exerçant au sein de la fonction publique s'établit à 2 598 €, en équivalent temps plein (Source INSEE). En moyenne, cette rémunération est assez proche de celle du privé, à 2 630 €, selon l'INSEE.

Cette rémunération doit être incitative pour obtenir un service de qualité. En conséquence, et en reprenant quelques éléments de synthèse de l'étude de « Nos services publics », l'objectif doit être une amélioration de la qualité de ce service public. Cela est un élément fort de la contestation de la sphère politique, surtout en milieu rural, particulièrement atteint par la désertification des services publics. Cette contestation profite à l'ensemble des populistes, on le voit en France et dans d'autres pays européens.

Il existe des leviers d'action afin d'améliorer la structure des coûts et trouver en interne des moyens d'augmenter les rémunérations sans forcément augmenter le budget. Cette trajectoire sera différente, selon les catégories d'administrations publiques (réflexion autour de la durée du travail, simplification des procédures, mutualisation de services supports, redéploiement des implantations territoriales, mobilité des agents…). Une réflexion doit certainement avoir lieu sur l'évolution des métiers eux-mêmes, on reproche souvent dans la hausse des effectifs une progression plus forte du personnel administratif que des agents directement en contact avec le public d'où ce sentiment d'affaiblissement du service public.

Même si au niveau de la nation, la lutte contre le chômage doit être un objectif affiché, cela ne peut reposer uniquement sur la création d'emplois aidés par l'État, sauf si cela correspond à une réelle nécessité. La dégradation de certains services publics tels que la santé tend à démontrer que certains services ont des besoins réels. La gestion de la fonction publique doit s'accompagner d'une exigence de simplifications administratives car la complexité du système socio-fiscal accroît les coûts de gestion administrative.

Enfin, si on ne réalise pas des efforts ciblés concernant la masse salariale de la fonction publique, il sera de plus en plus difficile de recruter des fonctionnaires qualifiés, bien formés et motivés. On peut déjà le constater dans l'éducation et la santé. Cette modération rendra alors plus difficile le développement de la qualité de nos services publics. Les usagers en seront alors les premiers insatisfaits.

Dans les autres dépenses, viennent en premier lieu les intérêts versés en contrepartie de l'endettement. Ces derniers sont sur une trajectoire ascendante, ils ont fortement augmenté en 2022 de + 15,1 Md€, soit + 40 % à 53,2 Md€, pour revenir en 2023 à 50,1 Md€, soit 1,8 % du PIB. La hausse de 2022 était presque intégralement liée aux titres indexés sur l'inflation (OATi et OATei) et aussi à l'augmentation du stock de dettes, + 440 Md€ entre fin 2020 et fin 2023. Le montant des titres indexés est de 266 Md€. En 2023, le taux d'intérêt apparent est remonté à 1,64 % contre 1 % les deux années précédentes. La charge de la dette atteindrait 70 Md€ en 2027, soit 2 % du PIB.

« *En 2027, la charge de la dette sera le premier poste de dépenses de l'État, je le dis avec beaucoup de gravité. Nous devons réduire cette charge de la dette qui pèsera sur les générations futures* », affirmait ainsi Bruno Le Maire. C'est loin d'être le premier poste des dépenses de l'État. Mais c'est 10 Md€ de plus que lors de la précédente prévision, réalisée pour le programme de stabilité 2022. Cette hausse est du même ordre de grandeur que le déficit du système actuel des retraites, attendu à 13,5 Md€ d'ici à 2030, censé être comblé par la réforme de 2023.

En dehors de ces principaux postes, le levier sur les autres dépenses est faible, cela concerne les autres transferts et subventions, les acquisitions nettes d'actifs non financiers, c'est-à-dire l'investissement réalisé par la puissance publique. Dans les autres dépenses, les consommations intermédiaires ont augmenté de 23 Md€ pour s'élever à 157,5 Md€ en 2023. Cette progression est en partie liée à l'augmentation des prix de l'énergie.

Revenons aussi à des sujets assez peu rendus publics. Les subventions et autres transferts s'élèvent en 2023 à 208,4 Md€, soit 13 % du total des dépenses. Ce poste a progressé jusqu'à 2022 car il prend en compte les mesures de soutien aux entreprises et aux ménages en raison d'abord de la crise sanitaire en 2020 et 2021, puis de la hausse des prix de l'énergie en 2022. Ainsi en 2022, d'après l'INSEE, les aides versées aux entreprises via le fonds de solidarité ont baissé de 25,9 Md€, mais ont été compensées par le soutien aux ménages et aux entreprises à hauteur de 26,2 Md€ (boucliers tarifaires électricité et gaz, remise carburant, aide au paiement des factures d'énergie). En 2023, ce poste a diminué de 15,4 Md€, en raison d'une baisse de l'ensemble des aides.

La contribution de la France au budget de l'Union européenne a aussi diminué en 2023 de - 1,4 Md€ à 25 Md€. Il est prévu un montant en 2024 de 21,6 Md€, dans le PLF 2025. Enfin, les dépenses d'investissement ont augmenté à 120,8 Md€ en raison des dépenses liées au plan de relance et aux programmes de France 2030.

De l'analyse des dépenses publiques présentées dans ces 4 derniers chapitres, on retiendra les éléments suivants : Tout d'abord, depuis 2020, beaucoup d'éléments exceptionnels ont perturbé les montants des dépenses publiques, dont la progression entre 2019 et 2023 est de + 19 %, soit une hausse annuelle de 4,5 % et au total de + 260,6 Md€. Crise sanitaire et crise de l'énergie expliquent cette hausse. Dans ce contexte quelque peu exceptionnel, il est assez difficile de matérialiser des mesures destinées à faire baisser ces dépenses même si nous en avons mis en lumière quelques-unes. Ces économies doivent être ciblées. On doit dépenser davantage et mieux dans les secteurs considérés comme prioritaires tels que l'éducation, la recherche, la santé et la sécurité. On doit pouvoir dépenser moins dans certains secteurs publics en modernisant ou en externalisant certaines des tâches. Cette redéfinition des priorités de l'action publique, en lien avec l'ensemble des partenaires sociaux, doit être l'occasion d'améliorer le fonctionnement des services publics en privilégiant la qualité et le service, point essentiel en particulier pour les classes les moins favorisées. Mais il faut aussi être clair sur l'objectif. Nous avons besoin d'économies sur certaines dépenses publiques, non pour accélérer le remboursement de la dette, mais pour relancer l'investissement et accélérer la transition énergétique.

Face aux logiques comptables à court terme, il faudra aussi de l'abnégation et du courage politique pour réhabiliter l'idée selon laquelle les dépenses publiques peuvent constituer une richesse économique et non un coût.

Chapitre 4
Les propositions

I/ La question des recettes, le véritable levier

Est remise en question l'idée selon laquelle les seules réductions de dépenses peuvent résoudre les problèmes de l'endettement. Revenons sur quelques idées reçues. Concernant la fiscalité des entreprises, elle n'a cessé de diminuer, ce qui a conduit à un accroissement des marges des entreprises et de leur trésorerie. Il est ainsi proposé des pistes pour améliorer les recettes fiscales, notamment en augmentant les impôts sur les dividendes et les rachats d'actions, en instaurant un nouvel impôt sur le free cash-flow d'exploitation des entreprises, et en réformant la fiscalité des ménages en rendant les impôts plus progressifs. Un impôt sur le patrimoine ou des modifications importantes de l'impôt sur le revenu pour augmenter les recettes fiscales et réduire les inégalités sont également suggérés afin de revenir à une équité sociale.

Dans l'analyse de l'évolution des dettes publiques, il n'est pas acceptable de ne répondre que par des baisses des dépenses. L'étude des revenus et des patrimoines, le désir exprimé d'une plus grande justice sociale et fiscale conduisent à regarder aussi du côté des recettes publiques.

Plusieurs discours veulent démontrer que nous n'aurions aucune marge de manœuvre de ce côté-là. Ménages et entreprises seraient asphyxiés et seraient aussi les plus taxés au monde. Est-ce bien le cas ? Il existe beaucoup d'idées reçues sur la question des recettes, et notamment sur la politique fiscale des entreprises. La réalité contredit une nouvelle fois beaucoup de ces propos. Depuis les années 1980, le poids de cette fiscalité ne cesse de baisser, mais il faut en analyser les conséquences. Prenons le cas des entreprises, l'INSEE donne, dans l'évolution de leur patrimoine entre 2017 et 2023, un montant des actions et fonds d'investissement détenus par les entreprises françaises de 9 019 Md€ en 2023 contre 5 200 en 2017, soit + 3,8 Md€. Ce surplus résulte bien d'un supplément de marges et d'une allocation très particulière, accentuant la financiarisation des entreprises. Est-ce cohérent avec ces cadeaux fiscaux ou ne faut-il pas engager de nouvelles réflexions sur la fiscalité des entreprises ? L'ensemble des actifs financiers des sociétés non financières est ainsi passé entre 2017 et 2023 de 8,8 Md€ à 14,5 Md€, on doit s'interroger sur cette financiarisation au détriment d'une politique industrielle.

Les recettes publiques proviennent essentiellement des différents impôts et contributions sociales. Elles s'élèvent en 2023 à 1 454,5 Md€, en hausse de + 3 % et représentent 51,6 % du PIB contre 53,4 % en 2022. Ce résultat est dû, en positif, à une reprise de la croissance économique et à la hausse des prix et, en négatif, à la suppression ou à la baisse de certaines taxations depuis plusieurs années. D'après l'INSEE, les recettes ont fortement ralenti en raison du faible dynamisme de certaines assiettes taxables et, dans une moindre mesure, des nouvelles réductions d'impôt.

L'ensemble des impôts représente la part la plus importante des recettes avec 56 % du total en 2023, soit 817,8 Md€, stable par rapport à 2022. Les recettes de TVA s'élèvent à 286 Md€, au plus haut historique, et en hausse de 4,8 % vs 2022, en raison de la reprise économique et de l'inflation. La contribution des impôts sur le revenu des ménages, des entreprises et du patrimoine s'est stabilisée par rapport à 2022 à 357 Md€, après + 10,5 % l'an passé, avec un double effet, une hausse du bénéfice fiscal des entreprises, la progression de la masse salariale et, en effet inverse, les effets de la baisse du taux d'impôt. Ce poste représente 24,6 % des recettes totales.

Les impôts sur les produits et la production sont également stables en 2023 à 443,5 Md€, + 0,5 %.

Ces recettes d'impôt ont été limitées par la suppression de la contribution à l'audiovisuel public et par la poursuite de la baisse de la taxe d'habitation. Enfin, la taxe intérieure sur la consommation d'électricité a aussi diminué avec la mise en œuvre du bouclier tarifaire, effet de - 15,5 Md€ en 2023, selon l'INSEE.

Les recettes de cotisations sociales effectives augmentent fortement en 2023 de + 15,9 % après une hausse de 6,5 % en 2022 sous l'effet de la hausse de la masse salariale en 2022 et en 2023. Sur la question des recettes de cotisations sociales, cela a été un des débats posés lors de la loi sur les retraites, comme rappelé précédemment. Sans toucher à la compétitivité des entreprises, une hausse de la contribution de l'employeur, en appliquant un taux de 1 % supplémentaire, est souhaitable. Cela devrait rapporter une **recette supplémentaire de l'ordre de 13,5 Md€**.

Les revenus de la propriété sont aussi en hausse de + 17,6 % en 2023, après + 6,8 % en 2022, en lien avec la reprise économique après l'effondrement de 2020. Enfin dans ces recettes, le financement européen du plan de relance s'établit en cumul à 30,9 Md€, à juin 2024 sur les 40,3 Md€ que la France doit recevoir.

En France d'après les recettes du budget général du gouvernement, l'impôt sur les sociétés de 2023 est de 82,7 Md€, soit une baisse de 4,1 Md€, - 4,7 %. Finalement, somme relativement modeste par rapport à l'ensemble des recettes, 5,6 %. Alors, les entreprises françaises sont-elles vraiment les plus taxées ? L'analyse menée par l'OCDE montre que l'impôt sur les bénéfices des sociétés demeure une source significative de recettes publiques pour les pays du monde entier.

Evolution poids des impôts sur les bénéfices dans les recettes fiscales

	2000	2005	2010	2015	2019	2020	2021	2022
Irlande	11,69	10,77	8,5	11,29	13,97	16,15	17,1	21,4
Japon	13,74	15,52	11,6	12,3	12	11,7	13,1	
Belgique	7,17	7,3	5,94	7,42	8,74	7,7	8,96	9,3
Suède	7,29	7,36	7,56	6,82	7,03	6,98	7,8	7,8
Danemark	6,8	7,17	5,07	6,16	6,72	6,08	8,3	7,5
Espagne	8,83	10,78	5,87	6,51	5,95	5,34	7,03	
France	6,9	5,49	5,54	4,6	4,95	5,12	5,61	6,3
Finlande	12,48	7,58	5,97	4,94	5,98	5,11	6,3	7
Etats-Unis	7,91	11	7,55	7,1	4,4	4,4	5,3	5,8
Italie	6,9	5,74	5,47	4,71	4,63	4,83	4,43	6,7
Allemagne	4,83	5,07	4,22	4,61	5,18	4,31	5,95	6,2
Moyenne OCDE	**9,53**	**10,55**	**8,99**	**8,3**	**8,8**	**8,2**	**9,7**	

Source : OCDE 2023, impôt sur les bénéfices des sociétés

En 2021, la part de l'impôt sur les sociétés dans le total des recettes fiscales est ressortie à 9,7 % en moyenne des pays de l'OCDE contre 10,55 % en 2005. En dehors de l'Italie, le poids des impôts des sociétés en France est un des plus faibles en 2022, à seulement 6,3 % de l'ensemble des recettes, bien loin derrière l'Irlande à 21 %, sachant que dans ce pays, les recettes fiscales sont très faibles. Le tableau suivant qui reprend les mêmes données mais par rapport au PIB est certainement plus significatif. Il permet de mieux caractériser les politiques fiscales suivies par les différents gouvernements.

Evolution poids des impôts sur les bénéfices dans le PIB

	2000	**2005**	**2010**	**2015**	**2019**	**2020**	**2021**	**2022**
Japon	3,48	4,01	3,04	3,72	3,78	3,88	4,5	4,6
Belgique	3,15	3,16	2,55	3,27	3,71	3,27	3,8	4
Irlande	3,59	3,24	2,36	2,61	3,05	3,21	3,6	4,5
Suède	3,65	3,48	3,24	2,91	3,01	2,95	3,3	3,2
Danemark	3,19	3,44	2,27	2,83	3,15	2,86	4	3,2
France	**3**	**2,35**	**2,34**	**2,08**	**2,22**	**2,32**	**2,53**	**2,9**
Finlande	5,71	3,19	2,42	2,15	2,53	2,14	2,7	3
Italie	2,79	2,24	2,28	2,03	1,96	2,06	1,92	2,9
Espagne	2,92	3,8	1,83	2,2	2,06	1,96	2,7	
Allemagne	1,76	1,75	1,5	1,72	2	1,63	2,35	2,4
Etats-Unis	2,24	2,87	1,76	1,9	1,1	1,1	1,4	1,6
Moyenne OCDE	**3,14**	**3,3**	**2,67**	**2,6**	**2,8**	**2,6**	**3,2**	

Source : OCDE 2023, impôt sur les bénéfices des sociétés

Les enseignements sont assez semblables au tableau précédent, les impôts sur les bénéfices des sociétés ne représentent en France que 2,9 % du PIB en 2022, en hausse par rapport au 2,5 % de l'année 2021.

Le taux moyen de l'impôt sur les sociétés dans le monde (rapport entre l'impôt et le résultat courant de l'entreprise avant impôt) en 2023, calculé par KPMG, est de 23,6 % et est quasiment stable depuis 2013. Ces taux ne peuvent être totalement comparés d'un pays à l'autre pour apprécier la charge fiscale réelle supportée par les entreprises. Dans certains pays, des taxes locales ne sont pas prélevées sur le résultat avant impôt, mais sur la valeur ajoutée, le chiffre d'affaires ou la valeur locative des immeubles. Ils s'ajoutent donc à ceux calculés sur le résultat avant impôt et présentés dans les tableaux ci-dessous. Les données confirment la forte baisse de ces taux dans le monde entier. En moyenne, au début des années 1990, les taux moyens en Europe, dans le monde et au sein de l'OCDE étaient de l'ordre de 38 %. En 2023, ce taux se situe à 21 % pour l'Union européenne. La tendance baissière est progressive tout au long de la période. Depuis 1995, le taux d'imposition a baissé dans tous les pays de l'Union européenne et au-delà. La France a suivi la tendance avec une baisse de 8,3 % de ce taux d'impôt pour arriver à 25,8 %. On notera que l'Allemagne a baissé de 27 % son pourcentage sur la période.

Avec 25,8 %, le taux français dans cet échantillon devient proche de la moyenne européenne et reste en dessous de celui des États-Unis et du taux allemand.

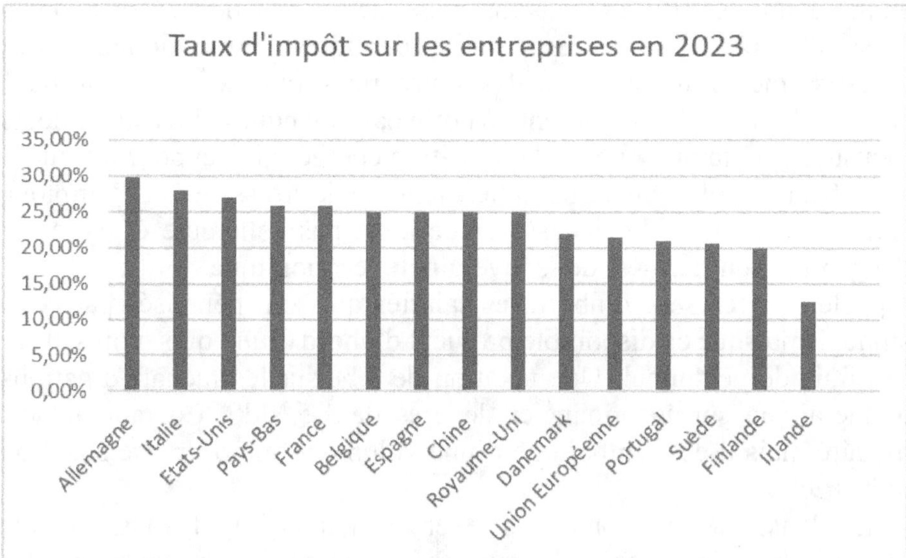

Les chiffres sont têtus, les entreprises françaises ne sont pas surimposées, sachant que ce taux est théorique et souvent, les taux effectifs sont plus bas en raison des ingéniosités (dérogations apportées à certains types de revenus…) et des niches fiscales utilisées. On notera une légère remontée en 2023, avec notamment un rebond enregistré au Royaume-Uni qui est passé de 19 à 25 %.

La question est simple : Doit-on accepter l'idée de continuer à baisser ce taux d'impôt alors que nos dernières comparaisons montrent qu'il est loin d'être excessif et surtout qu'il est en tendance baissière ? Rappelons notre objectif afin de mieux expliciter notre raisonnement. L'objectif annoncé précédemment est de favoriser les entreprises qui investissent surtout dans le contexte actuel où de nouveaux investissements sont nécessaires (digitalisation, nouvelles technologies, enjeux climatiques…). Aussi, il serait souhaitable de lever de nouveaux impôts spécifiques sur les sociétés, cohérents avec les enjeux mentionnés ci-avant, à savoir, favoriser les investissements. Plusieurs axes sont envisagés.

Pour soutenir les investissements, il faut d'abord envisager une fiscalité supplémentaire sur les dividendes et sur les rachats d'actions propres. Ces deux éléments contribuent à l'amélioration du retour sur investissement des actionnaires, mais ne participent pas à la croissance de l'entreprise. En 2023, les sociétés du CAC 40 ont versé au total 97 Md$ sous forme de dividendes et de rachats d'actions, soit : 67 Md$ en dividendes et 30 Md€ sous forme de rachats d'actions. Ces sommes versées aux actionnaires sont identiques au montant des investissements réalisés par les entreprises qui ne s'élèvent qu'à environ 85 Md$. À un moment où notre pays manque d'investissements industriels, notamment dans la transition énergétique, et pour retrouver une véritable politique industrielle, créatrice de croissance et d'emplois, cette répartition de la richesse créée n'est pas cohérente et est aussi dangereuse en termes de souveraineté économique. Enfin, il faut rappeler que ce sont d'abord les salariés qui sont pénalisés par cette stratégie puisque ce disponible provient d'abord d'un poids moins élevé des frais de personnel. Une taxation de 5 % sur les rachats d'actions donnerait un surplus financier de près de 1,5 Md€. Ce montant est modéré mais il est symbolique d'une volonté à favoriser une stratégie industrielle.

Le deuxième axe consiste à lever un nouvel impôt, mais sur une nouvelle base imposable. Au taux théorique actuel, un autre impôt à hauteur de 10 % sera calculé sur la base d'un free cash-flow d'exploitation. Techniquement, ce calcul s'effectue en partant d'un excédent brut d'exploitation, les derniers chiffres de 2021 pour l'ensemble des entreprises françaises donnent un montant de 339 Md€, ensuite on déduit le montant des investissements effectués dans l'année, soit 249 Md€, ce qui permet d'inciter les entreprises à investir et sur ce solde, on applique un impôt de 10 %. Résultat dans ce cas précis, cela donne sur cette base un produit supplémentaire de 9 Md€.

Les recettes provenant de l'impôt sur le revenu

Les derniers chiffres précis concernant l'impôt sur le revenu sont de 2023. Cette année-là, le montant de l'impôt sur les revenus des personnes physiques est de 97 Md€, en hausse de 1 %. Ce montant est inférieur à ce qui était prévu dans la loi de finances, 109,8 en 2023. C'est donc plus que l'impôt sur les sociétés qui a ramené aux caisses de l'État, 67,4 Md€ en 2023. La France compte 40,7 millions de foyers fiscaux en 2022, mais seulement 18,2 millions sont imposés, soit 45 %. 3,5 millions de foyers ont reçu un remboursement provenant des crédits d'impôt.

Le montant total des revenus déclarés atteint 1 389 Md€ en 2022, en hausse de 5,1 %. Le poids des traitements et salaires est stable à 62 %, en hausse de 6 %, et 25,7 % de pensions et rentes, en hausse de + 4,4 %. 4 foyers sur 10 disposent d'un revenu fiscal mensuel de référence inférieur à 1 100 € et 1 sur 10 perçoit plus de 2 740 € par mois et par part. Cet écart de revenu se reflète dans l'impôt puisque les 10 % les plus modestes perçoivent en moyenne 32 € tandis que les 10 % les plus aisés sont redevables de 15 310 € au titre de l'impôt sur le revenu. Chez les 1 % des foyers les plus aisés, l'impôt moyen est de 68 247 €, soit 20,4 % de leur revenu fiscal de référence. Plus de 12 millions de foyers ont bénéficié d'une réduction d'impôt et ont obtenu 16,7 Md€ de crédits et de réduction d'impôt dont 5,6 Md€ pour l'emploi d'un salarié à domicile et 1,6 Md€ pour les frais de garde d'enfant.

Les comparaisons internationales sur cette question sont assez instructives. Par rapport à l'ensemble des recettes fiscales, l'impôt sur le revenu en France occupe une place assez faible à seulement 21,6 % en 2022, c'est un poids beaucoup plus faible que la plupart des autres pays de l'OCDE. Les pays dont le poids est le plus élevé sont plutôt des pays du nord de l'Europe (Danemark, Irlande, Finlande) à plus de 30 % des recettes.

ts sur le revenu (en % des recettes fiscales)

	2000	2005	2010	2015	2019	2020	2021	2022
Danemark	52,63	49,94	51,97	54,81	52,19	54,18	52,8	56
Etats-Unis	42,22	35,2	34,78	36,7	37,2	36,8	36,6	43,1
Finlande	30,62	30,64	29,54	30,24	28,98	29,99	29,8	29,9
Irlande	31,92	30,64	29,54	31,3	30,3	31,6	30,9	29,6
Belgique	31,38	29,04	28,23	28,19	26,61	27,84	26,68	28
Allemagne	25,31	22,81	24,08	26,52	27,38	27,03	26,62	27,1
Italie	24,83	25,38	26,86	25,96	25,85	26,77	25,93	25,5
Suède	35,44	32,98	28,12	25,6	25,5	25,9	24,4	24,2
Espagne	19,23	18,59	22,09	21,63	22,69	23,73	22,82	
France	17,94	17,97	17,02	18,78	20,72	21,03	20,99	21,6
Japon	21,05	18,28	18,62	18,86	18,79	18,72	18,9	
Moyenne OCDE	**24,06**	**22,15**	**22,01**	**23,5**	**24,1**	**24,6**	**24**	

:DE 2023, impôt sur le revenu

Par rapport au PIB, ce poids est aussi assez limité, et il est toujours plus faible en France que pour la plupart des autres pays. Il représente en France 10 % du PIB contre une moyenne de l'ordre de 9 %. C'est le Danemark qui a le poids le plus élevé à 24 %.

les impôts sur le revenu dans le PIB

	2000	2005	2010	2015	2019	2020	2021	2022
Danemark	24,67	23,97	23,26	25,25	24,48	25,52	25	23,5
Finlande	14,01	12,88	11,98	13,16	12,26	12,55	12,84	12,9
Belgique	13,76	12,59	12,1	12,44	11,29	11,83	11,3	11,9
Etats-Unis	11,95	9,19	8,13	9,6	9,3	9,5	9,7	11,9
Italie	10,06	9,91	11,2	11,15	10,93	11,42	11	11
Allemagne	9,21	7,85	8,55	9,89	10,57	10,25	10,52	10,7
Suède	17,73	15,6	12,06	10,9	10,9	11	10,4	10
France	**7,79**	**7,71**	**7,17**	**8,5**	**9,3**	**9,6**	**9,5**	**10**
Espagne	6,37	6,55	6,91	7,32	7,87	8,71	8,75	
Japon	5,33	4,72	4,88	5,71	5,92	6,21	6,4	6,4
Irlande	9,82	9,2	8,76	7,5	6,6	6,2	6,4	6,2
Moyenne OCDE	**8,47**	**7,63**	**7,23**	**7,85**	**8,04**	**8,6**	**8,6**	

DE 2023, impôt sur le revenu

Les dépenses fiscales associées à l'impôt sur le revenu réduisent la redistribution opérée par les prélèvements obligatoires. En effet, l'avantage obtenu grâce à une exonération, un abattement, une déduction ou une réduction d'impôt sur le revenu est d'autant plus important que le revenu du ménage concerné est élevé et qu'il se situe dans les tranches les plus hautes du barème.

En 2023, si l'impôt sur les sociétés s'est élevé à 67 Md€, la TVA rapporte un montant beaucoup plus important à 205 Md€, donc beaucoup plus aussi que l'impôt sur les revenus des personnes physiques à 97,1 Md€. Ces écarts sont-ils logiques ? La TVA impacte en effet tout le monde et avec un même pourcentage, ce qui n'est pas redistributif et ne participe pas vraiment à la résolution des inégalités de revenus. Certains économistes considèrent que la TVA est redistributive dans la mesure où les personnes à hauts revenus vont plus dépenser de produits de luxe plus fortement taxés. Réfutons aussi cet argument car la TVA impacte surtout la consommation et va pénaliser ceux qui, en proportion, dépensent la plus grande part de leurs revenus à ces dépenses plutôt qu'à l'épargne, c'est-à-dire les plus modestes. « C'est pourquoi elle est définie comme "régressive", en opposition à un impôt "progressif", prélevant une part plus importante sur les revenus élevés », Vincent Dedrie, *Le Monde* du 25 avril.

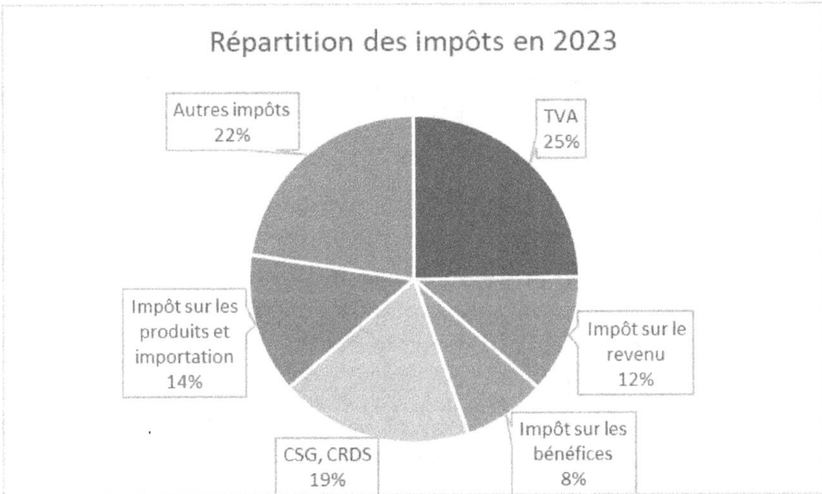

Pour terminer cette analyse des recettes, on doit évoquer la question des niches et des fraudes fiscales. En France, il existerait 474 types de niches fiscales, le nombre le plus élevé des pays industrialisés. Ce sont principalement les niches fiscales immobilières (loi Pinel, Denormandie, Malraux, monuments historiques), les FIP/FCPI, les groupements forestiers, les PEA, l'assurance vie, l'investissement dans les PME, l'emploi d'un salarié à domicile… ! Cette nébuleuse de privilèges représente un énorme manque à gagner pour l'État : environ 100 Md€, soit 12 % de l'ensemble des impôts perçus en 2023. Pour l'année 2024, le montant du plafonnement des niches fiscales est fixé à 10 000 euros par an. Ce plafond peut être considéré comme une enveloppe globale de défiscalisation disponible à consommer par an. Les 5 premières niches fiscales seraient les suivantes en 2023 et comptent pour 28 Md€ : crédit pour un emploi salarié pour 8 Md€ ; le crédit d'impôt recherche pour 7 Md€ ; le taux de TVA ramené à 10 %

sur les travaux de rénovation, 4,5 Md€ ; l'abattement de 10 % sur les pensions, 4,4 Md€ et le taux de 10 % de TVA pour la restauration, 4,2 Md€. Les niches fiscales complexifient le système fiscal et ne sont évaluées que très sommairement, ce qui facilite aussi la fraude et la corruption.

Concernant les fraudes fiscales, par principe, les montants sont difficiles à évaluer mais quelques ordres de grandeur ont été calculés par différents organismes. Selon la Cour des comptes, le montant de la fraude fiscale est estimé entre 60 et 80 Md€ par an (jusqu'à 100 milliards, selon les chiffres du syndicat Solidaires Finances Publiques). Ce sujet devient donc un sujet politique, indissociable aussi à celui du consentement à l'impôt et il doit être urgemment estimé par le gouvernement. Pour le Haut Conseil du financement de la protection sociale, la fraude aux cotisations sociales serait entre 10 et 11 Md€ en 2022. Enfin, la Cour des comptes estime que la fraude aux prestations sociales versées par la CAF serait proche de 3 Md€ et celle sur les prestations versées par l'assurance maladie, autour de 3,5 Md€.

Les mises en recouvrement de fraude fiscale ont atteint seulement 15,2 Md€ en 2023, selon les chiffres communiqués par le ministère de l'Économie et des Finances. Il s'agit d'un niveau record qui dépasse les 14,6 Md€ recouvrés en 2022. Concernant la fraude aux cotisations sociales (ou « fraude patronale »), les redressements ont aussi nettement augmenté sur un an (+50 %) et se sont élevés à 1,2 Md€. Quant aux montants recouvrés en matière de fraude aux prestations sociales (allocations familiales, assurance vieillesse, assurance maladie), ils se situaient à un peu plus de 1 Md€ en 2023, soit quinze fois moins que les sommes rattachées à la fraude fiscale.

À la lumière de l'ensemble des éléments présentés dans cette partie, de nouvelles stratégies doivent être mises en place. Il faut ainsi une fiscalité plus progressive de l'impôt sur le revenu et revenir sur l'impôt sur la fortune.

De façon plus « radicale », pour atteindre rapidement l'objectif de réduction de la dette de 20 % du PIB, Thomas Piketty va plus loin (Le capital au XXIe siècle). Il préconise de lever un impôt exceptionnel proportionnel au patrimoine : « 0 % jusqu'à 1 million d'euros, 10 % entre 1 et 5 millions et 20 % au-delà de 5 millions d'euros ». Cet impôt progressif sur le capital doit servir, d'après lui, à redistribuer les richesses et à sauvegarder la démocratie.

Les derniers chiffres de l'INSEE parus en 2024 sur le patrimoine et le revenu des ménages français datent de 2023. Cette année, le revenu disponible brut des ménages a atteint le montant de 1 774 Md€, soit + 8 % par rapport à 2022. En 2021, dernier chiffre connu, le revenu médian des Français est de 23 160 € par an, soit un revenu disponible de 1 930 € par mois pour une personne seule et de 4 163 € pour un couple avec deux enfants. Les 10 % de personnes les plus modestes ont un niveau de vie inférieur à 12 290 €, et les 10 % les plus aisées ont un niveau de vie 3,4 fois supérieur, au-delà de 41 870 €.

Le patrimoine des ménages s'est fortement accru depuis le début des années 2000. Fin 2022, il s'établit à 14 616 Md€, soit 9,6 années du revenu disponible contre 5,8 années en 2021. La valeur des actifs atteint 16 590 Md€, et les passifs se situent à seulement 1974 Md€. Les ménages déclarent posséder en moyenne 317 700 € de patrimoine brut et 274 000 € en net, c'est-à-dire hors endettement. En moyenne, 62 % du patrimoine est constitué par du patrimoine immobilier, 11 % par du patrimoine professionnel et 21 % par du patrimoine financier. Le montant du patrimoine augmente avec l'âge, puisque les moins de 30 ans n'ont qu'un patrimoine de 71 200 € contre 401 300 € pour les 50-59 ans. En France, début 2021, toujours d'après l'INSEE, la moitié des ménages déclare un patrimoine brut supérieur à 177 200 € et un patrimoine net de 124 800 €. La moitié des ménages possède 92 % de la masse totale du patrimoine. Les 10 % des ménages aux patrimoines les plus élevés détiennent un patrimoine brut supérieur à 716 300 € et 1 034 600 € pour les 5 % les mieux dotés. 1 % des ménages les plus riches détient en moyenne un patrimoine brut de 2,2 M€ (2 M€ en patrimoine net) et les 20 % les plus faibles ont moins de 13 400 € de patrimoine.

Le différentiel de revenus et du patrimoine est donc élevé et une politique fiscale doit être plus progressive et redistributive. On peut ainsi imaginer un impôt spécial, celui d'imposer sur le capital à hauteur de 1 % chaque année, la frange des ménages qui appartient au dernier décile, soit 5,3 millions de ménages. En moyenne, le patrimoine étant en net de 633,2 k€, pour le dernier décile, cela permettrait **d'augmenter les recettes de 33,6 Md€, soit 1,2 % du PIB et c'est plus de deux fois plus que ce qui est obtenu au travers de la réforme des retraites. On pourrait également réfléchir à une hausse graduelle du taux puisque le dernier décile dispose de plus de 2 M€ de patrimoine.**

Concernant l'impôt sur le revenu et sur la fiscalité des ménages en général, des modifications substantielles sont à apporter. Sans apporter forcément une contribution supplémentaire en termes de recettes fiscales, il faut revoir l'intégralité de cette répartition des impôts en accentuant la part des impôts progressifs et en réduisant la part des montants correspondants à la TVA et à la CSG/CRDS.

(nombres en milliers - montants en millions d'euros)

Quotient familial (2)	Taux marginal	Nombre de foyers	Répartition en %	Montant total de l'impôt net (3)	Répartition en %
Inférieur ou égal à 10 064 €	0%	12 999	32,4%	-621	-0,8%
Supérieur à 10 064 € et inférieur ou égal à	11%	20 024	50,0%	10 428	13,0%
Supérieur à 27 794 € et inférieur ou égal à	30%	6 533	16,3%	41 841	52,0%
Supérieur à 74 517 € et inférieur ou égal à	41%	453	1,1%	16 681	20,7%
Supérieur à 157 806 €	45%	70	0,2%	12 152	15,1%
TOTAL		40 080	100%	80 482	100%

Nous proposons ainsi de relever la dernière tranche à hauteur de 55 % et l'avant-dernière à 48 %, cela apporterait d'après nos calculs **un supplément de recettes de l'ordre de 7 Md€.**

II/ Critiques du plan de stabilité présenté en avril 2024

En avril 2024, le gouvernement français a modifié le plan de stabilité communiqué l'année précédente à Bruxelles. Il veut accélérer le désendettement de la France d'ici 2027. Cette intention implique une réduction des dépenses, donc une baisse des services publics et de la protection sociale, en confirmant que la réforme des retraites n'était que le début d'une stratégie plus vaste. Cela a fait suite à la dégradation des comptes publics en 2024. Des doutes subsistent quant à la viabilité des perspectives, des économistes remettant en question l'optimisme entourant la croissance, la consommation des ménages et l'estimation de l'inflation, tout en soulignant la fragilité des hypothèses concernant un retour au plein-emploi.

Emmanuel Macron a dû revoir sa copie budgétaire en avril 2024. Ce programme de stabilité 2024-2027 a pour objectif d'exposer les prévisions de croissance et la trajectoire de finances publiques que le gouvernement se fixe à l'horizon 2027. L'objectif est que le déficit public revienne sous le seuil de 3 % du PIB à l'horizon 2027, et ce, grâce à un redressement du solde structurel de 2,3 % entre 2023 et 2027 et à la dynamique attendue de l'activité. Le ratio de dette publique s'inscrirait alors en baisse à compter de 2026. Le déficit public pour 2024 est estimé à - 6,1 % du PIB et l'objectif du gouvernement est de passer sous le seuil de 3 % à l'horizon 2027. La dette publique pour 2024 est estimée à 112,3 % du PIB. En 2023, le niveau de dette publique s'est établi à 110,6 % du PIB, en amélioration par rapport à 2022 (111,9 % du PIB). Selon le programme de stabilité, le niveau de dette publique reculerait à partir de 2026 pour atteindre 112 % du PIB en 2027. L'exercice gouvernemental entend ainsi réduire les dépenses et continuer à dégrader les services publics et la protection sociale, confirmant que la réforme des retraites n'était que le premier pas d'une stratégie beaucoup plus globale. Une justification est largement utilisée pour imposer la loi sur les retraites, et pour abaisser les déficits, c'est la hausse des taux d'intérêt qui alourdit la charge de la dette publique, du fait de la hausse du risque.

Plan de stabilité prévisions gouvernement français avril 2024

	2023	2024	2025	2026	2027
PIB croissance en %	0,9	1	1,4	1,7	1,8
Inflation en%	5,5	2,6	1,7	1,6	1,6
Déficit Public en % PIB	-5,5	-5,1	-4,1	-3,6	-2,9
Dépenses publiques /PIB	56,7	56,3	55,6	55,2	54,5
Taux de prélév. Obligatoire %	43,5	43,6	43,9	44,1	44,1
Dettes Publiques / PIB %	110,6	112,3	113,1	112,9	112

Source : Gouvernement français

Cet argument est-il bien exact ? Au 16/12/2024, le taux français à 10 ans est de 3,04 % contre 3,15 % il y a un mois et 2,71 % il y a un an. L'écart de taux reste ainsi assez modéré, même si depuis la dissolution de juin, l'écart de taux avec l'Allemagne est de 0,8 % contre 0,5 % auparavant. L'agence de notation Moody's a décidé de dégrader la note souveraine de la France d'un cran à Aa3 avec perspective stable, le jour même de la nomination du nouveau Premier ministre, François Bayrou. L'agence avait déjà assorti la note française Aa2 d'une perspective négative en octobre et avait prévenu que la censure du gouvernement pourrait avoir un impact négatif pour la note souveraine de la France.

« Nous prévoyons que les finances publiques de la France seront considérablement plus faibles au cours des trois prochaines années par rapport à notre scénario de base du mois d'octobre » en raison d'une « fragmentation politique plus susceptible d'empêcher une consolidation budgétaire significative », écrit, dans un communiqué, Moody's pour justifier la baisse de la note. « Il est désormais très peu probable que le prochain gouvernement réduise durablement l'ampleur des déficits budgétaires au-delà de l'année prochaine », estime Moody's.

L'agence a toutefois accompagné la note de crédit de la France d'une perspective stable, considérant que le pays avait des « atouts considérables en matière de crédit, notamment une économie importante, riche et diversifiée ». Moody's rejoint ainsi les autres agences de notation : Standard & Poor's classe la France au niveau AA− avec perspective stable, et Fitch au niveau AA− avec perspective négative. Le tout reflète encore cependant une bonne, voire haute qualité de crédit. L'agence de notation anticipe un déficit public stagnant à 6,3 % du PIB en 2025, et toujours à 5,2 % en 2027. Ainsi, au lieu de se réduire, la dette publique passerait de 113,3 % du PIB en 2024 à environ 120 % en 2027.

Les agences critiquent donc désormais l'instabilité politique française, l'impasse politique en raison de la persistance des conflits sociaux. Ces derniers « *constituent un risque pour le programme de réformes et pourraient créer des pressions en faveur d'une politique budgétaire plus expansionniste ou d'un renversement des réformes précédentes* », déplorait ainsi Fitch en 2023, lors des mouvements contre la réforme des retraites. L'agence a une appréciation assez négative des perspectives de croissance et de l'évolution de la dette de la France et ne considère pas comme positives les réformes de l'assurance-chômage, ni celle des retraites et ni la baisse des impôts. Dans son avis, Fitch précise en effet s'attendre à une amélioration « modeste » du ratio de dettes rapportées au PIB, en raison de « *déficits relativement importants et de progrès modestes dans la consolidation budgétaire* ». L'agence met en avant une croissance plus faible et des dépenses plus élevées en raison de l'inflation. Elle contredit le programme de stabilité.

Début décembre 2023, l'agence américaine de notation S&P avait maintenu la note « AA » de la dette française, mais l'avait assorti de perspectives négatives. S&P s'inquiète du fait que le gouvernement n'a pas de majorité politique pour faire passer des réformes.

La dette française fait néanmoins toujours figure de valeur refuge et la France continue à trouver des investisseurs pour acheter sa dette. En 2024, l'État français devra lever pas moins de 295,8 Md€ de nouvelle dette sur les marchés financiers, du fait principalement d'un déficit budgétaire de 144,4 Md€ et de 156,4 Md€ d'amortissement de dette à moyen et long terme venant à échéance en 2024. C'est 26 Md€ de plus qu'en 2023.

Dans le projet de budget de 2025, projet qui a fait tomber le gouvernement Barnier, il était prévu des économies d'environ 60 Md€ de dépenses publiques. Des prévisions ont été faites par l'OFCE, elles estiment que cela va réduire la croissance de moitié. Le mécanisme est tristement simple. Quand l'État réduit ses dépenses publiques, cela a un effet sur le revenu de l'ensemble des Français. Ce scénario est donc très critiqué, la plupart des économistes jugent aussi optimistes les perspectives de croissance, notamment la consommation des ménages, et l'inflation semble aussi sous-estimée. Enfin, les hypothèses d'un retour au plein-emploi sont fragiles.

En ne remettant pas en cause la baisse des recettes fiscales, ce qui explique la hausse du déficit public, le message de Bercy justifie la poursuite de la baisse des dépenses. Les baisses des recettes fiscales s'expliquent par des exonérations fiscales et sociales qui coûteraient plus de 6 % du PIB chaque année et elles profitent aux ménages les plus aisés et aux grandes entreprises. Comme l'ont rappelé trois économistes dans une tribune du *Monde*, le 5 mai 2023 : « *Accélérer le désendettement au moment où la crise écologique et la contestation sociale se font de plus en plus pressantes est un contresens historique* ».

III/ Pour une autre vision de l'endettement

Il est nécessaire de revoir les instruments et critères de mesure de la dette publique pour offrir plus de flexibilité aux pays. En Europe, les critères de Maastricht doivent être remis en question. Il n'y a aucun fondement théorique à ces critères et ils deviennent inadaptés aux réalités économiques actuelles. Il faut une nouvelle perspective pour évaluer la dette, en tenant compte des actifs et des investissements publics qui contribuent au développement économique. En examinant le patrimoine global de la nation, incluant les actifs financiers et non financiers, la dette publique est largement compensée par les richesses accumulées.

La dette publique doit être un levier pour des investissements stratégiques, comme la transition écologique et la révolution numérique. Elle n'est pas nécessairement un problème mais peut être considérée comme une opportunité, surtout si elle est investie dans des domaines générateurs de croissance et d'emploi.

Les instruments de mesure de la dette publique et les critères à respecter doivent être revus pour accorder plus de souplesse aux pays. Au-delà des choix de gestion d'un État, il faut revoir le système de référence accepté depuis plusieurs décennies.

En Europe, les premiers critères qui servent à la fois de baromètre et de fil directeur aux gouvernements et aux marchés financiers sont les critères de Maastricht. Ces derniers, appelés aussi critères de convergence, imposent aux États membres de l'UE de ne pas dépasser 3 % du PIB pour le solde public annuel et 60 % du PIB pour la dette (le cumul des soldes annuels plus la charge des intérêts). Le suivi de ces critères a été suspendu avec la crise sanitaire en 2020 mais ils seront à nouveau opérationnels en 2024, avec des aménagements à trouver. Ces montants n'ont aucun fondement scientifique mais s'inscrivent dans la continuité des politiques historiques.

Afin d'aider les États à respecter ces critères, des concepts tels que le « PIB potentiel » et le « déficit structurel » ont été élaborés et des valeurs calculées pour chaque pays. Il n'existe aucune méthode scientifique reconnue pour calculer ces valeurs. Aussi, non seulement les critères de Maastricht souffrent d'un déficit explicatif scientifique, mais beaucoup de pays rencontrent des difficultés à les respecter. En 2012, l'économiste Guy Abeille révélait que ce chiffre magique avait été imaginé sur un coin de table en moins d'une heure. C'était un soir de mai 1981. Pierre Bilger, le directeur du budget de l'époque, a convoqué quelques personnes en indiquant que Mitterrand voulait une règle facile, qui puisse être opposée aux ministres qui lui réclamaient des budgets supplémentaires. On allait vers les 100 Md FRF de déficit, soit plus de 2 % du PIB. 3 % a alors été considéré comme un bon chiffre. Mitterrand voulait une norme et cette référence sera ensuite théorisée par des économistes et reprise dans le traité de Maastricht devenant un des critères pour pouvoir intégrer la zone euro. Notons que ce ratio de 3 % imposé aux États surestime le déficit car il y comptabilise les dépenses d'investissement (les dépenses de formation, R&D et de santé…). Or, s'il est logique que les dépenses de fonctionnement soient financées par des recettes publiques immédiates, il est tout aussi acceptable que les investissements le soient par des emprunts publics puisque ces investissements vont générer de la croissance et de la rentabilité ultérieurement. Ces dépenses d'investissement doivent alors générer leur propre capacité à rembourser les emprunts et elles devraient être en dehors des dépenses publiques.

Tout comme le solde de déficit public, la dette publique calculée pour mesurer le respect du critère de Maastricht est surévaluée. Il s'agit de la dette brute, soit la somme des passifs sans déduction des actifs. Raisonner sur base de la dette brute revient à passer sous silence que la dette publique permet notamment de financer des investissements et un patrimoine public (écoles, routes, hôpitaux…), qui participent au développement économique, lequel générera aussi des revenus permettant de rembourser les emprunts publics.

Il convient donc de comparer la dette brute (la somme des passifs) au patrimoine (la somme des actifs). On obtient alors une situation très différente des dettes des États.

En 2023, l'État français dispose d'actifs financiers pour 1 703 Md€, soit 61 % du PIB, provenant des participations dans les entreprises (763 Md€), des titres de créances et des liquidités. Si on ajoute les actifs non financiers, à savoir la construction et les terrains qui appartiennent aux administrations publiques, les logements, les équipements et les stocks, la lecture est tout autre puisque l'on ajoute un patrimoine de 2 790 Md€. L'ensemble des actifs de l'État en 2023 est ainsi de 4 493 Md€. En sommant l'ensemble des actifs et en enlevant les passifs financiers, le solde du patrimoine de l'État en 2023 devient positif de 787 Md€. Ce solde est en amélioration puisqu'il était de seulement 190 Md€ en 2017.

Vu sous cet angle qui est celui de l'analyse de l'endettement des personnes privées et des entreprises, l'État est très loin d'être en faillite contrairement à ce que rappelait François Fillon lorsqu'il était Premier ministre, discours alors largement relayé par certains économistes et une partie de la presse.

Si on raisonne sur l'ensemble de l'économie nationale, à savoir en incluant les ménages, les sociétés et les administrations publiques, l'analyse est encore plus positive. En effet, le patrimoine net est de 18 674 Md€, dont 14 567 reviennent aux ménages. L'idée qui a pu être véhiculée de « Tous ruinés », toutes les plaidoiries mettant en lumière le déclin de la France, qui ne font que renforcer les populismes, se trouvent mises à mal par les données objectives de la situation patrimoniale de l'ensemble de l'économie nationale. Évaluer la situation d'une économie nationale en se fixant sur la santé financière du seul secteur public, comme le font la plupart des journalistes et politiciens, et en ne regardant que le passif, n'est pas objectif. La valeur d'une monnaie nationale ne dépend pas que de la situation financière du secteur public, mais également du secteur privé (entreprises et ménages), actifs et passifs.

En raison de la situation très favorable des ménages et des entreprises en 2023, les actifs globaux non financiers sont de 19 084 Md€ (dont 15 103 Md€ de constructions et terrains, cela reflétant la situation favorable de l'immobilier), et les actifs financiers sont évalués à fin 2023 à 42 081 Md€ contre 29 834 Md€ en 2017. Nous sommes bien dans une économie beaucoup plus financiarisée. Le total des actifs de l'économie française est donc en 2023 de 61 166 Md€ dont 16 682 Md€ proviennent des ménages et 20 705 Md€ pour les entreprises non financières et les passifs sont de 42 358 Md€, laissant donc un patrimoine net de 18 674 Md€ dont 14 567 Md€ pour les ménages ! Alors, vraiment ruinés les Français ? Pour prendre aussi la mesure des montants, le déficit du patrimoine financier net de l'État, - 2 004 Md€, est en dessous du montant de l'assurance vie détenue par les ménages (2 113 Md€), d'où d'ailleurs quelques rumeurs farfelues donnant à l'État la volonté de capter cette assurance vie pour rembourser sa dette !

Le patrimoine des secteurs institutionnels										
En milliards d'euros	**2017**					**2023**				
	Ensemble	**Ménages**	**Soc. non financ.**	**Soc. Financ**	**Adm. Publiques**	**Ensemble**	**Ménages**	**Soc. non financ.**	**Soc. finan**	**Adm. Publiques**
Actifs non financiers	**14739,6**	**7679**	**4740**	**292**	**2028**	**19084**	**9758**	**6157**	**379**	**2790**
dont logement	4504	3682	715	44	63	6018	4847	1030	55	85
dont autres bâtiments	2017	163	814	68	971	2739	233	1008	108	1390
dont machines et equipements	625	42	535	17	32	792	41	692	21	38
dont terrains	5181	3194	1166	115	706	6346	3829	1473	128	916
Actifs financiers	29834	5446	8829	14254	1305	42081	6924	14547	18908	1703
Numéraires et dépôts	5876	1491	617	3621	147	8561	2078	926	5331	226
Titres de créance	3762	58	68	3581	55	4514	46	185	4230	53
Crédits	4922	10	1610	3201	101	7325	12	2351	4775	187
Actions et fonds d'investissement	10035	1555	5200	2705	575	15396	2108	9019	3506	763
Assurances et garanties	1933	1933	0	0	0	2313	2113	45	149	5
Ensemble des actifs	**44573**	**13125**	**13569**	**14546**	**3333**	**61166**	**16682**	**20705**	**19287**	**4493**
Passifs financiers	**29763**	**1631**	**11052**	**13937**	**3143**	**42358**	**2115**	**17407**	**19131**	**3706**
Numéraires et dépôts	6311			6186	122	9829			9644	184
Titres de créance	4378		655	1492	2231	5405		672	2065	2667
Crédits	4739	1342	2629	463	305	6586	1767	3709	729	382
Actions et fonds d'investissement	9461	10	6780	2626	45	14803	11	11629	3141	32
Assurances et garanties	1948			1948		2336			2336	
Patrimoine financier net	**23**	**3815**	**-2223**	**269**	**-1837**	**-410**	**4809**	**-2861**	**-354**	**-2004**
Patrimoine (ou valeur nette)	**14762**	**11494**	**2517**	**561**	**190**	**18674**	**14567**	**3287**	**25**	**786**

Source : INSEE

La comparaison du patrimoine entre 2017 et 2023 est intéressante puisque cela montre la situation du patrimoine avant la crise sanitaire et après. Le patrimoine net global s'améliore en passant de 14 762 Md€ à 18 674 € en 2023. Cette amélioration est validée pour l'ensemble des agents, y compris pour l'État qui passe d'un solde positif de 190 Md€ à 786 entre 2017 et 2023.

La particularité d'une dette d'État

Les économistes libéraux qui remettent en cause le rôle de l'État n'acceptent pas de prendre en compte la nature très spécifique de l'État. Ainsi, sa dette doit être analysée différemment de celle d'un ménage ou d'une entreprise. Une dette publique n'est pas de même nature qu'une dette privée pour plusieurs raisons.

La première tient à la durée de vie d'un État. Un ménage ou une société a une durée de vie limitée, donc la dette devra se rembourser au cours de cette durée de vie. La durée de vie d'un État est théoriquement quasi infinie, ce qui constitue une garantie de remboursement pour ses créanciers. Toutefois, il existe un risque de faillite avec différents exemples à la clef, certains pays de l'Amérique latine, Argentine ou plus récemment le cas de la Grèce en Europe. Ce sont néanmoins des cas assez rares, donc l'État à la différence des entreprises et des ménages peut être considéré comme immunisé contre ce risque de faillites. D'ailleurs dans les cas mentionnés ci-dessus, il y a eu sauvetage de ces pays suivant le principe du « too big to fail », qui est une forme de garantie qui assure les créanciers d'un remboursement total ou partiel, ce qui n'est pas le cas des ménages ni des entreprises.

L'autre situation spécifique de l'État tient à son pouvoir souverain de lever l'impôt pour rembourser son endettement. L'État bénéficie aussi de pouvoir rembourser sa dette ou de se financer par de la création monétaire par le biais des banques centrales, stratégie largement appliquée aux États-Unis et en Europe au cours des dernières années.

L'ensemble de ces éléments explique la raison pour laquelle le taux d'intérêt des emprunts d'État est inférieur à celui des dettes des entreprises privées, un moindre risque et une meilleure capacité de remboursement.

L'analyse de la dette doit donc être appréhendée de façon plus large, le sujet étant plus complexe qu'il n'y parait. Cela pose aussi la question de la règle des politiques budgétaires de l'Union européenne, qui veulent imposer à ses États membres une dette publique maximale de 60 % du PIB ! Cela a peu de sens et surtout nous manquons d'instrument pour déterminer quel est le niveau acceptable de la dette publique. Jean Tirole, prix Nobel d'économie 2014, répond à cette question en ces termes : « *Si les économistes s'accordent sur les caractéristiques qui déterminent si une dette est soutenable et sur le fait qu'un surendettement est dangereux pour le pays, il est difficile d'identifier de façon précise le niveau maximal d'endettement et il est nécessaire de raisonner au cas par cas* ». La notion de bonne ou mauvaise dette et du niveau acceptable renvoie souvent à des notions plus qualitatives que quantitatives.

À la lumière des réactions des investisseurs sur cette question, plusieurs points vont intervenir dans la hiérarchisation des niveaux de dettes. Le premier point réside dans la nationalité des porteurs de parts, une dette est toujours moins dangereuse, cf. Japon, lorsqu'elle est détenue par des agents économiques locaux. Il est cohérent que l'État étant représentatif du bien commun soit financé par les acteurs locaux, entreprises et ménages, puisqu'ils bénéficient des services de l'État. Une dette interne est due par une nation à ses propres citoyens. On peut alors soutenir l'idée que la charge d'une dette interne est nulle parce qu'une nation la doit à elle-même. Si l'État est endetté envers ses citoyens et si ces derniers sont imposés de façon identique, alors ces citoyens ne font que devoir la dette à eux-mêmes.

Une dette externe est une dette due par une nation aux étrangers. Cette dette se traduit pour les citoyens de la nation endettée par un prélèvement net sur leurs ressources disponibles. Un financement étranger a peu de sens économique et ce financement correspond davantage à des choix spéculatifs, la recherche d'un meilleur couple rendement/risque.

Le niveau du patrimoine national est un autre élément rassurant et cela explique en particulier pourquoi l'endettement français aux yeux des investisseurs n'est pas un souci et que la dette française reste toujours très attractive. Le critère de la stabilité politique est un autre élément fondamental. Les incertitudes politiques en Grèce et en Argentine expliquent la remise en cause de la dette de ces pays par les investisseurs internationaux. Ce risque politique est aussi apparu en Italie lors de la prise du pouvoir d'une coalition peu orthodoxe entre la ligue du Nord et le mouvement 5 étoiles. Ce qui a causé du tort à l'Italie est aussi sa volonté de ne pas respecter ses engagements auprès de l'Union européenne. Enfin, la dette n'est pas un frein au développement économique en soi mais tout va dépendre de la rentabilité des investissements. Historiquement, par exemple, la dette des pays africains a été problématique car les montants investis étaient dirigés vers des infrastructures pas toujours cohérentes avec le développement économique et avec un niveau de corruption relativement élevé. A contrario, les États-Unis, la Chine, le Japon, et même l'Allemagne et la

France ont tous financé leur développement par de la dette publique importante.

D'ailleurs, le FMI a reconnu qu'il n'existe pas de seuil critique du montant de la dette publique à partir duquel la croissance d'un pays serait pénalisée.

La question de la dette publique reste ainsi très clivante d'un point de vue politique même si un large consensus se dégage pour engager des actions qui vont dans le sens d'une réduction du déficit et donc des dettes publiques. Cette exigence est d'abord renforcée par la situation particulièrement favorable des taux d'intérêt, une situation qui ne pourra pas durer sur le long terme sauf à anticiper une crise durable. Les années 2022 et 2023 confirment d'ailleurs ce relèvement progressif ou rapide des taux dans la plupart des pays occidentaux.

Cependant, toujours d'un point de vue technique, la dette publique obéit à d'autres facteurs que la seule arithmétique des dépenses et des recettes. Aussi, même en cas de déficit du solde primaire du budget de l'État (écart entre les recettes et les dépenses publiques), la dette publique va décroître si la somme de la croissance et de l'inflation est supérieure au taux d'intérêt des emprunts souscrits. On en revient à cette recherche d'effet de levier accepté pour les entreprises, mais généralement refusé au niveau des États. On ne doit pas avoir une vision uniquement comptable pour aborder cette question car la dette publique est une question d'économie sociale, d'économie politique et renvoie aussi au modèle de société démocratique que nous souhaitons.

La dette publique a été historiquement liée aux ambitions civiles ou militaires du souverain et aujourd'hui, elle renvoie à un destin collectif de la nation et à des objectifs politiques. La politique libérale veut enfermer le débat sur la dette publique dans une sorte de gestion de « bon père de famille », à savoir, on ne dépense que ce que l'on a. Si on regarde les enjeux civilisationnels actuels, on doit au contraire accepter l'idée que certaines politiques publiques doivent être coûteuses, avec des investissements d'intérêt généraux à augmenter, notamment sur tout ce qui concerne la situation du climat et la révolution numérique. Devant l'urgence de cette problématique, il faut lancer un plan au moins à l'échelle européenne destiné à protéger notre planète.

Lancer un plan de cette nature avec des coopérations publiques et privées permettrait à l'État de sortir de ses missions régaliennes. Il devient un véritable État-stratège à l'initiative d'investissements qui vont apporter des suppléments de croissance, d'emploi et qui effaceront le surplus éventuel de dettes publiques. En conséquence, la dette publique n'est pas nécessairement un problème en soi et doit même être considérée comme une opportunité de développement.

IV/ Ce qui nous reste à faire

Le débat sur la dette publique devient public. La tendance à leur accroissement explique cette actualité, surtout en France. Ce n'est pas uniquement affaire de données chiffrées. La peur de la dette devient aussi exceptionnelle que déraisonnable. La prise de conscience de cette question renvoie à la perte idéologique de la social-démocratie, soucieuse de préserver un État-providence, et à la victoire du libéralisme, dont un des objectifs est le démantèlement de l'État social et la privatisation de tâches autrefois dévolues à l'État.

L'explosion après 2007 de la dette publique s'explique par la crise de la finance privée, puis par la crise sanitaire et par l'inflation. En 2006, la question des dettes publiques n'était pas un sujet d'observation, la solvabilité des différents États n'était pas en cause, le ratio Dettes/PIB restait contenu. Néanmoins, ce qui change d'un point de vue historique est que des déficits budgétaires se cumulent depuis les années 1970 et la croissance est moindre qu'auparavant. Les ratios d'endettement se dégradent progressivement. Le discours de certains économistes et politiques devient culpabilisant. Pourtant, la cause fondamentale est ailleurs. D'un point de vue politique, la dette résulte d'un compromis entre les classes dirigeantes et l'État. Ainsi, la tendance à la baisse de la fiscalité des entreprises et des particuliers à hauts revenus depuis 2000, de même que la mise en œuvre de nouvelles techniques de défiscalisation est bien le résultat d'une négociation entre ceux qui possèdent et l'État. Ce nouveau paradigme a remplacé l'ancien compromis social fordien à vocation industrielle. S'il n'y avait pas eu ce compromis ciblé, nous n'aurions pas à la fois une baisse de la fiscalité et en même temps un creusement des inégalités dont la défiscalisation est une des pierres angulaires, avec au cours des dernières années un chantage : défiscalisation ou expatriation. La politique de Trump a utilisé la même stratégie et signe au moins pour un temps la fin de Keynes et du Fordisme, largement amorcé sous l'ère Reagan, moment fort de cette forme de révolution antifiscale. L'idée des libéraux est claire, il faut baisser les recettes fiscales pour ensuite baisser les dépenses publiques de l'État et privatiser des services, modèle que Margaret Thatcher a repris à son compte mais qui n'a pas pu être mis en place dans sa totalité. La France n'est pas restée à l'écart de ces stratégies puisque l'on a eu, tant par les gouvernements de droite que de gauche, la mise en place de mesures destinées à faire baisser les recettes de l'État. La dernière bataille sur les retraites en est un exemple. Il en sera ainsi de l'abandon des taxes sur les plus-values de cession des participations des entreprises qui ont permis d'alléger en 2008 20 Md€, soit 1 % du PIB, cette mesure n'apportant pas d'éléments notables en contrepartie. Ce montant sera porté à près de 70 Md€ de fiscalité en moins dans le budget de 2009.

Le paradoxe français tient à ce qu'en dépit de ces baisses ciblées de la fiscalité, le niveau global du taux de prélèvement obligatoire n'a pas baissé. C'est sa structure qui a été modifiée et surtout la répartition de l'effort fiscal entre les groupes sociaux, ceci a d'ailleurs été assez bien démontré dans l'analyse du quinquennat de François Hollande. L'émergence de la dette publique est, comme le rappelle Frédéric Lordon dans un article du *Monde diplomatique*, « *l'expression de la contradiction structurelle d'un certain compromis historique entre l'État, les possédants et le reste du corps social* ». Lorsque ce dernier résiste, ce fut encore le cas du mouvement des gilets jaunes qui ont immédiatement obtenu 10 Md€, puis plus de 20 Md€ dans le budget 2020, alors il arrive un accident de parcours qui fera augmenter le déficit public.

L'issue doit être celle d'une diminution de cette dette publique, mais de façon équilibrée entre baisse des dépenses et hausse des recettes. C'est une équation qu'à ce jour, aucun responsable politique n'a voulu traduire dans les faits. Immobilisme aussi imputable à chaque corps social qui veut garder ses avantages acquis ou cherche à en obtenir de nouveaux.

Une nouvelle histoire de la dette doit s'écrire en allant bien au-delà des données purement comptables. En s'inscrivant dans une nouvelle pensée économique et en instaurant de réelles méthodes de négociations entre responsables publics et les corps intermédiaires. Il faut arriver à un consensus et offrir aussi des dynamiques de croissance économique pour résoudre un de nos problèmes principaux en France et en Europe, celui du chômage et de l'urgence climatique. La situation des taux d'intérêt réels encore faible donne l'opportunité de construire une politique industrielle sur le long terme avec un lourd programme d'investissement financé par de la dette puisque certaines marges de manœuvre auront été retrouvées.

En cette fin d'année 2024, quelques éléments nouveaux émergent en Europe. Le président de la Bundesbank allemande a appelé Berlin à assouplir ses règles strictes en matière de dépenses, avertissant que l'Allemagne était confrontée à des perspectives économiques compliquées et faibles. Les Allemands se rendront aux urnes fin février 2025, la stagnation après la pandémie alimente le mécontentement des électeurs à l'égard de la coalition au pouvoir du chancelier Scholz. Le président de la Bundesbank, Joachim Nagel, a déclaré que le prochain gouvernement devra modifier son frein à l'endettement. Il est en effet interdit à Berlin un déficit supérieur à 0,35 % du PIB au cours d'un exercice budgétaire. Une plus grande marge de manœuvre budgétaire doit ainsi être mise en place pour répondre aux menaces structurelles, comme l'augmentation des dépenses de défense et la modernisation des infrastructures du pays. Les propos du président de la Bundesbank sont les plus importants à ce jour sur la manière dont, selon lui, le futur chancelier devra gérer la marge de manœuvre budgétaire limitée de l'Allemagne. Selon Nagel, la situation actuelle est encore plus compliquée qu'au début du XXIe siècle. Le chômage y était certes bien plus élevé, mais il n'y avait pas de fragmentation géopolitique et le commerce mondial connaissait une forte croissance. L'économie allemande n'a connu aucune croissance réelle depuis le second semestre 2021, son secteur manufacturier dominant étant soumis à la pression des coûts élevés de l'énergie et d'une compétitivité en baisse. Le retour de Donald Trump à la Maison-Blanche, en janvier 2025, va encore exacerber ces défis, avec la possible hausse des barrières douanières des produits européens exportés aux États-Unis. La Bundesbank n'a pas encore mis à jour ses prévisions de croissance, mais Nagel a déclaré que 2025 sera probablement une autre année de faible croissance pour l'économie allemande, l'estimation de la banque centrale étant d'environ + 0,4 %. Si l'on ajoute aux prévisions actuelles des augmentations des tarifs douaniers, l'économie pourrait globalement stagner encore plus longtemps et le marché du travail pourrait montrer une faiblesse encore plus marquée. Le taux de chômage corrigé des variations saisonnières, tel que défini par l'Agence fédérale pour l'emploi, reste relativement bas en Allemagne, à 3,4 %, contre une moyenne européenne à 6,3 % en octobre 2024. Ce niveau reflète toutefois en partie la création d'une multitude d'emplois mal payés dans le secteur des services, au détriment d'emplois bien rémunérés dans le secteur manufacturier. Nagel a néanmoins déclaré qu'il restait confiant dans la capacité du pays à surmonter n'importe quelle crise. Des discussions sur la réforme du frein constitutionnel à l'endettement vont donc certainement débuter après les élections. Il pourrait y avoir une distinction entre les dépenses de consommation et les investissements pour disposer de plus de marge de manœuvre du côté des investissements structurels. La dette allemande par rapport au PIB a considérablement diminué et se rapproche du niveau de 60 % fixé par les règles du pacte de stabilité et de croissance de l'UE. L'incapacité à équilibrer les besoins de dépenses avec la marge de manœuvre financière limitée créée par le frein à l'endettement a été l'une des principales raisons de l'effondrement de la coalition de Scholz, composée des sociaux-démocrates, des verts et des libéraux-démocrates. À l'approche des élections anticipées de février, la question de la révision du frein à l'endettement devient un sujet central. Le chef de l'opposition et candidat le plus probable à la chancellerie, le chef du parti de l'Union chrétienne-démocrate (CDU), Friedrich Merz, a indiqué qu'il pourrait être ouvert à des réformes limitées du frein à l'endettement. La Bundesbank a évoqué pour la première fois des idées de réforme du frein à l'endettement en 2022. Nagel a déclaré en mars que l'Allemagne pourrait, à certaines périodes, enregistrer des déficits légèrement plus élevés sans mettre en péril la stabilité. Nagel a reconnu que le frein à l'endettement, adopté en 2009, avait été un outil très utile après l'explosion de la dette publique à la suite de la crise financière mondiale. Pendant la crise de l'euro, la mise en place de ce frein a également permis de faire passer le message que les gouvernements doivent maîtriser leur situation d'endettement et de déficit. Le responsable de la Bundesbank a aussi déclaré que l'objectif d'inflation de 2 % de la BCE devrait être atteint au plus tard au milieu de l'année prochaine. L'inflation dans la zone euro s'est établie à 2,3 % en novembre. Si quelques signes sont donc positifs du côté allemand, il n'en est rien côté français, empêtré dans ses problèmes politiques et demain économiques. Ainsi, selon le dernier rapport de l'INSEE, publié mi-décembre 2024, l'économie devrait croître de 1,1 % en 2024, identique à 2023, et de 0,2 % seulement au premier comme au deuxième trimestre 2025 et le marché de l'emploi devrait se dégrader. Les inquiétudes sur la conjoncture française s'accentuent. L'activité du quatrième trimestre devrait être atone, selon les chiffres de l'INSEE, en raison d'un effet positif des JO au T3.

Compte tenu de l'incertitude politique et budgétaire, 2025 s'annonce faible. Pour les six premiers mois, l'Institut statistique prévoit une progression du PIB de 0,2 % par trimestre. De sorte qu'à l'été, l'économie aura engrangé 0,5 % de croissance. La Banque de France, qui, contrairement à l'INSEE, fait des prévisions sur l'année complète, prévoit quant à elle 0,9 % de croissance en 2025, un chiffre revu à la baisse de 0,3 % par rapport aux prévisions publiées à l'automne, en raison de l'incertitude au niveau international. Les prévisions de croissance pour la zone euro ont aussi été revues à la baisse (- 0,2 %), ce qui ne met pas la France dans une situation particulièrement plus dégradée que ses voisins. Outre les incertitudes internationales, « l'évolution de la situation politique en France constitue un aléa important du scénario, notamment quant au devenir des mesures budgétaires prévues pour 2025 », détaille l'INSEE. En prenant une baisse des dépenses et une hausse éventuelle des impôts, l'impact de la consolidation budgétaire à venir sur l'économie française pourrait être de l'ordre de 0,3 %, a calculé l'Observatoire français des conjonctures économiques. Toujours selon l'INSEE, l'année 2025 ne bénéficiera pas des mêmes soutiens qu'en 2024. En plus des Jeux olympiques, la croissance a, ces douze derniers mois, été nourrie par les dépenses publiques et le commerce extérieur. Ces éléments ne vont plus jouer positivement en 2025. La baisse des dépenses publiques attendues dans le budget 2025 aura aussi des répercussions négatives sur l'emploi en 2025, d'où l'annonce actuellement de nombreux plans de licenciement. Le deuxième levier du commerce extérieur risque aussi de pâtir des mesures américaines sur le commerce mondial. La faiblesse de la demande intérieure pousse les entreprises chinoises à casser leurs prix à l'exportation, grignotant encore plus de parts de marché, notamment dans l'automobile, au détriment de leurs concurrentes françaises et européennes. L'investissement des entreprises est aussi contraint par les incertitudes politiques et les conditions de financement peu favorables. Le salut peut alors venir du consommateur, mais rien n'est moins certain. Les achats d'automobiles comme l'immobilier sont toujours en panne, les dépenses alimentaires ont baissé après la pandémie de Covid-19, et le taux d'épargne frôle aujourd'hui les 18 % contre 14 % en 2018. Si les Français avaient continué à consommer sur le même rythme qu'en 2019, 60 Md€ supplémentaires auraient été injectés dans l'économie, analyse l'INSEE, soit le montant des économies budgétaires qui avaient été envisagées par le gouvernement Barnier. Toutefois, avec la baisse de l'inflation (elle devrait s'établir à 2 % pour l'ensemble de 2024, puis à 1 % seulement en 2025, après 4,9 % en 2023 et 5,2 % en 2022), le pouvoir d'achat des Français s'améliore. Celui-ci a progressé de 2,1 % en 2024, grâce à une reprise des salaires réels, contre 0,9 % en 2023. La consommation devrait donc augmenter de 0,2 % au quatrième trimestre 2024, portant la hausse à 0,9 % sur l'ensemble de l'année. Pour 2025, la progression attendue est de 0,1 % au premier trimestre et de 0,3 % au deuxième. Toujours du côté des ménages, les perspectives d'investissement semblent également s'améliorer un peu. La proportion de personnes qui indiquent avoir l'intention d'acheter un logement se redresse depuis le milieu de l'année 2024.

Décembre 2024

Table des matières

Bibliographie

Dette : 5 000 ans d'histoire, Les liens qui libèrent David Graeber
La dette au XXIe siècle : Comment s'en libérer Odile Jacob, Nicolas Dufrêne
Le Mythe du déficit, Les liens qui libèrent Stéphanie Kelton
Une Histoire du conflit politique, Seuil Julia Cagé, Thomas Piketty
Le capital au XXIe siècle Thomas Piketty
Mission économie, Fayard Mariana Mazzucato
Le pouvoir de la finance Odile Jacob, André Orléan
Le capital Karl Marx
Revenus et patrimoine des ménages, INSEE Éditions 2024
Le compte des administrations publiques en 2023 INSEE 2024
Le patrimoine économique national en 2023 INSEE 2024
Perspectives Économiques de l'OCDE OCDE 2024
Tableau de bord de l'économie française 2023 INSEE 2024
DREES : Les retraites et les retraités Édition 2024
Rapport annuel commerce extérieur de la France Édition 2024
« Jalons pour une histoire de la dette » Alternatives économiques, 2012
« La dette publique : un non-sujet ? » Cairn-info
Collectif Nos services publics « Rapport sur l'état des services publics », 2023

Structures éditoriales du groupe L'Harmattan

L'Harmattan Italie
Via degli Artisti, 15
10124 Torino
harmattan.italia@gmail.com

L'Harmattan Hongrie
Kossuth l. u. 14-16.
1053 Budapest
harmattan@harmattan.hu

L'Harmattan Sénégal
10 VDN SICAP AMITIE 3
BP 45034 Dakar-Fann
direction@senharmattan.com

L'Harmattan Cameroun
Tsinga/Derrière polyclinique FECAFOOT
BP 11486 Yaoundé
Jacques.koukam@harmattan.fr

L'Harmattan Burkina Faso
Villa 281, secteur 23 623, rue 14.32
Ouagadougou
zagbie@outlook.fr

L'Harmattan Guinée
Almamya, rue KA 028 OKB Agency
BP 3470 Conakry
harmattanguinee@yahoo.fr

L'Harmattan RDC
185, avenue Nyangwe
Commune de Lingwala – Kinshasa
matangilamusadila@yahoo.fr

L'Harmattan Congo
219, avenue Nelson Mandela
BP 2874 Brazzaville
deunovmikhael@gmail.com

L'Harmattan Mali
Immeuble Mgr Jean Marie Cissé
Aci Hamadallaye
BP 145 Bamako
syllaka@yahoo.fr

L'Harmattan Togo
Djidjole – Maison Amela
face EPP BATOME
02 BP 20680 Lomé
didieramela11@gmail.com

L'Harmattan Côte d'Ivoire
Résidence Karl – Cité des Arts
Abidjan-Cocody
03 BP 1588 Abidjan
harmattan.ivoire@gmail.com

L'Harmattan Bénin
Rue 604, (Immeuble à l'entrée
de la rue UCAO- Cite de Saint-Jean)
Cotonou
stepcorpus@gmail.com

Nos librairies en France

Librairie internationale
16, rue des Écoles
75005 Paris
librairie.internationale@harmattan.fr
01 40 46 79 11
www.librairieharmattan.com

Librairie des savoirs
21, rue des Écoles
75005 Paris
librairie.sh@harmattan.fr
01 46 34 13 71
www.librairieharmattansh.com

www.ingramcontent.com/pod-product-compliance
Lightning Source LLC
LaVergne TN
LVHW010926061026
849535LV00007B/2250